STUDY ON CONTEMPORARY OVERSEAS MARXIST PHILOSOPHY

当代国外
马克思主义哲学研究丛书
张一兵 主编

国家出版基金项目

南京大学
建设世界一流大学一流学科工程项目

The Fate of Crisis
A Study on O'Connor's
Capitalism Crisis Theory

危机的宿命

奥康纳资本主义危机理论研究

何 畏 著

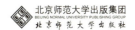
北京师范大学出版集团
BEIJING NORMAL UNIVERSITY PUBLISHING GROUP
北京师范大学出版社

总　序

今天中国的改革开放创造了一个前所未有的华夏讲文明的时代，中国人文社会科学学术研究领域中那种单向的"去西方取经"一边倒的情形，已经转换为世界各国的科学家和思想家纷纷来到中国这块火热的大地上，了解这里发生的一切，与中国的学者进行面对面的交流。在作为中国马克思主义哲学研究重镇的南京大学，德里达来了，齐泽克①

---

① 斯拉沃热·齐泽克(Slavoj Žižek，1949—)：当代斯洛文尼亚著名思想家，欧洲后马克思思潮主要代表人物之一。1949 年 3 月 21 日生于斯洛文尼亚的卢布尔雅那市，当时，该市还是南斯拉夫西北部的一个城市。1971 年在卢布尔雅那大学文学院哲学系获文科(哲学和社会学)学士，1975 年在该系获文科(哲学)硕士，1981 年在该系获文科(哲学)博士。1985 年在巴黎第八大学获文科(精神分析学)博士。从 1979 年起，在卢布尔雅那大学社会学和哲学研究所任研究员(该所从 1992 年开始更名为卢布尔雅那大学社会科学院社会科学研究所)。主要著作：《意识形态的崇高对象——悖论与颠覆》(1989)、《斜视》(1991)、《延迟的否定——康德、黑格尔与意识形态批判》(1993)、《快感大转移——妇女和因果性六论》(1994)、《难缠的主体——政治本体论的缺席中心》(1999)、《易碎的绝对——基督教遗产为何值得奋斗?》(2000)、《视差之见》(2006)、《捍卫失败的事业》(2008)、《比无更少》(2012)等。

来了，德里克①来了，凯文·安德森②来了，凯尔纳③来了，阿格里塔④来了，巴加图利亚⑤来了，郑文吉⑥来了，望月清司⑦来了，奈格里⑧

———————————

① 阿里夫·德里克（Arif Dirlik，1940—2017）：土耳其裔历史学者，美国著名左派学者，美国杜克大学、俄勒冈大学教授。代表作：《革命与历史——中国马克思主义历史学的起源，1919—1937》（1978）、《中国革命中的无政府主义》（2006）、《后革命时代的中国》（2015）等。

② 凯文·安德森（Kevin B. Anderson，1948— ）：美国当代西方列宁学家，社会学家，加利福尼亚大学圣塔芭芭拉分校教授。代表作：《列宁、黑格尔和西方马克思主义：一种批判性研究》（1995）等。

③ 道格拉斯·凯尔纳（Douglas Kellner，1943— ）：马克思主义批判理论家，美国加利福尼亚大学洛杉矶分校教授，乔治·奈勒教育哲学讲座教授。代表作：《后现代转折》（1997）、《后现代理论——批判性的质疑》（1991）、《媒体奇观：当代美国社会文化透视》（2001）等。

④ 米歇尔·阿格里塔（Michel Aglietta，1938— ）：法国调节学派理论家，法国巴黎第五大学国际经济学教授，法国巴黎大学荣誉教授。代表作：《调节与资本主义危机》（1976）等。

⑤ 巴加图利亚（G. A. Bagaturija，1929— ）：俄罗斯著名马克思主义文献学家和哲学家。

⑥ 郑文吉（Chung, Moon-Gil，1941—2017）：当代韩国著名马克思学家。1941 年 11 月 20 日出生于韩国庆尚北道大邱市；1960—1964 年就读于大邱大学（现岭南大学）政治系，1964—1970 年为首尔大学政治学研究生，获博士学位；1971 年起，任教于高丽大学，1975 年任副教授，1978 年任教授；2007 年，从高丽大学的教职上退休。1998—2000 年间，郑文吉任高丽大学政治科学与经济学院院长。代表作：《异化理论研究》（1978）、《青年黑格尔派与马克思》（1987）、《马克思的早期论著及思想生成》（1994）、《韩国的马克思学视域》（2004）等。

⑦ 望月清司（Mochizuki Seiji，1929— ）：日本当代新马克思主义思想家。1929 年生于日本东京，1951 年就读于日本专修大学商学部经济学科，1956 年就任该大学商学部助手，1969 年晋升为该大学经济学部教授。1975 年获得专修大学经济学博士，并从 1989 年开始连任专修大学校长 9 年，直至退休为止。代表作：《马克思历史理论的研究》（1973）等。

⑧ 安东尼·奈格里（Antonio Negri，1933— ）：意大利当代著名马克思主义哲学家。1956 年毕业于帕多瓦大学哲学系，获得哲学学士学位。同年加入意大利工人社会党。20 世纪 60 年代曾参与组织意大利工人"自治运动"（Autonomia Operaia）。1967 年获得教授资格。1978 年春季，他应阿尔都塞的邀请在巴黎高师举办了一系列关于马克思《政治经济学批判大纲》的讲座，其书稿于 1979 年分别在法国和意大利出版，即《〈大纲〉：超越马克思的马克思》。1979 年，奈格里因受到红色旅杀害时任意大利总理阿尔多·莫罗事件的牵连而被捕。释放后流亡法国 14 年，在法国文森大学（巴黎第八大学）和国际哲学学院任教。1997 年，在刑期从 30 年缩短至 13 年后，奈格里回到意大利服刑。在狱中奈格里出版了一批有影响的著作。1994 年，奈格里与哈特合作出版了《酒神：国家形式的批判》。之后，二人又相继合作出版了批判资本主义全球化的三部曲：《帝国》（2000）、《诸众》（2004）、《大同世界》（2011）等。

和普舒同①来了，斯蒂格勒②和大卫·哈维③这些当代的哲学大师都多次来到南京大学，为老师和学生开设课程，就共同关心的学术前沿问题与我们开展系列研讨与合作。曾几何时，由于历史性和地理性的时空相隔，语言系统迥异，不同文化和不同的政治话语语境，我们对国外马克思主义哲学的研究，只能从多重时空和多次语言转换之后的汉译文本，生发出抽象的理论省思。现在，这一切都在改变。我们已经获得足够完整的第一手文献，也培养了一批批熟练掌握不同语种的年轻学者，并且，我们已经可以直接与今天仍然在现实布尔乔亚世界中执着抗争的欧美亚等左派学者面对

---

① 穆伊什·普舒同（Moishe Postone，1942—2018），当代加拿大马克思主义历史学家、哲学家和政治经济学家。1983 年获德国法兰克福大学博士学位，代表作《时间、劳动和社会支配：对马克思批判理论的再解释》在国际马克思主义学界产生了很大影响。普舒同教授曾于 2012 年和 2017 年两次访问南京大学马克思主义社会理论研究中心，为师生作精彩的学术演讲，并与中心学者和学生进行深入的研讨与交流。

② 贝尔纳·斯蒂格勒（Bernard Stiegler，1952— ）：当代法国哲学家，解构理论大师德里达的得意门生。早年曾因持械行劫而入狱，后来在狱中自学哲学，并得到德里达的赏识。1992 年在德里达的指导下于社会科学高级研究院获博士学位（博士论文：《技术与时间》）。于 2006 年开始担任法国蓬皮杜中心文化发展部主任。代表作：《技术与时间》（三卷，1994—2001）、《象征的贫困》（二卷，2004—2005）、《怀疑和失信》（三卷，2004—2006）、《构成欧洲》（二卷，2005）、《新政治经济学批判》（2009）等。

③ 大卫·哈维（David Harvey，1935— ）：当代美国著名马克思主义思想家。1935 年出生于英国肯特郡，1957 年获剑桥大学地理系文学学士，1961 年以《论肯特郡 1800—1900 年农业和乡村的变迁》一文获该校哲学博士学位。随后即赴瑞典乌普萨拉大学访问进修一年，回国后任布里斯托大学地理系讲师。1969 年后移居美国，任约翰·霍普金斯大学地理学与环境工程系教授，1994—1995 年曾回到英国在牛津大学任教。2001 年起，任教于纽约市立大学研究生中心和伦敦经济学院。哈维是当今世界最重要的马克思主义思想家，提出地理—历史唯物主义，是空间理论的代表人物。其主要著作有《地理学中的解释》（1969）、《资本的界限》（1982）、《后现代的状况——对文化变迁之缘起的探究》（1989）、《正义、自然与差异地理学》（1996）、《希望的空间》（2000）、《新自由主义简史》（2005）、《跟大卫·哈维读〈资本论〉》（第一卷，2010；第二卷，2013）、《资本社会的 17 个矛盾》（2014）、《世界之道》（2016）等。

面地讨论、合作与研究，情况确实与以前大不相同了。

2017 年 5 月，我们在南京召开了"第四届当代资本主义研究暨纪念《资本论》出版 150 周年国际学术研讨会"和"《政治经济学批判大纲》专题讨论会"。在这两个会议上，我们与来到南京大学的国外马克思主义哲学研究者们，不仅共同讨论基于原文的马克思《1857—1858 年经济学手稿》中的"机器论片断"，也一同进一步思考当代数字资本主义社会出现的所谓自动化生产与"非物质劳动"问题。真是今非昔比，这一切变化都应该归因于正在崛起的伟大的社会主义中国。

2001 年，哲学大师德里达在南京大学的讲坛上讨论解构理论与当代资本主义批判之间的关系，他申辩自己不是打碎一切的"后现代主义者"，而只是通过消解各种固守逻辑等级结构的中心论，为世界范围内的文化、性别平等创造一种新的思维方式。如今，这位左派大师已经驾鹤西去，但他的批判性思想的锐利锋芒，尤其是谦逊宽宏的学术胸怀令人永远难忘。

2003 年以来，我们跟日本学界合办的"广松涉与马克思主义哲学国际学术研讨会"已经举行了六届，从南京到东京，多次与广松涉①夫人及

---

① 广松涉(Hiromatsu Wataru，1933—1994)：当代日本著名的新马克思主义哲学家和思想大师。广松涉 1933 年 8 月 11 日生于日本的福冈柳川。1954 年，广松涉考入东京大学，1959 年，在东京大学哲学系毕业。1964 年，广松涉在东京大学哲学系继续博士课程的学习。1965 年以后，广松涉先后任名古屋工业大学讲师(德文)、副教授(哲学和思想史)，1966 年，他又出任名古屋大学文化学院讲师和副教授(哲学与伦理学)。1976 年以后，广松涉出任东京大学副教授、教授直至 1994 年退休。同年 5 月，任东京大学名誉教授。同月，广松涉因患癌症去世。代表作：《唯物史观的原像》(1971)、《世界的交互主体性的结构》(1972)、《文献学语境中的〈德意志意识形态〉》(1974)、《资本论的哲学》(1974)、《物象化论的构图》(1983)、《存在与意义》(全二卷，1982—1983)等。

学生们深入交流，每每谈及广松先生从 20 世纪 60 年代就开始直接投入左翼学生运动狂潮的激情，尤其是每当聊到广松先生对马克思主义哲学的痴迷和以民族文化为根基，以马克思主义哲学为中轴，创立独具东方特色的"广松哲学"的艰辛历程时，广松夫人总是热泪盈眶、情不能已。

2005 年，卡弗①访问了南京大学马克思主义社会理论研究中心，每当谈起马克思恩格斯的《德意志意识形态》等经典哲学文本时，这位严谨的欧洲人认真得近乎固执的治学态度和恭敬于学术的痴迷神情总是会深深打动在场的所有人。2018 年，卡弗再一次来到南京大学时，已经带来了我们共同关心的《德意志意识形态》手稿版和政治传播史的新书。2006 年，雅索普②在我们共同主办的"当代资本主义国际研讨会"上受邀致闭幕词，其间他自豪地展示了特意早起拍摄的一组清晨的照片，并辅以激情洋溢的抒怀，他对中国社会和中国文化的欣赏与热情展露无遗，令与会者尽皆动容。

令我记忆深刻的还有 2007 年造访南京大学的哲学家齐泽克。在我

---

① 特雷尔·卡弗（Terrell Carver，1946— ）：英国布里斯托大学政治学系教授，当代著名西方马克思学学者。1974 年在牛津大学贝列尔学院获得政治学博士学位，1995 年 8 月至今任英国布里斯托大学政治学系教授。代表作：《卡尔·马克思：文本与方法》（1975）、《马克思的社会理论》（1982）、《弗里德里希·恩格斯：他的生活及思想》（1989）、《后现代的马克思》（1998）、《政治理论中的人》（2004）、《〈德意志意识形态〉手稿》（2016）等。

② 鲍勃·雅索普（Bob Jessop，1946— ）：当代重要的西方马克思主义理论家。毕业于英国兰卡斯特大学，从事社会学研究并获得学士学位。在英国剑桥大学获得博士学位后，任剑桥大学唐宁学院的社会与政治科学研究员。1975 年他来到艾塞克斯大学政府学院，开始教授国家理论、政治经济学、政治社会学和历史社会学，现为英国兰卡斯特大学社会学教授。代表作：《国家理论：让资本主义国家归位》（1990）、《国家的过去、现在与未来》（2016）等。

与他的对话中，齐泽克与我提到资本主义全球化中的那一双"童真之眼"，他说，我们应该为芸芸众生打开一个视界，让人们看到资本的逻辑令我们看不到的东西。在他看来，这，就是来自马克思主义批判的质性追问。也是在这一年，德里克访问南京大学，作为当代中国现代史研究的左翼大家，他在学术报告中提出后革命时代中马克思主义的不可或缺的意义。不久之后，在我的《回到马克思》英文版的匿名评审中，德里克给予了此书极高的学术评价，而这一切他从来都没有提及。

2008 年，苏联马克思主义研究院的那位编译专家巴加图利亚，为我们带来了自己多年以前写作的关于《德意志意识形态》的哲学博士论文和俄文文献。也是这一年，韩国著名马克思文献学学者郑文吉应邀来南京大学访问，他在为南京大学学生作的报告中告诉我们，他的学术研究生涯是"孤独的 30 年"，但是，在他退休之后，他的研究成果却在中国这样一个伟大的国家得到承认，他觉得过去艰难而孤独的一切都是值得的。2011 年，日本新马克思主义思想家望月清司访问南京大学，他将这里作为 40 年前的一个约定的实现地，此约定即谁要是能查到马克思在《资本论》中唯一一次使用的"资本主义"（Kapitalismus）一词，就请谁喝啤酒。已经初步建成《马克思恩格斯全集》电子化全文数据库的我们都喝到了他的啤酒。

最令我感动的是年过八旬的奈格里，他是怀中放着心脏病的急救药，来参加我们 2017 年"第四届当代资本主义研究暨纪念《资本论》出版 150 周年国际学术研讨会"的，曾经坐过十几年资产阶级政府大牢的他，一讲起意大利"1977 运动"的现场，就像一个小伙子那样充满激情。同样是参加这次会议的八旬老翁普舒同，当看到他一生研究的马克思《资本论》手稿的高清扫描件时，激动得眼泪都要流出来了。不幸的是，普舒同教授离开中国不久就因病离世，在南京大学的会议发言和访谈竟然成了他留给世界最后的学术声音。

2015—2018 年，斯蒂格勒四次访问南京大学，他连续三年为我们的老师和学生开设了三门不同的课程，我先后与他进行了四次学术对话，也正是与他的直接相遇和学术叠境，导引出一本我关于《技术与时间》的研究性论著。① 2016—2018 年，哈维三次来到南京大学，他和斯蒂格勒都签约成为刚刚成立的南京大学国际马克思主义研究院的兼职教授，他不仅为学生开设了不同的课程，而且每一次都带来了自己的最新研究成果。我与他的哲学学术对话经常会持续整整一天，当我问他是否可以休息一下时，他总是笑着说："我到这里来，不是为了休息的。"哪怕在吃饭的时候，他还会问我："马克思的异化概念到底是什么时候形成的？"

对我来说，这些当代国外马克思主义哲学家和左派学者真的让人肃然起敬。他们的旨趣和追求是真与当年马克思、恩格斯的理想一脉相承的，在当前这个物质已经极度富足丰裕的资本主义现实里，身处资本主义体制之中，他们依然坚执地秉持知识分子的高尚使命，在努力透视繁华世界中理直气壮的形式平等背后深藏的无处控诉的不公和血泪，依然理想化地高举着抗拒全球化资本统治逻辑的大旗，发出阵阵发自肺腑、激奋人心的激情呐喊。无法否认，相对于对手的庞大势

---

① 张一兵：《斯蒂格勒〈技术与时间〉构境论解读》，上海，上海人民出版社，2018。

力而言，他们显得实在弱小，然而正如传说中美丽的天堂鸟①一般，时时处处，他们总是那么不屈不挠。我为有这样一批革命的朋友感到自豪和骄傲。

其实，自20世纪80年代以来，中国马克思主义理论界接触、介绍和研究国外马克思主义哲学已经有30多个年头了。我们对国外马克思主义哲学家的态度和研究方法也都有了全面的理解。早期的贴标签式的为了批判而批判的研究方式早已经淡出了年轻一代的主流话语，并逐渐形成了以文本和思想专题为对象的各类更为科学的具体研究，正在形成一个遍及中国的较高的学术探讨和教学平台。研究的领域也由原来对欧美马克思主义哲学的关注，扩展到对全球马克思主义哲学研究的全景式研究。在研究的思考逻辑上，国内研究由原来零星的个人、流派的引介和复述，深入到对国外马克思主义哲学的整体理论逻辑的把握，并正在形成一批高质量的研究成果。各种国外马克思主义论坛和学术研讨活动，已经成为广受青年学者关注和积极参与的重要载体和展示平台，正在产生重要的学术影响。可以说，我们的国外马克思主义哲学学科建设取得了喜人的进展，从无到有，从引进到深入研究，走过的是一条脚踏实地的道路。

从这几十年的研究来看，国外马克思主义哲学研究对于我国的马克思主义学术理论建设，对于了解西方当代资本主义社会的变迁具有极为

---

① 传说中的天堂鸟有很多版本。辞书上能查到的天堂鸟是鸟，也是一种花。据统计，全世界共有40余种天堂鸟，在巴布亚新几内亚就有30多种。天堂鸟花是一种生有尖尖的利剑状叶片的美丽的花。但是我最喜欢的传说，还是作为极乐鸟的天堂鸟，在阿拉伯古代传说中是不死之鸟，相传每隔五六百年就会自焚成灰，在灰中获得重生。

重要的意义。首先，国内的马克思主义哲学研究由于长期受到苏联教条主义教科书的影响，在取得了重大历史成就的同时也存在着一些较为严重的缺陷，对这些理论缺陷的反思，在某种意义上是依托对国外马克思主义哲学的研究和比较而呈现出来的。因而，在很大的意义上，国外马克思主义哲学的研究推动了国内马克思主义研究在理论和方法上的变革。甚至可以说，国外马克思主义哲学研究和国内马克思主义哲学研究是互为比照，互相促进的。其次，我们对国外马克思主义哲学的研究同时也深化了对西方左翼理论的认识，并通过这种研究加深了我们对于当代资本主义现实的理解，进而也让我们获得了中国特色社会主义道路自信最重要的共时性参照。

当然，随着当代资本主义的发展，国外马克思主义哲学理论逻辑也发生了重大变化，比如，到 20 世纪 60 年代，以阿多诺的《否定的辩证法》和 1968 年"红色五月风暴"学生运动的失败为标志，在欧洲以学术为理论中轴的"西方马克思主义"在哲学理论逻辑和实践层面上都走到了终结，欧洲的马克思主义哲学研究出现了"后马克思"转向，并逐渐形成了"后马克思思潮"、"后现代马克思主义"、"晚期马克思主义"等哲学流派。这些流派或坚持马克思的立场和方法，或认为时代已经变了，马克思的理论和方法已经过时，或把马克思的理论方法在新的时代条件下加以运用和发展。总的来说，"后马克思"理论倾向呈现出一幅繁杂的景象。它们的理论渊源和理论方法各异，理论立场和态度也各异，进而对当代资本主义的认识和分析也相去甚远。还应该说明的是，自意大利"1977 运动"失败之后，意大利的马克思主义理论研究开始在欧洲学术界华丽亮相，出现了我们并没有很好关注的所谓"意大利激进思潮"①。在 20 世纪 60 年代曾经达到学术高峰的日本马克思主义哲学研究界，昔日的辉煌不再，青年一代的马克思追随者还在孕育之中；而久被压制的韩国马克思主义哲学研究，才刚刚进入它的成长初期；我们对印度、伊朗等第三世界国家的马克思主义哲学研究还处于关注不够、了解不深的状况之中。这些，都是我们在今后的国外马克思主义哲学研究中需要努力的方向。

本丛书是关于国外马克思主义哲学研究的专题性丛书，算是比较完整地收录了近年来我所领导的南京大学马克思主义哲学研究学术团队和学生们在这个领域中陆续完成的一批重要成果。其中，有少量原先已经出版过的重要论著的修订版，更多的是新近写作完成的前沿性成果。将这一丛书作为南京大学"双一流"建设工程的重要成果之一，献礼于马克思诞辰 200 周年，我深感荣幸。

张一兵

2018 年 5 月 5 日于南京大学

---

① 意大利激进理论的提出者主要是 20 世纪六七十年代意大利新左派运动中涌现出来的以工人自治活动为核心的"工人主义"和"自治主义"的一批左翼思想家。工人运动缘起于南部反抗福特主义流水线生产的工会运动，他们 1961 年创刊《红色笔记》，1964 年出版《工人阶级》，提出"拒绝工作"的战略口号。1969 年，他们组织"工人运动"，1975 年，新成立的"自治运动"取代前者，成为当时意大利学生、妇女和失业者反抗斗争的大型组织。1977 年，因一名自治主义学生在罗马被法西斯分子杀害，引发"1977 运动"的爆发。因为受红色旅的暗杀事件牵连，自治运动的主要领导人于 1979 年 4 月全部被政府逮捕入狱，运动进入低潮。这一运动的思想领袖，除去奈格里，还有马里奥·特洪迪(Mario Tronti)、伦涅罗·潘兹尔瑞(Raniero Panzieri)、布罗那(Sergio Bologna)以及马西莫·卡西亚里(Massimo Cacciari)、维尔诺(Paolo Virno)、拉扎拉托(Maurizio Lazzarato)等。其中，维尔诺和拉扎拉托在理论研讨上有较多著述，这些应该也属于广义上的意大利激进理论。这一理论近期开始受到欧美学术界的广泛关注。

目 录

导　言

　　生态问题是当今社会真正的全球性问题。生态学因而成为当今世界真正的显学。马克思主义对人与自然的关系有自己独特的认识，对资本主义制度之于自然的破坏性、掠夺性有系统而深刻的论述。当今生态学马克思主义坚持马克思主义人与自然关系理论的基本原则，直面时代问题，破解人类实践难题，争夺生态问题上的理论制高点，用马克思主义理论影响人与自然关系的处理模式，为人类社会发展的理想未来提供新的理论武器。美国著名学者詹姆斯·奥康纳(James O'Connor)就是一位生态学马克思主义的重量级人物，他行进在欧风美雨的无情浸淋中，面对资本主义的"盛世欢歌"，经历社会主义的高歌猛进与空前灾变，然而，他不为资本主义的表面繁荣迷乱双眼，也不为社会主义的一时重挫而灰心丧气，一生信仰坚定而又面对现实，在不断拓展其理论内容的同时对马克思主义的基本原则坚守如初，著作等身却主题集中——探索全面危机下的资本主义的未来出路。奥康纳不仅在欧美马克思主义学界享有盛名，而且在经济学界、社会学界、哲学界产生了重大影响。他的建树，对于我们如何认识当今资本主义、如何认识当今社会主义、如何认识当今世界、如何认识经典马克思主义、如何繁荣和发展马克思主义理论、如何推进中国特色社会主义建设，都具有重大意义。然而，中国学界却对他知之甚晚、知之甚少、知之甚浅。这就是笔者选择奥康纳作为研究对象的根本原因。

一、奥康纳：欧风美雨中的马克思主义现实道路的探索者

奥康纳曾在美国圣劳伦斯大学学习，获得了哥伦比亚大学文学学士和哲学博士学位。他一生治学，终生奋斗在教师岗位上，曾先后在巴纳德学院、圣路易斯的华盛顿大学、圣约翰的加利福尼亚大学执教，从加州圣塔·克鲁斯的"政治生态学研究中心"主任职位上退休，仍笔耕不辍。

确切地说，他的学术生涯是从 20 世纪 50 年代中期开始的，那时，奥康纳还是哥伦比亚大学的研究生，并担任当时美国公共财政研究中心主任卡尔·舒普(Carl Shoup)的助手，正是那段经历使他意识到资产阶级经济学缺一种从整体上研究国家财政预算、支出、税收以及分配的理论。由此，他萌生了研究国家财政问题的学术兴趣。1966 年，美国

著名的马克思主义经济学家保罗·巴兰和保罗·斯威齐出版了《垄断资本》一书，该书一经出版便声名鹊起，很快就被西方学界追捧为战后最重要的马克思主义经济学著作。那时，已经正式步入学术研究殿堂的奥康纳，自然而然对该书产生了极大兴趣，并给予了充分关注。在对该书做了深入研究之后，奥康纳虽然深受启发，但也敏锐地发现了其中的问题，并决心指出这些理论问题。于是，就在同年年底，他在《新左派评论》上发表了题为《垄断资本》的文章，批评巴兰和斯威齐用"经济剩余"篡改了马克思最有价值的"剩余价值"概念，并指出，他们虽然注意到了国家在经济生活中的作用，但在分析国家支出的时候仍然忽视了国家的生产性作用，而这恰恰又是现代国家的重要特点和职能。难能可贵的是，在奥康纳看来，与资产阶级经济学一样，马克思主义经济学及其后来的发展也没能清楚地说明国家的财政问题。

为了更深入地研究资本主义，奥康纳选择了资本主义的对立面——社会主义——作为自己的学术起点。于是，他以与美国为敌的古巴作为自己的研究对象。经过数年的潜心研究，他于1970年出版了自己的第一本专著《古巴社会主义的起源》。该书从社会、经济和政治等多重角度探讨了古巴社会主义革命的原因，对于流行的"叛变论"或"阴谋论"和"革命反应论"这两种观点，奥康纳公开表达了自己的不同看法，既对第一种思想提出了反驳，也对第二种理论做了修正。正是凭借在这本书中提出的"古巴社会主义的政治经济学"，奥康纳在欧美学界崭露头角，首次引起学界的广泛关注。虽然严格地说，这一理论并不能算是奥康纳资本主义危机理论的研究成果，但我们仍然可以将其视为他的资本主义批判理论的序幕或潜在的逻辑起点。

就在《古巴社会主义的起源》出版的同一年，奥康纳在由《左派研究》期刊改版为《社会主义革命》（现为《社会主义评论》）的新版创刊号上，第一次表达了要把关于国家财政预算的问题理论化的学术设想。随后，法兰克福学派第三代著名学者克劳斯·奥菲便邀请奥康纳去哈贝马斯的"新智囊团"进行为期四个月的访问研究。1972 年，奥康纳应邀来到施德恩贝格（当时联邦德国的一个城市），那时，哈贝马斯正在这里研究国家的合法性问题，而奥菲正致力于探讨资本主义福利国家的矛盾问题。这段时期的工作经历无疑对奥康纳的学术思想产生了较大的影响。其实，从 20 世纪 60 年代末开始，奥康纳已经开始酝酿他的国家财政理论，但直到经过这次学术访问，他才正式确立了研究国家财政危机的理论课题。有趣的是，从他们三人当时的理论成果来看，存在着不少理论共识。客观地说，哈贝马斯的合法化危机理论和奥菲的福利国家矛盾理论在很大程度上都明显受到了奥康纳的国家财政危机理论的影响。[①]1973 年，《国家的财政危机》正式出版，奥康纳在该著作中通过对国家财政情况的马克思主义式研究，提出了著名的"国家财政危机理论"。该理论对整个西方马克思主义经济学研究产生了极大影响，甚至被视为美国马克思主义经济学研究领域中继巴兰和斯威齐的《垄断资本》之后的又一部里程碑式的著作。1974 年，他出版了名为《企业和国家》的论文集，

---

① 哈贝马斯于 1973 年出版了《合法化危机》德文版，1976 年其英文版问世；奥菲的《福利国家的矛盾》是一本论文集，近些年才出版，其中的核心内容《现代福利国家的矛盾》发表于 1981 年；奥康纳的《国家的财政危机》出版于 1973 年，其中主体部分从 20 世纪 60 年代末至 70 年代初陆续发表。从前两本著作来看，里面均有多处引用、例证奥康纳的观点，由此可以断定，《国家的财政危机》是三种著作中最先问世的，奥康纳的思想对哈贝马斯和奥菲的影响是很大的。

该书收录了奥康纳在 20 世纪 60 年代中期到 70 年代初的一些文章，其中包括资本主义、企业、国家和经济帝国主义四个部分。在该书中，奥康纳强调必须把马克思的剩余价值理论引入对当代国家资本主义的分析中。在关于经济帝国主义的探讨中，奥康纳试图给列宁的帝国主义定义赋予"现代的"意义，提出了从世界经济关系整体上定义当代垄断资本主义性质的构想，指出当代帝国主义最主要的五个特征。这五个特征分别是："(1)资本的进一步积累和集中，世界资本主义经济并入以跨国公司为基础的美国、欧洲及日本的整体结构中，或者说综合垄断企业集体。在这些企业的支持下，技术发展加速。(2)'自由'国际市场被放弃，取而代之的是大宗商品贸易和投资对价格的操纵；而边际利润则是由跨国公司的内部会计制度决定。(3)国家资本积极参与国际投资；对私人投资进行资助和担保；全球性的对外政策与全球利益和跨国公司视角相符合。(4)在国际上，统治阶级地位的巩固继续以对跨国公司的所有权和控制为基础；由于发达资本主义国家力量强大而产生的国家间的对抗随之衰落；世界银行和国际统治阶级的其他代理人创立了国家化的世界资本主义市场。(5)所有这些趋势的强化都源于世界社会主义体系对世界资本主义体系的威胁。"①奥康纳的这些见解，在一定程度上影响和推动了 20 世纪 70 年代中期马克思主义帝国主义理论在西方世界的发展。直到 80 年代，资本在其全球化的过程中重建了对劳动力的控制力量，新自由主义的重新执政导致部分资本主义的"黄金时代"(欧洲的社会民主、

---

　　①　James O'Connor, *The Corporations and the State*: *Essays in the Theory of Capitalism and Imperialism*, New York: Harper Collins, 1974, pp. 174-175.

英国的工党政策、美国的新合作主义和南部的民族发展主义）结束了，这两个相互关联的世界性历史现象使他开始考虑修订他的国家预算理论。从那时起，奥康纳开始致力于研究美国（乃至整个西方）工人阶级的发展和美国个人主义意识形态、阶级构成的转变、葛兰西意义上的意识形态霸权以及美国资本主义宏观经济之间的关系。奥康纳这一时期的理论成果是《积累的危机》（1984），该书通过对流行于西方的个人主义的文化价值观、工人运动以及国家在经济中的作用进行了历史性的考察，指出这种表面看似支撑着资本主义发展的个人主义，实际上正在对这个制度起着颠覆性的作用，并最终促使这一制度发生转变。在此基础上，他揭示出资本主义的危机是在历史中不断积累着的危机，从而建立了一种关于资本主义的"总体的"危机理论。1987 年，奥康纳出版了一部介绍危机理论的著作——《危机的意义》。该书通过详细考察资产阶级经济学的市场危机理论、新正统马克思主义的价值危机理论、新马克思主义的社会危机理论以及后马克思主义的社会心理危机理论，揭示了危机含义的演变过程。在此基础上，奥康纳提出建立一种关于"危机理论的批判理论"的必要性。1988 年，他与人合作创办了著名的美国左派期刊《资本主义、自然、社会主义》（一种用来阐明资本主义发展具有不可持续性的生态学社会主义期刊），并担任该刊主编，这也是他学术生涯中的一个重要事件。1997 年，奥康纳总结了过去的研究成果，出版了集大成之作——《自然的理由》，该书通过对资本主义与国家、资本主义与个人主义、资本主义与自然的关系的深入考察，指出资本主义的双重矛盾，揭示了资本主义经济危机与生态危机的深层关联，进而提出生态社会主义的构想，建立了他真正意义上的生态学马克思主义观，从而奠定了他在美国生态学马克思主义流派中的领军地位。

二、研究意义及研究现状

奥康纳作为一位沿着马克思主义理论道路做出重大理论建树、在欧美学界产生了重大影响的学者，对于我们推进理论发展和破解实践难题都具有重要意义和价值。我们本该对其进行认真深入系统的研究，然而，目前国内学界对其所做的研究还远远不够。

(一)研究意义

奥康纳的理论建树和学术贡献对于我们推进马克思主义研究、认识当今世界、破解实践难题具有重要意义。

首先，奥康纳关于资本主义基本矛盾的研究，对于我们深化和拓展唯物史观、深入而全面认识资本主义具有重要的意义。关于西方学者对待传统马克思主义理论遗产的突出特点，有学者如实地将其概括为：他们普遍认为，传统的马克思主义理论过于局限在分析生产力与生产关系矛盾所引起的经济危机上，他们因此都致力于拓展或改造这一理论。事实上，随着资本主义社会的发展，资本主义本身在多个方面都产生了重要变化，经济危机的表现形式也随之多样化。奥康纳也是这种观点的持有者，他先后将国家要素、文化要素以及生态要素引入传统马克思主义的危机分析框架中，但他并不是要抛弃或者篡改传统马克思主义，而是希望以此彰显马克思主义对现实资本主义世界的强大批判力量，以此进一步完善并推进马克思主义的发展。在当代西方尤其是美国学界，他是一位举足轻重的学者。我们从上文中已经知道，他的《国家的财政危机》不仅被誉为是与巴兰和斯威齐《垄断资本》同等重要的经济学力作，还被认为是新马克思主义国家理论的最重要的著作之一。在英文版第一版出版后的 25 年里，该书仅英文版就创造了超过三万册的销量，在欧美，这一销量对于学术著作来说已经相当可观。同时该书还被翻译为德语、意大利语、西班牙语、希腊语、葡萄牙语、日语和朝鲜语等多种语言版本，广为流传。2002 年，在奥康纳修订的基础上该书再版，该版本至 2009 年已经先后四次印刷。遗憾的是，如此重要的学术著作至今仍没有中文版本。随着全球生态问题的日益突出，奥康纳近些年的生态学马克思主义思想已经引领全球生态学马克思主义理论研究的学术思潮，他在该理论上取得的成就是学界有目共睹的。简言之，奥康纳对资本主义国家内在矛盾所做的研究在经济学界、社会学界以及马克思主义学界都产生了广泛的影响。这样一位卓有成就及广泛影响的思想家当然是值得我们深入研究的。

其次，奥康纳以广阔的理论视野对资本主义危机进行了全面研究，并以此为主线，进而全面论证了当代资本主义的未来——生态社会主义，这一理论对于把握资本主义的未来走向，坚持马克思主义和社会主义信念，具有重要意义。奥康纳的学术思想丰富广博，建树广泛却不流于表面。他的卓越思想才华不仅体现于他在哲学、经济学、社会学、政治学等领域的积极探索，更体现在他对推进马克思主义理论所做的贡献上。在对当今世界的反思中，我们发现，奥康纳从 20 世纪 70 年代起所提出的问题至今仍未得到实质性解决，他所做的那些分析与预见非但没有被证伪，反而更加彰显了其独特的理论穿透力。所以，认真对待奥康纳的学术思想就成了一件意义重大的事情，它可以成为我们与当下现实进行对话的重要依据。对于这样一个思想无比丰富和活跃，有着比较深厚的马克思主义理论根基的思想家来说，仅仅研究他的理论的某一方面必然容易导致断章取义。纵观他一生的著述，我们发现，奥康纳的学术旨趣完全是沿着马克思的宏观逻辑思路展开的，他通过批判当代资本主义寻找资本主义的出路，最终找到了生态社会主义的理想归宿。为了这个社会理想目标，他一生都在积极探索。从总体上看，奥康纳的思想发展经历了三个阶段①：第一个阶段，奥康纳结合了财政社会学和马克思主义政治经济学，以美国为案例研究了发达资本主义国家的财政危机，得出只有社会主义才是解决资本主义基本矛盾的唯一路径的结论。第二个阶段，奥康纳致力于建立一个关于资本主义危机的"总体化"理论。通过对资本主义危机的历史性考察，揭示出资本主义危机的积累性特征，一方面表明资本主义的危机是在资本的积累中产生的，另一方面表明资本主义的危机是在危机的产生及其不断"化解"的历史过程中不断积累或积聚的。第三个阶段，他总结和运用过去的研究成果，从生态学的角度对历史唯物主义进行了重构，为认识当代资本主义危机提供了优化的世界观和方法论。他提出资本主义的双重矛盾，并论证了生态学社会主义作为资本主义替代形态的可能性。表面看来，奥康纳的学术理论总在不断触及新的问题域，似乎显得缺乏一个持久的关注点。这应该也是他的资本主义危机理论没有被当成一个完整的理论体系来研究的原因之一。但是，我们不能不问，奥康

①　笔者将奥康纳在 20 世纪 70 年代初期对古巴社会主义起源的研究视为他的学术研究起点，而没有纳入他的资本主义危机理论中，因此在本文中不做具体探讨。

纳不同时期的危机理论的内在联系是什么？它们之间有怎样的逻辑必然性？如果不清楚奥康纳的整个思想发展过程，就很难对此有准确、恰当的把握。因此，本书致力于通过对奥康纳著作的较为全面的文本解读，试图对他的资本主义危机理论进行系统梳理，形成一个整体认识，从而深入剖析奥康纳资本主义危机思想的流变过程，梳理出其中的内在逻辑，发掘其理论价值。这不仅有助于国内学界更为全面地了解、研究奥康纳的学术思想，还能通过总结他在发展与运用马克思历史唯物主义过程中的一些成功经验与失败教训，为我们推进马克思主义理论中国化、时代化、大众化以及解决当下中国现实问题提供有益借鉴。

最后，始终坚持从社会制度最根本的层面去批判形形色色的危机现象是奥康纳带给我们的理论启示。当代生态危机本质上是资本主义经济制度的危机，是西方发达国家长期推行生态帝国主义、生态殖民主义的必然结果。把生态问题当作"全球问题"的同时，也在一定程度上掩盖了生态帝国主义。要彻底解决生态危机，就必须改变以追求利润为目的的资本主义生产方式，这是马克思主义的根本结论。通过对生态批判理论做出系统的历史性反思，挖掘其不足之处，深入研究社会主义国家生态问题与资本主义国家生态问题的区别与联系，自觉地从制度视角区分社会主义生态问题、资本主义生态问题、一般生态问题的同与异，并对社会主义生态问题做进一步分析，为从制度上探索解决生态问题的路径获得概念前提，为我国在全球环境治理中争取话语权。

（二）国内的研究现状

自从唐正东、臧佩洪二位教授将奥康纳的晚期著作《自然的理由》

(2003 年)翻译出版后,国内才真正开始对奥康纳的理论进行文本学的研究,之前的研究成果甚少,基本上仅限于二手资料的转述。至今,国内对奥康纳思想的研究现状大体上可以概括为两点:(1)缺乏对一手文献的全面阅读和研究,大部分研究仍局限于对《自然的理由》一书的解读,研究范围基本局限于奥康纳的生态学马克思主义思想,对他的其他重要思想却知之甚少。(2)由于缺乏对奥康纳思想全貌、理论脉络、逻辑演进的全面了解,就很难准确、深入地挖掘他的思想价值,也容易陷入断章取义,造成对他的一些误读。

就国内马克思主义学界来说,奥康纳这个名字今天对我们来说并不陌生了。1990 年,国内翻译了罗伯特·戈尔曼主编的《"新马克思主义"传记辞典》(重庆出版社),在该书里我们可以获得一些关于奥康纳的简短信息。不久,中国人民大学马列主义发展史研究所的顾海良教授较早地发表《奥康纳和他的"国家的财政危机"理论》,这也是国内最早介绍奥康纳财政危机理论的文章。20 世纪 90 年代以后,伴随着生态问题的日益突出,国内逐渐引进了一批国外生态学马克思主义的著述,随后便掀起了一股研究生态学马克思主义的学术热潮。2003 年,奥康纳《自然的理由》(唐正东、臧佩洪译,南京大学出版社)随之翻译出版。奥康纳至此才逐渐被国内学界真正知晓,并开始了对该著作的文本解读。近些年来,一批研究奥康纳的论文涌现出来,其中比较有代表性的理论成果主要有:《生产条件的批判之维与当代资本主义的超越之路——詹姆斯·奥康纳的生态学马克思主义观及其评价》(唐正东)、《文化、自然与生态政治哲学概论——评詹姆斯·奥康纳的生态学马克思主义理论》(王雨辰)、《自然唯物主义的复兴——美国生态学的马克思主义哲学评析》(何萍）、《生态批判与历史唯物主义的重构——评詹姆斯·奥康纳的生态学马克思主义思想》（陈食霖）、《论奥康纳的"生态学马克思主义"理论》（黄炎平）、《资本主义生态危机及其出路——评奥康纳的"生态危机理论"》（陈永森、黄新建）、《詹姆斯·奥康纳对历史唯物主义生态观的阐释》（关春玲）等。2004 年，厦门大学的杨建生博士在其博士学位论文《马克思主义经济危机理论史研究》的第五章第三节中用了 4 页篇幅介绍了奥康纳的国家财政危机理论。2006 年，曾枝盛教授在其著作《国外学者对马克思主义若干问题的最新研究》（中国人民大学出版社）的第八章"生态学马克思主义的危机理论"的第三节中对奥康纳《自然的理由》做了简要介绍。2007 年，中央编译出版社出版了国内第一本系统研究生态学马克思主义的论著《生态马克思主义概论》（刘仁胜著），全书分为五章，分别对生态马克思主义的五种经典理论成果进行了重点介绍，具体内容包括生态马克思主义概述、从技术批判到生态危机理论、资本主义的双重危机理论、革命的生态社会主义理论、马克思的生态学等。作者在第二章用了 32 页的篇幅比较系统地介绍了奥康纳的双重危机理论。2007 年10 月，徐艳梅出版了《生态学马克思主义研究》（社会科学文献出版社），该书从总体上对生态学马克思主义的定义域、逻辑前提、哲学方法论基础及其核心观点进行了分析，并分别介绍了生态学马克思主义产生的社会历史文化背景和历史演进逻辑，进而界定了其定义域；阐述了生态学马克思主义得以成立的理论前提；展示了西方马克思主义对自然的理解从人本主义转向自然唯物主义；剖析了生态学马克思主义的核心观点；最后探讨了生态学马克思主义的理论观点对社会主义中国构建和谐社会的借鉴意义。在该书的第三章和第四章作者分别用一节的篇幅介绍了奥

康纳重构历史唯物主义和资本主义双重矛盾论的思想。2008 年，人民
出版社出版了《生态地批判——福斯特的生态学马克思主义思想研究》
（郭剑仁著），该书是国内第一部研究美国学者约翰·贝拉米·福斯特的
生态学马克思主义思想的著作。作者在第四章中，比较详细地介绍了奥
康纳的生态学社会主义思想，并将其与福斯特的理论做了比较。2009
年 6 月，中国人民大学出版社出版了《马克思主义经济和周期理论的结
构与变迁》（刘明远著），该书在第十一章"西方马克思主义学者对经济危
机分析模型的现代阐释"的第七节中将奥康纳作为"引入生态要素后的危
机模型"的代表人物提出来，介绍了他的资本主义的双重矛盾理论，在
第八节"引入国家要素后的危机模型"中对奥康纳的国家财政危机理论做了
比较简要的介绍。近年来，随着 2007 年美国次贷危机引起的一系列国际
金融风暴、政府财政危机以及政治动荡，奥康纳的国家财政危机理论在国
内学界引起部分学者的关注，特别是吸引了一些经济学领域学者的兴趣，
有学者试图用该理论来解释这场自 20 世纪 30 年代以来最严重的世界经济
危机。其中比较有代表性的论著有：《公共债务过度扩张的约束机制构建》
（赫宇彪）、《国家的积累和合法性职能的矛盾——解释债务危机成因的一
个新视角》（王娜）、《合法性危机与财政危机——美国马克思主义者对马克
思主义经济危机理论的继承与发展》（江洋）。另外，目前检索到的研究奥
康纳的博士学位论文仅一篇，即吉林大学宿晨华《詹姆斯·奥康纳生态学
马克思主义研究》。硕士学位论文已经突破百篇：其中除了福建师范大学
余美兰研究了奥康纳的"国家财政危机理论"以外，其他研究基本围绕他的
生态学马克思主义思想、生态社会主义理论以及他与福斯特、佩珀和科威
尔等生态学马克思主义者的比较研究。由于国内外文文献资源的限制，奥

康纳的绝大多数著作都未能进入研究视野。因此，上述这些成果对奥康纳的研究主要集中在他的生态学马克思主义理论上，而对于他的其他理论很少涉及，有的也只是蜻蜓点水式地转述一下，参考的文献大部分都局限于《自然的理由》一书。迄今为止，国内仍没有一部全面介绍、系统梳理和深入研究奥康纳思想的学术专著，也尚未出现一篇全面、系统研究奥康纳思想的博士学位论文，这不能不说是一种理论的缺憾。更遗憾的是，由于不是全面研究，因而脱离了奥康纳完整的理论体系与创作语境，还导致了对他的思想产生一些明显的误读，甚至歪曲。这一学术情形不仅对奥康纳是不公正的，而且对马克思主义的理论研究也是一个损失。笔者通过对他的六部原版著作的全面解读，系统地研究了奥康纳的资本主义危机理论体系，以期对这项理论研究做出些许推进。

三、本书的研究方法、难点及理论创新

对于奥康纳这样一位知识广博、兴趣广泛、著作等身、贴近现实但在国内少有中文译本、缺乏全面研究的学者，只有确定有效的研究方法，才能克服困难，做出新的研究成果。

(一)研究方法

本书主要运用了文本学的深层解读法、比较分析法，坚持历史与逻辑相统一的历史唯物主义原则，在学界现有研究成果的基础上，沿着他的学术道路，历史地深度解读他的著作，把握其主题，理解其逻辑，体

悟其精神，发掘其理论演进的内在必然性。

首先，本书在研究方法上最大的特点就是采用了我国著名马克思主义哲学家张一兵先生提出的文本学的深层解读法。该方法立足于对文本的深层解读，反对那种不对文本进行认真的考察和解读就断章取义的方法。笔者收集了奥康纳的全部英文专著、大量原版论文和有关研究资料，通过对一手文本尽可能地细致品味和准确解读，力求向读者展现奥康纳的资本主义危机理论的历史背景、理论旨趣、实践指向、理论贡献、主要不足等整体面貌。

其次，本书还采用了比较分析的研究方法。一是比较奥康纳的理论与马克思、恩格斯理论的同与异，分析奥康纳的理论贡献及其意义；二是比较奥康纳与其他马克思主义学派，特别是其他生态学马克思主义理论的同与异，揭示奥康纳理论在马克思主义发展谱系中的独特创造；三是比较奥康纳思想理论变化的阶段性差异，梳理奥康纳理论演进的内在逻辑，在历史进程中勾画奥康纳理论体系构架。

最后，在本书的行文中，我遵循的是历史与逻辑相统一的历史唯物主义原则。历史与逻辑相统一的研究方法是马克思所推崇的探究思路。马克思说过："既然在历史上也像在它的文献的反映上一样，大体说来，发展也是从最简单的关系进到比较复杂的关系"，那么，"文献的历史发展就提供了批判所能遵循的自然线索"，因此，"逻辑的方式是唯一适用的方式。但是，实际上这种方式无非是历史的方式，不过摆脱了历史的形式以及起扰乱作用的偶然性而已"。[①]　众所周知，任何一种理论的产

---

① 《马克思恩格斯选集》第 2 卷，43 页，北京，人民出版社，1995。

生都根源于一定的历史背景，理论的发展与社会现实的变迁更是密不可分的。所以，要想对一个思想家的思想做系统化的研究，梳理出其中的逻辑发展线索，也必须依赖于对社会发展过程的历史背景考察，对理论本身进行历史性还原，研究理论范畴与现实、思想主张与实践的原发性关系，才能坚持历史和逻辑相统一的原则，尤其是对于奥康纳这样一位始终面向现实的马克思主义学者，就更应如此。

(二)研究的难点

本书在写作过程中遇到的难题主要有以两个方面：(1)跨学科带来的研究困难。奥康纳的思想涉猎广泛，尤其是中期有过一段"总体化"的理论研究经历。他的著作不仅包含了经济学理论、政治学理论、社会学理论，还包括了历史学、心理学等理论。因此要想对其做系统、深入、准确的研究，不仅需要完备的专业知识结构，还需要在马克思主义理论框架中进行整合式研究。在写作过程中，为了理解的准确，笔者经常需要查找大量相关文献，通过大量阅读先掌握一定的背景知识才能深入研究和把握他的文本主旨，这显然不是一件轻松的工作。(2)由中西方文化差异以及语言带来的理解障碍。奥康纳作为地道的美国人，在学术写作中也充分表现出美国人发散思维、信手拈来的随意文风以及由此带来的缺乏严密论证的新奇结论和不够严谨的理论创新。这使他的著作在内容上显得比较随意、逻辑上比较松散，缺乏一条清晰、明确的写作主线，在阐释某个问题的时候常常是意识流式的思维，意到笔就，洋洋洒洒，思维跳跃。因此，如何筛选、编排和归纳他的理论思路、逻辑，把握他理论的完整性，确实也是一大难题。此外，由于绝大多数原著都是英文原版著作，语言上的差异、笔者的英文水平、欧美的历史文化知识，都影响着理解的准确性，为这一课题的研究增加了一定的难度。

(三)研究的创新之处

对于人文社会科学而言，创新可以体现为多种形式，比如，发前人之未发，探索未知世界，这是一种原创性创新；补前人肤浅、片面、零散之所发，使肤浅的理论深刻化、片面的理论全面化、零散的理论系统化，这是一种丰富原创性的创新；发他人已发而众人不知之言，让原创性理论为更多的人所知、所用，这是总结性、传播性的理论创新；正别人所发之误，防止谬论继续传播，为探索真理清除思想理论障碍，这是一种纠错性理论创新，如此等等。

根据上述的创新理解，本书的创新之处体现在以下三个方面：(1)本书较为系统地对奥康纳的资本主义危机理论做了全面的研究，深入挖掘其理论发展的内在逻辑及当代理论与现实意义。在评价奥康纳学术思想的时候，本书放弃了以往学界根据理论内容或研究结论直接"归门归派"的做法，而是从奥康纳自身的理论发展逻辑入手，尽可能客观地对其不同时期的理论特征进行了分别评价，最后按照"马克思主义何以存在？资本主义何以灭亡？社会主义何以可能？"的奥康纳自身的逻辑构架从总体上客观评价了奥康纳的危机理论与马克思主义的关系。(2)本书提出从社会制度根源研究生态问题，划分不同类型生态问题，并提出解决思路。作者从制度视域将生态问题进行了细致区分：一般生态问题与制度性生态问题；将制度性生态问题区分为资本主义生态问题和社会主义生态问题；将社会主义生态问题区分为经济结构导致的生态问题和发展方式导致的生态问题；提出社会主义国家中的生态问题并非全是社会主义生态问题，而是输入性生态问题、内生性生态问题、全球相干性生态问题。总的说来，社会主义生态问题可以通过调整发展方式来解决，资本主义生态问题必须通过消灭私有制才能根本解决。（3）确立马克思主义的科学技术观、现代化观，正确认识和处理推动社会发展进步与实现生态文明的关系。作者区分了人类生存和发展对认识自然、改造自然、索取自然之必需与资本主义疯狂掠夺自然的本质差别，提出要警惕和防止现代科学技术文化和现代化反思批判中的文化蒙昧主义、揭露和批判社会主义国家的生态问题时全盘否定现实的社会主义倾向、借鉴中国传统人与自然关系思想资源时的自然犬儒主义。

(四)篇章结构与工作目标

本书题为"危机的宿命：奥康纳资本主义危机理论研究"，作为对奥康纳的危机思想系统研究的一个尝试，作者试图在对他各个阶段的危机理论分别阐释的基础上，梳理深层理论逻辑线索，阐述其历史合理性与价值正当性，并对他与经典马克思主义的关系进行分析。按照这一思路，本书的论述将在下列各章中逐步展开。

本书导论部分追踪并梳理了奥康纳学术思想的发展轨迹，考察了国内学界对奥康纳思想的研究现状，说明了这一课题的理论和现实意义，最后表明了本书的研究方法、研究难点及创新之处。

根据具体研究，笔者把奥康纳的资本主义危机思想划分为三个阶段，分别对应本书的第一、二、三章。

第一章题为国家的财政危机：战后资本主义危机的集中表现。在

"国家财政危机理论"中，奥康纳结合了财政社会学和马克思主义政治经济学，以战后美国资本主义的发展为研究对象，分析了当代资本主义的矛盾与发展趋势，提出在资本主义矛盾日益剧烈的背景下，国家的经济职能日益突出，但国家对经济的调节造成了新问题：财政危机正成为当今资本主义国家经济危机的集中表现，它不仅破坏着经济自身的生产能力，还直接威胁到资本主义国家的政治合法性。该理论不仅给现代资本主义危机研究提供了独特的理论视角，对于当下的资本主义全球性财政危机也有着不容忽视的现实意义。该章从奥康纳"国家的财政危机理论"的历史背景和支援性学术背景入手，研究了奥康纳在新马克思主义经济学视角下对资本主义福利国家的经济运行和内在矛盾的观点，探讨了资本主义福利国家社会开支增长的特征和原因，分析了奥康纳提出的经济部门理论和国家收支理论，最后对奥康纳的国家财政危机理论的理论贡献、现实意义与值得商榷之处做了客观公正的评价和指认。

第二章题为"'总体化'的危机：积累的危机和危机的积累"。在该理论中，奥康纳通过将对个人主义的分析引入资本主义意识形态批判，通过分析个人主义、工人斗争、国家政策与资本积累之间的关系，论证了现代资本主义的"生产不足"的危机的新形式，并在此基础上阐明资本主义的危机是一种历史积累性危机。从而提出了一种"总体化"的研究方法和"总体化"的资本主义危机理论。该章系统分析了奥康纳"总体"方法论提出的背景，研究了这种方法论的基本特征，阐明了奥康纳对个人主义价值观的基本看法，介绍了奥康纳关于资本主义"生产不足"的危机思想的基本观点，最后详细评论了"总体化"理论的优点、创新与不足。

第三章题为"生态学马克思主义何以可能"。在结合了过去的研究成果的基础上，奥康纳通过对生态学与历史唯物主义的结合，为批判资本主义、寻找未来理想社会奠定了世界观基础；通过拓展马克思的资本主义矛盾理论，揭露了资本主义的经济危机、生态危机以及由此引发的政治危机和社会危机，否定了"可持续的资本主义""生态资本主义"的主张，以生态学社会主义指明了资本主义社会未来变迁的现实可能性基础。从理论上实现了生态原则与历史唯物主义、马克思主义的资本主义批判逻辑和科学社会主义原则的视界融合，完成了资本主义危机理论的最终建构和未来前景证明。由于生态学马克思主义思想和生态学社会主义思想在奥康纳的整个资本主义危机理论中处于学术顶峰的地位，所以本章所做的研究也是本书的重中之重。本章从生态学与历史唯物主义的结合、资本主义的生态批判与资本批判的结合以及生态学与社会主义的结合三个方面详细探讨了奥康纳对"生态学马克思主义何以可能"的总问题的回答，并分别评价了奥康纳在这三个方面的研究成果的理论贡献与不足，最后阐明了该理论对我国经济社会科学发展与社会主义和谐社会建设的理论与实践意义。

第四章题为"批判与超越：社会制度视域中的生态问题研究"。生态学马克思主义与其他绿色思潮最大的不同在于它主要从社会制度属性，特别是经济制度上研究生态问题。生态学马克思主义在批判资本主义制度的反生态性的同时严厉批评了生态帝国主义和生态殖民主义，揭示了发达国家对欠发达国家的生态剥削。总体来说，国内外半个多世纪的研究成绩斐然，但也存在一些薄弱之处。本章试图阐释当前对生态问题的认识中存在的三大偏差，由此揭示社会制度视域中的生态问题类型划分及其意义，在此基础上，进一步深入研究以萨卡、奥康纳为代表的一批国外生态学马克思主义者关于苏联社会主义国家生态问题的理论成果，以期为当下中国特色社会主义生态文明建设提供理论借鉴。

本书最后一部分为结语，主要是对全书的研究成果所做的总结。纵观奥康纳的资本主义危机理论，我们可以发现，他的危机理论究其实质是关于生产条件再生产的理论。他的三个时期的危机思想可以分别对应于马克思所说的生产条件的三种形式：即由国家提供的"社会生产的公共的、一般性的条件"，或"社会生产过程的一般条件，也就是交通及运输方面的条件"；由工人提供的劳动力，即"生产的个人条件"；由自然界提供的"外在的物质的条件"。贯穿奥康纳危机思想始末的鲜明主题则是"马克思主义何以存在""资本主义何以灭亡""社会主义何以可能"的三大理论命题。笔者通过奥康纳对马克思主义的根本态度、对资本主义危机及其前景的基本判断以及对社会主义的价值取向的坚持这三方面总结了奥康纳资本主义危机理论的逻辑递进，并在此基础上论证了奥康纳与马克思主义的关系。

生态学马克思主义是以马克思主义原则解决人与自然关系的智慧之学，也必然是全面理解中国特色社会主义理论、推动新时代中国特色社会主义生态文明建设的有益理论参照。但愿本课题的研究能实现这一美好初衷。

第一章 ┃ 国家的财政危机：战后资本主义危机的集中表现

　　第二次世界大战后西方主要资本主义国家呈现出的经济繁荣，特别是科学技术的革命性发展、经济规模的急剧扩大、世界市场贸易额的大幅度增加、信贷和金融业的兴旺，让西方主流经济学愈发肯定资本主义生产关系的绝对合理性，从而否认资本主义发生危机的可能性，特别是发生大规模危机的可能性。在西方主流经济学家看来，资本主义国家的自我调节能力能够使资本主义制度从容应对各种问题，从而排除制度性危机的可能性。马克思主义也因此遭遇到最大的一次历史性挑战。然而，在马克思主义一方，仍有一批学者以冷静犀利的思维触觉，关注资本主义繁荣发展背后的基因病——经济危机正以新的方式表现出来。这种危机在当代资本主义国家的突出表现就是国家的财政危机。奥康纳便是持此类观点的重要代表人物。

　　1973 年，奥康纳出版了《国家的财政危机》一书，该著作以战后美国资本主义的发展为研究对象，分析了以美国为代表的当代资本主义在生产、交换、分配、消费各领域的新变化。他敏锐地发现，在资本主义矛盾日益剧烈的背景下，国家的经济职能日益突出，虽然在一定程度上缓解了资本主义危机，但国家对经济进行调节的同时也造成了新的问题：财政危机正成为当今资本主义国家经济危机的集中表现，它不仅破坏着经济自身的生产能力，还直接威胁到资本主义国家的政治合法性。如果仅从这部著作的标题来看——"国家的财政危机"——很容易给人一个印象，这似乎是一部单纯探讨政府财政危机的著作，或者说是一部"用政治(或政权)因素来解释经济危机"①的著作。实际上，这部著作远非表面看起来这么简单，如果这样来理解奥康纳的国家财政危机理论，那就降低了其理论深度。通过对奥康纳这一文本的深层解读，我们得知，他所谓"财政危机"，并不仅仅是一般意义上的国家财政预算和收支上的种种困境，而是战后资本主义发展中的危机的特殊表现形式，其理论的深层指向是垄断资本主义条件下的资本主义制度性危机。奥康纳通过对当代资本主义社会中国有产业部门、由中小型企业组成的竞争部门和由大企业组成的垄断部门之间关系的分析，深刻阐明了 20 世纪 50 年代以来发达资本主义国家，特别是美国资本主义经济增长趋势和危机的特征和根源，并旗帜鲜明地提出只有社会主义才能解决资本主义矛盾的

---

　　①　中国人民大学经济学院的刘明远教授就持这种观点。详见他的专著《马克思主义经济危机和周期理论的结构与变迁》，353 页，北京，中国人民大学出版社，2009。

结论。该著作一经出版就在美国经济学界引起了强烈反响，极大地推动了 20 世纪 70 年代以后新马克思主义理论的发展，《西方马克思主义概论》一书的作者本·阿格尔曾指出，奥康纳的这一著作和哈贝马斯的《合法性危机》(1975)是新马克思主义国家学说中最重要的两本著作。本章将系统分析国家财政危机理论产生的历史、经济与意识形态理论的背景，全面介绍奥康纳在新马克思主义经济学视角下对资本主义福利国家的经济运行和内在矛盾的观点，深入研究他对资本主义福利国家社会开支增长的特征和原因的看法，概括总结奥康纳的经济部门理论和国家收支理论，最后分析探索他关于资本主义危机理论的阐释和创新与传统马克思主义理论之间的关系及其对当代资本主义批判的启示和其现实意义。

一、奥康纳国家财政危机理论的历史源流

国家财政危机理论是新马克思主义经济学理论的一个重要部分，是西方马克思主义学者对 20 世纪五六十年代西方国家干预经济进行反思和批判的核心理论成果。奥康纳的国家财政危机是依据马克思主义政治经济学的基本理论，结合财政社会学的现实理论视角和具体研究方法的一种理论尝试。

(一)国家财政危机理论产生的历史背景

自 19 世纪中叶开始，帝国主义国家之间围绕着领土、市场的争夺日益激化，最终在 20 世纪初酿成第一次世界大战。战后，资本主义经济出

现了三大事件，给了经济学无尽的思索，促使经济理论发生了重大变化。

第一个重大事件是经济"大萧条"。对这场"大萧条"的理解与反思被经济学家 B. 伯南克称为"宏观经济学的圣杯"（Holy Grail）。第一次世界大战后，资本主义经过福特主义的影响和改造，出现了十多年的经济发展，美国甚至出现了"狂飙突进的 20 年代"的经济增长繁荣期。可是，到了 1929 年，突如其来的世界性经济危机爆发了，大批工厂、银行倒闭，大量工人失业。虽然各个资本主义国家在国家财政上都力求节约、增加税收、严守健全财政体制以期经济危机的自动恢复，但危机并没有因此得到缓解，反而进一步加深了。这次危机造成的影响之深、范围之广，使人们对资本主义市场的自我调节能力不得不产生怀疑。长久以来一直占据着西方主流经济学地位的新古典经济学对此也束手无策，陷入了理论困境。在这样的世界经济局势下，英国著名经济学家凯恩斯以极其沉痛的心情写道："第一次世界大战以后，我们发现自己处于业已衰退的资本主义的掌握之中，这种既是国际性的又是私人性的资本主义并不成功。它的商品并不与它的聪明、它的美好、它的公平、它的道德相联系。总而言之，我们并不喜欢它，而是开始厌恶它。"[1]他由此断言，困扰工业资本主义的大规模失业已经宣告了古典经济学在学理上的破产。因为在古典经济学模型中，市场有足够的力量通过价格机制矫正经济平衡，而不需要政府干预。在《1930 年的严重萧条》一文中，凯恩斯首先表露出对资本主义市场机制的怀疑。1931 年年底，他又出版了《劝

---

[1] J. M. Keynes，"National self-sufficiency，"New Haven：*The Yale Review*，*June*，1933.

说集》一书，表达了他对资本主义制度的强烈不满，更表示出对未来社会的向往之心。1933 年，在《走向繁荣之路》一书中，他采用了卡恩的乘数理论作为新的分析工具，把政府的财政政策和就业问题结合起来，力图说明公共工程支出的作用。1935 年，在《一个自我调节的经济制度?》一文中，他致力于说明自由竞争的资本主义市场经济不可能实现自我调节。1936 年，在总结了过去这些研究成果的基础上，凯恩斯出版了其最负盛名的《就业、利息和货币通论》(以下简称《通论》)一书，建构了西方宏观经济学理论体系。在《通论》中，凯恩斯对经济危机和严重失业的经济现实做了深入研究，把原因归结为消费倾向、资本边际效率、流动偏好三大"心理规律"和货币数量所决定的有效需求不足。他摒弃了"供给自行创造需求"的萨伊定律和传统的关于资本主义制度可以通过自身调节实现充分就业的观念，提出了"有效需求理论"，主张通过发行公债的财政投资贷款政策来补充投资不足，从而刺激消费需求的增长，并借此扩大就业，克服经济萧条。简言之，凯恩斯理论就是强调国家干预，强调以财政政策为手段调节经济运行的经济理论。他在 1935 年 1月 1 日写给他的朋友爱尔兰文学家萧伯纳的信中谈到了他当时正在写作的《通论》："我相信自己正在撰写一本颇具革命性的经济理论的书，我不敢说这本书将会立即改变世界对经济问题的看法，但是在未来十年间，它对经济理论必然会产生革命性的影响……在现阶段里，我不能期望你或任何人相信这一点，但我自己对这一点是深信不疑的。"①事实证

---

① ［美］海尔布鲁诺：《改变历史的经济学家》，480—481 页，台北，志文出版社，1983。

明，十年以后，当美国经济学家萨缪尔森和汉森将凯恩斯理论正式引入美国以后，正如凯恩斯所预言的那样，他的经济学理论真的开始发挥"革命性的影响"。也正是从那时开始，凯恩斯的经济学理论开始逐渐成为第二次世界大战后主要资本主义国家的主流经济学和政府制定政策的依据。这一理论具体表现为：主张实行赤字财政、发行公债和执行通货膨胀政策，依靠扩大政府财政开支、加速国民经济军事化等手段来刺激私人投资，扩大消费需求，增加就业，扩大生产。就当时而言，这种政府干预经济的理论和实践，在一定时期内有效缓解了资本主义基本矛盾日益激化的趋势，打破了传统经济周期的频率，推动了资本主义经济相对平稳发展。美国经济走出萧条的速度是惊人的，从 1933 年 3 月到 1942 年 6 月，工业生产以平均每年 13.5% 的速度增长。因此，一些资产阶级经济学家把战后凯恩斯主义全盛时期的 20 年（从 20 世纪 40 年代后期到 60 年代中期）称作"凯恩斯时代"。[①] 在此期间，凯恩斯的追随者们在注释与补充凯恩斯理论的过程中，由于对《通论》的理解和现实社会问题的看法发生了严重分歧，从而形成两个对立的学派：新古典综合派和后凯恩斯学派。在后凯恩斯经济学家看来，新古典综合学派将凯恩斯主义与新古典经济学拼凑在一起的做法实际上严重歪曲了凯恩斯的原意。因此，他们摒弃了新古典经济学，而是试图从古典经济学、马克思主义经济学、制度经济学等理论中寻求借鉴，力图完成"凯恩斯革命"。这可以算作战后资本主义经济学领域出现的第二件重大事件，深刻地影

---

① 有关凯恩斯思想发展历程的介绍参见王志伟编：《现代西方经济学主要思潮及流派》，12—17 页，北京，高等教育出版社，2004。

响了此后的经济学发展。然而，好景不长，到了 20 世纪 60 年代中期以后，主要资本主义国家纷纷遭遇经济"停滞膨胀"（严重通货膨胀与大量失业同时发生）的困境，经济学家称为"大通胀"（Great inflation），也就是我们前面所说的战后资本主义经济出现的三大事件中的最后一件。而根据正统凯恩斯主义"需求拉动的通货膨胀"的观点，这种情况是不可能发生的。因为，有效需求不足会引起经济萧条和失业，过度需求会引起通货膨胀，通货膨胀的产生是由于总需求的增长快于总供给的增长，或者总需求增长而总供给不能同步增长。令人无奈的事实是，在 20 世纪 60 年代辉煌一时的"菲利普斯曲线"（新古典综合派）的政策选择方法，在 20 世纪 70 年代经济"滞胀"的条件下彻底失效了。这无疑给了凯恩斯主义者们当头一棒，他们对此一筹莫展，无法提供令人信服的合理解释和对策，从而遭到西方经济学界的普遍质疑与批判。英国诺贝尔经济学奖获得者希克斯于 1974 年出版的《凯恩斯经济学的危机》一书中所提到的危机就是当时凯恩斯主义艰难处境的现实写照。

当我们回顾这大半个世纪的经济学理论的发展时不难发现，在 20 世纪初，西方社会的经济学研究与政治学研究几乎脱离了关系，特别是关于国家、政府等问题已经完全被排除在主流经济学研究视域之外。随着 30 年代的世界性经济危机的爆发，国家重新被推上了维护社会经济秩序与发展的前台，政府问题也因而进入主流经济学的研究视野。正是这样的现实背景成就了 20 年的"凯恩斯时代"。然而，到了 60 年代末 70 年代初，石油危机动摇了西方石油依赖型的工业体系，引发了西方国家前所未有的经济危机，通货膨胀、失业率激增、福利依赖问题等日益严重，西方国家普遍进入福利危机时期。政府干预政策的效力因而受到怀疑，政府问题进一步引起经济学家的关注，政府在经济中的作用也再度成为经济学中的重要研究课题。在这种现实历史背景下，一批围绕着国家与市场关系的理论兴起了。其中以下三个学术学派最具有代表性：

首先是公共选择学派（The Public Choice School）。公共选择学派是以经济学方法研究非市场决策问题的一个重要学派，对公共经济的关注是该学派学术研究的起点，因而作为公共经济执行者的政府自然而然成为该学派关注的重要问题。公共选择学派反对把国家当成抽象的实体，以政府取代国家作为研究对象，把经济学中的"经济人"假设引入对政治决策行为的分析中，从经济学角度，分析了政府的起源、政府的职能、政府的类型、政府干预的弊端与失败原因等问题。作为新自由主义思潮的重要分支，公共选择学派一直是市场失灵的坚定辩护者。他们反对政府干预，主张将经济市场的运行规则引入政治市场，通过将经济市场的竞争机制引入政治市场来提高后者的效率。美国马里兰大学教授丹尼斯·缪勒给公共选择理论下了一个较为公认的定义："公共选择理论可以定义为非市场决策的经济研究，或者简单地定义为把经济学应用于政治科学。公共选择的主题与政治科学的主题是一样的，包括国家理论、投票理论、投票者行为、政党政治学、官员政治等。公共选择的方法仍然是经济学的方法。公共选择理论的基本行为假设是，人是自利的、理性的、追求效用最大化的。"①总体而言，该学派提出的较为丰富的政府理论对经济学方法论基础与经济及政策学方面都有很大贡献。

---

① Dennis C. Mueller，*Public Choice* Ⅱ，Cambridge：Cambridge University Press，1989，pp. 1-2. 转引自王志伟：《现代西方经济学主要思潮及流派》，282 页，北京，高等教育出版社，2004。

其次是供给学派（The Supply-side School）。供给学派是 20 世纪 70 年代后期在美国兴起的一个与凯恩斯主义相对立的流派。该学派因强调"供给创造需求"而得名，又称供应学派。他们认为一个国家国民生产增长率主要取决于劳动力和资本等主要生产要素的供给及其有效使用。同时，他们强调企业和个人提供生产要素和从事生产经营活动，都是为了谋取利润和报酬，取得实际收入。因此，他们主张充分发挥自由市场对生产要素的供给和利用的调节作用；政府的税收政策应该成为刺激供应、增加生产和实际收入的工具。因此，通过减税、增加货币供应、保持适度通胀来刺激需求成为这一理论的核心主张。这一理论和政策主张出现不久即被英、美等国政府所接受，并一度成为里根政府制定经济政策的主要依据之一。总的来说，供给学派的经济学是在资本主义遭遇"滞胀"危机的背景下对凯恩斯主义的直接否定，其理论具有一定的现实合理性，但并没有取得长久的胜利。事实证明，没过几年，美国经济就遭遇了第二次世界大战后最严重的一次经济危机，特别是联邦政府连年出现巨额的财政赤字。并且，在理论上，由于它仅仅通过强调"萨伊定律"与凯恩斯主义进行对抗，导致缺乏自身合理的理论推断而遭到很多经济学家的批评。

最后是新左派政治经济学派（The New Left-Wing Political Economics School）与法国调节学派（The France Regulation School）。由于国家过多地介入经济生活，承担了取代市场或补充市场的职能，最终导致当代资本主义社会这种官僚福利体制陷入新的合法性危机。关于福利国家危机的解释及其解决方案的设计成为 20 世纪七八十年代马克思主义国家理论的主要话题。在对福利国家的批判中，激进政治经济学派（也称新马克思主义）和法国调节学派是分析国家危机的两个非常重要的理论流派。他们都声称自己是建立在马克思主义经济学基础上的，并且使用了马克思政治经济学的一些基本概念，如阶级斗争、生产方式等来构建自己的理论，然而，他们在对待资本主义的态度上却截然不同。20 世纪 70 年代末，在对现代经济危机的形式和原因进行研究过程中，部分法国经济学家形成了一种以调节概念为分析工具的经济学流派。米歇尔·阿格利塔在 1976 年出版的《调节与资本主义危机》一书是法国调节学派诞生的标志。阿格利塔从雇佣劳动关系出发，指出雇佣劳动者与资本家围绕着劳动条件等问题而展开的阶级斗争，推动了资本主义劳动过程的不断演变和当代资本主义的自我调节。由于他是从福特制资本主义已经度过危机并进入后福特主义这一历史背景出发，来研究资本主义调节模式的演变历程的，所以，他关注的是雇佣关系如何度过危机并取得新的存在样式。在他看来，资本主义雇佣关系并不具有导致资本主义必然灭亡的内在矛盾，这种雇佣关系并非没有矛盾，它潜藏着的不是不可解决的，进而导致资本主义生产关系灭亡的根本性矛盾。[①] 阿格利塔的问题在于没有真正理解马克思从抽象上升到具体的方法论原则，他用阶级斗争的观点建构起来的历史经验主义，把本该在物质生产中研究的劳资关系拉到了市场经济交换层面去研究，必然忽视生产层面的劳资对立。因此，他的"阶级"概念是政治话语而非历史观话语，交换层面的矛盾所导致的阶级斗争很容

---

① 参见唐正东：《雇佣劳动的嬗变与当代资本主义的自我调节》，载《南京大学学报》2007 年第 2 期。

易解决，因而矛盾不断出现却又不断被调节化解。如果触及不到资本主义生产层面，就会跃出生产领域，得出不断变化的经验结论。这恰恰是资本不断演绎出来的景观。与此相反，激进政治经济学派认为，资本主义生产模式是由劳动与资本的本质矛盾决定的，政府的财政和货币政策虽然可以在一定程度上缓解矛盾的爆发，但某些矛盾被系统缓解后，它的冲突就会转移到其他领域，转变为其他矛盾，从而使矛盾变得更加尖锐复杂。因此，任何在资本主义制度内部进行的调节与改良都无法从根本上消除矛盾，只有社会主义革命才是摆脱危机的唯一选择。在他们看来，正是对于资本与劳动这两个概念的模糊认识经常导致人们把资本与财富、资本积累与货币积累、资本主义与交换的概念混为一谈，抹杀了资本主义生产模式带来的质变的意义。[①] 詹姆斯·奥康纳正是此类观点的代表人物。

(二)奥康纳国家财政危机理论的思想来源

虽然奥康纳曾专门撰文批评过巴兰和斯威齐的《垄断资本》，但毫无疑问他们的研究视角还是明显地启发了奥康纳，从奥康纳对国家职能的理解和阐释来看，他在一定意义上也是批判性地继承了巴兰和斯威齐的观点。然而我们必须认识到的是，对于奥康纳而言，马克思的政治经济学无疑才是分析资本主义危机的最根本的理论框架。但在面对资本主义社会现实的具体变化时，他又感到对马克思主义理论的直接生搬硬套并

---

① 参见［埃及］萨米尔·阿明：《资本主义的危机》，297—298 页，北京，社会科学文献出版社，2003。

不足以阐明当下的危机。于是，在对资产阶级经济学批判的过程中，奥康纳坚持马克思的经济学基本理论，批判地吸收了财政社会学理论的某些观点和方法，建构了自己的国家财政危机理论。我们知道，激进政治经济学派的成员都自称是运用马克思主义和社会主义观点来批判"正统经济学"和资本主义制度的。在他们看来，"正统经济学"属于资产阶级庸俗经济学的范畴，其实质是在为资本主义制度辩护。奥康纳也不例外，他在《企业与国家》一书的序言中就曾表示：当谈论经济学问题时，首先必须明确存在着两种不同的经济学和经济学家，"马克思主义的"和"资产阶级的"（即正统经济学家）。资产阶级经济学家的主要目的是通过制定经济政策和改革措施来保持资本主义的发展和繁荣，而马克思主义经济学家则是以摧毁资本主义为目标，并要求用一种更理性、更人性化的社会主义制度将其取代。① 从这段话我们可以看出，从奥康纳等激进政治经济学家们的视角来看，正统经济学家的理论目标与价值立场注定了他们的方法论存在缺陷，即由于把资本主义看作永恒不变的制度，把私有制看成是天然合理的理论前提，他们只能局限于研究既定经济制度内的边际量的变化，既忽视对人的社会问题的研究，也忽视了经济和政治的相互作用的重要问题。事实上，现实资本主义世界的经济、政治与社会是紧密联系、不可分割的。因此，在方法论上，激进政治学派力图寻求一种以马克思主义政治经济学为基础，结合经济学、社会学、政治学等的综合性方法。通过对现实资本主义世界的考察分析，奥康纳指

---

① James O'Connor, *The Corporations and the State: Essays in the Theory of Capitalism and Imperialism*, New York: Harper Collins, 1974, p. 1.

出，自马克思写《资本论》至今，资本主义世界体系在生产力上获得了巨大进步，生产关系也发生了重要的变化：一方面，生产越来越社会化，经济上相互依赖的高度复杂化的世界体系形成了；另一方面，生产资料集中在一小部分人手里，工业资本和银行资本合并为大规模的垄断或金融资本，使得资本主义固有的基本矛盾进一步激化。① 在这种垄断资本主义条件下，经济危机的表现形式也在改变，国家的财政危机成为战后资本主义国家经济危机的集中表现，不仅破坏着经济自身的生产能力，还直接威胁到资本主义国家的政治合法性。奥康纳认为，这其中的有些变化是马克思当年难以预料到的，这样一来，要想在严格意义上的马克思主义理论领域内建立一种适合资本主义当代批判的理论就显得比较困难。奥康纳说："在现代美国社会，个人福祉、阶级关系和国家财富与权力，是与城市的痛苦、贫穷，是与种族主义、大小公司的利润、通货膨胀、失业、收支平衡问题，是与帝国主义、战争以及其他危机联系在一起的，这些已经成为日常生活的固有组成部分。没人能从财政危机和因此加剧的潜在社会危机中幸免。我们需要一种方法来行之有效地思考财政危机，使它阐明政府预算中既是原因又是结果的矛盾过程。我们需要一个关于政府预算的理论和一个能揭示政治、经济与社会作为一个整体的意义的方法。那时我们将能回答这样一些问题：谁将为不断增长的政府开支买单？是否当一些开支被削减的同时另一些开支却增长了？政府能用更少的税收提供更多的服务吗？为什么美国人不想为那些可能有

---

① James O'Connor, *The Corporations and the State*：*Essays in the Theory of Capitalism and Imperialism*, New York：Harper Collins，1974，p. 104.

益于‘人民’的服务买单？目前的财政体系能继续存在下去吗？要想回答
这些和其他一些同样重要的问题就必须用政治经济学来分析。"①接着，
他明确表示，他在这里提出的政府财政预算理论是建立在他对财政社
会学的研究基础之上的，而这个理论框架中的核心范畴都源于马克思
主义经济学对分析预算问题的运用。由此我们可以看出，他的国家财
政危机理论的思想来源主要是马克思主义政治经济学与财政社会学。
我们应当明确，作为一名乐于自称马克思主义者的学者来说，奥康纳
在这里的目的并不是想要开辟一条走向财政危机批判的新道路，而是
想通过财政社会学的独特视角对马克思主义政治经济学加以补充，既
从经验上分析当代资本主义体系下国家干预经济活动的方式，又力图
论证这种国家干预造成的新的危机，从而证明马克思主义对当代资本
主义的批判仍是有效的，他的危机理论是对马克思主义危机理论的应
用和改造。

　　首先，让我们看一看财政社会学为国家财政危机提供了一种怎样的
具体理论视角和综合性研究方法。

　　毋庸讳言，奥康纳提出的国家财政危机理论无论就其研究视角还是
分析方法而言，都带有浓重的财政学理论传统和方法论特征。他自己也
直言不讳地承认过这一点。奥康纳对财政社会学理论思想的引入，其用
意有两点：一是通过肯定财政社会学的方法论，间接地批判和超越"正
统经济学"把政治、经济割裂开来的方法论缺陷。因为在奥康纳看来，

---

　　① James O'Connor, *The Fiscal Crisis of the State*，New York：ST. MARTIN'S
PRESS，New York，1973，p. 3.

财政社会学的理论意义不仅在于提供了一种分析资本主义危机的独特视角，还在于开拓了一种经济学、政治学、社会学相结合的综合性研究方法。二是通过强调财政社会学与马克思主义在批判资本主义立场上的一致性与观点上的互文性，为其把马克思主义和财政社会学结合在一起的做法寻找合法性根据。

财政社会学最显著的特点是具有较强的历史性和综合性，它反对传统财政学的技术化倾向，主张从社会阶级力量的角度来分析财政，力图建立一种关于国家财政规律的财政学。德国经济学家鲁道夫·葛德雪（Rudolph Goldscheid）堪称该学派的理论先驱与奠基人。经济学界普遍认为，葛德雪最主要的成就在于他第一次建立了财政史与社会学相结合的经济学研究方法。1917 年，他先后出版了《国家社会主义还是国家资本主义》和《财政学与社会学》两本著作。接着，他又相继出版了《经济社会化还是国家破产》(1919)、《国家、财政及社会——从社会学立场研究财政学的本质与课题》(1926)。在这些书中，葛德雪批判过去的财政学理论由于缺乏社会学基础，使得该学科非但算不上是以社会科学为基础的科学，反倒成了为政治利益服务的技术工具。与此相对应，现有的财政学都是以法律学、国家学、经济学等既有理论的非现实的虚拟观念为前提构成的，仍然缺乏社会学的分析未能准确阐释财政与政治和社会的关系。例如，对"国家"概念，不进行社会学的分析，而是直接捏造出黑格尔神化了的国家理念。这种状况使财政学沦为国家财政状况的记录者。针对这些状况，葛德雪提出，必须在社会学的基础上观察分析财政与社会生活的相互关系，并以财政学与社会学为桥梁，把握国家财政的历史。通过对国家财政史的研究，他认识到现代国家的本质上是税收国家，税收国家意味着国家从属于私人资本，这种私人资本介于国家与国民之间，成为榨取国家利益的"中间支配阶级"，成为祸害社会的原因。因此，他主张通过新型税收把国家从私人资本的支配中解放出来，从而恢复"国家资本主义"。[①]

继葛德雪之后，对财政社会学的确立做出最大贡献的当属著名经济学家熊彼特了。1917 年，葛德雪的《国家社会主义还是国家资本主义》一书刚刚面世，便引起了熊彼特的高度关注。虽然熊彼特并不认同葛德雪提出的具体经济主张，但他对葛德雪在这本著作中提出的财政社会学理论表现出了极大的热情。为了评论这一著作，熊彼特于 1918 年对维也纳的社会学会发表了一次以"税收国家的危机"（The Crisis of The Tax State）为题的演讲，后来这次演讲的内容以论文形式发表，并收录于其论文集中，对以后的税收国家研究产生了较大影响。《税收国家的危机》这篇论文表面上看是分析奥地利战后的财政问题，其理论目标却是对财政社会学这门新兴学科做进一步的发展。在该文中，熊彼特首先充分肯定了葛德雪关于财政史的研究思路。在他看来，研究国家财政的历史能使人们"洞悉社会存在和社会变化的规律，洞悉国家命运的推动力量"，葛德雪的理论价值正是在于通过对财政史的研究，揭示财政学和社会学相融合的必要性。此外，熊彼特还非常推崇葛德雪从国家的财政预算入手的研究方法，在对葛德雪思想的理解基础上，他指出："在某些历史时期，财政措施的变化几乎可以用来解释一个国家发生的所有重大事

---

① 参见［日］坂入长太郎：《欧美财政思想史》，347—348 页，北京，中国财政经济出版社，1987。

件……不但如此，甚至一国的民族精神、文化水平和社会结构等都能从财政史中找到踪迹。我们要想了解世界历史的动态，没有什么比从财政入手能得到更明确的信息了。"①因此，必须研究蕴藏在预算数字背后的财政事务与社会结构的复杂关系，以及由此引起的相互变动的历史事实，只有这样才能对事实有深入的认识。熊彼特对此还有过一段特别精彩的阐释："从国家财政入手的这种研究方法是研究社会的最佳起点，特别是当把它用于研究社会发展的转折点时，效果尤为显著。在社会的转折时期，现存的形式相继殒灭，转变为新的形式。社会的转折通常包含着原有的财政政策的危机。……我们可能会面对一些特殊的事实、一堆特殊的问题，以及一种特殊的研究方法……简而言之，这就是一个特殊的研究领域，即财政社会学。"②根据以上所述，我们可以得知，所谓财政社会学，实际上就是一门在特殊的历史背景下，通过研究国家财政与社会发展之间的关系认识国家问题的学科。熊彼特在这篇论文中主要提出了两个重要观点：第一，现代税收国家起源于财政需求。通过对德奥两国的历史分析，熊彼特发现，财政压力是国家推动改革的直接动因。财政不仅有助于国家的诞生，还有助于其发展。这不仅是因为支持国家正常运转的官僚体系本身就是随着税收体制的建立而建立起来的，而且更为重要的是，国家可以借助于财政日益扩大其管理职权，并将其意志逐渐渗透到市场经济活动中去。所以，"如果说财政曾经创造了现代国家，并部分地塑造了它的形态，那么现在则是国家部分地决定财政

① Joseph A. Schumpeter，*The Economics and Sociology of Capitalism*，New Jersey：Princeton University Press，1991，p. 100.

② Ibid.，p. 101.

的形态，扩展其活动领域——深刻地侵入私人经济的骨髓中了"①。由于财政体制与现代国家制度之间存在着密不可分的内在联系，熊彼特同意葛德雪的看法，把税收看作国家的本质，把现代国家直接称为税收国家。但在熊彼特看来，"税收国家"只是财政社会学得出的最初步的观点，更重要的是要用这种方法从税收的维度来阐释国家的危机。② 第二，资本主义国家中存在一种趋向于财政危机的内在趋势。熊彼特指出，这主要是由于国家的财政能力受到私营经济纳税能力的限制造成的。因为，储蓄、投资与企业家精神是经济增长的主要动力，如果国家征税过多，就会使人们丧失通过从事生产而获得利润的兴趣，进而引起经济停滞。但是，国家为了履行公共事务的职责，公共支出的需求（如实现充分就业的政策、社会福利的补助、最低生活水平的政府保障、公共设施建设的提供、国际贸易的促进和国防建设等）一直有增无减，以致常规的税收收入根本无法应付日益增加的财政支出。同时，由于受到经济及政治条件的限制，税收收入停滞不前，财政收入与支出的不同步发展，就会导致税收国家的财政危机。为了维持政府运作和实现对纳税人的承诺，政府只有靠不断举债度日，"债务国家"就此来临，美国政府就是最典型的例子。"如果国家不能消灭公债，公债便会消灭国家"的论调听起来近乎危言耸听，但在支出难以缩减、大量增税又不可能的情况下，这对现代国家来说的确是个严峻的考验。最后，在这篇文章的结尾，熊彼特总结到，税收危机并不是无法解决的。根据他的看法，只要

---

①　Joseph A. Schumpeter, *The Economics and Sociology of Capitalism*, New Jersey: Princeton University Press, 1991, pp. 110-111.

②　Ibid., pp. 101-102.

对原有的体制略做调整，税收危机就可以迎刃而解。所以，从这一观点来看，又可以说"税收国家并无危机"。然而，尽管如此，熊彼特仍得出结论：奥地利的资本主义与一般资本主义一样，最后都会消灭。虽然现在预言还为时尚早，但最终必将来临。对于其原因，熊彼特在这篇论文中并未详述，后来，我们在他1941年出版的《资本主义、社会主义与民主》一书中才看到明确的答案，也就是他闻名于经济学领域的"创新理论"。① 事实上，在熊彼特关于财政国家崩溃的理论中暗含了一种长期视角，在这种长期视角下，税收国家会由于资本主义的一般发展而崩溃。

综上所述，我们可以看到，奥康纳不仅从财政社会学那里汲取了历史研究和综合分析的学术传统，还明显受到熊彼特关于税收国家财政危机理论的启发。尽管如此，就财政社会学本身的理论发展而言，奥康纳还是表示失望，他认为熊彼特对财政社会学这门学科的发展前景所表现出来的乐观主义为时过早，资产阶级经济学并没有按照熊彼特预想的那样发展。因为虽然从表面上来看，现代财政社会学一方面拓展了研究领域，将国家制度、意识形态、政府决策、财政改革等问题纳入研究范围，另一方面综合运用经济学、政治学、社会学的分析工具，对有关问题进行了更深入细致的研究，并开始构造理论模型。但到目前为止，仍未存在一门把经济学和政治学真正整合起来的经济学理论。虽然正统的公共财政理论家们既关注税收的经济作用，也关心政府的开支问题，但他们都忽视了对经济增长理论的应用。在这个意义上，奥康纳认为："由于缺乏一门把经济学和政治学整合在一起的科学理论，这使得经济

① 参见施建生：《伟大的经济学家熊彼特》，53—54页，北京，中信出版社，2006。

学家只能采取纯粹理论的态度来看待政府收支问题。"①凯恩斯就是典型
代表。这种分析方法导致了他们的增长模型必然只能是一种技术性的解
决方法。在此基础上，奥康纳进一步指出，随着政府财政职能的日益扩
大，任何忽视政府财政作用的经济学家都与资本主义本身的处境一样岌
岌可危。目前，经济学家们在他们的理论模型中并不考虑实际决定因
素，而仅仅忙于估测国家必要开支总量对预期的影响，如高失业率或更
快速地积累和增长这样一些问题。他们的理论前提是政府的财政预算有
能力对私人开支的增加或减少进行弥补。很多正统经济学家都相信，联
邦政府的开支数量是由私人支出决定的。事实上，正统经济学家的方法
在我们的研究中被证明是过于简单化的。虽然税率的变动和税收结构正
逐渐被用来调节私营经济行为，但事实证明，在过去的二三十年间，政
府所采取的补偿性财政政策对于财政增长只起到一点非常有限的作用。
据此，奥康纳得出结论：只有通过分析私营经济中的经济力量关系才能
较好地解释作为一个整体的财政预算（包含具体的项目与开支）。②

其次，让我们看一看奥康纳的国家财政危机理论的批判框架对马克
思主义政治经济学范畴的运用和改造。

在《国家的财政危机》一书的导言中，奥康纳开宗明义地指出，为了
避免上述技术性分析方法的误区，他在该书中试图建立的是一个植根于
晚期资本主义社会基本经济和政治事实的经济增长理论。"构成这一理
论框架的范畴都来源于马克思主义经济学，并将它运用到对财政预算的

---

① James O'Connor, *The Fiscal Crisis of the State*, New York: ST. MARTIN'S PRESS, 1973, p. 5.

② Ibid. , p. 5.

分析中去。"①"从根本上来说，这是一个解释一定时期经济发展和危机趋势的理论，而不是要提供一个关于国家财政计划和政策的综合性分析或对国家财政进行系统指导的理论。这里列举的大量数据都是为了说明一系列理论观点，而不是要证明一些理论假设。"②另外，由于资本主义发展中的经济斗争根源于资本主义的结构性矛盾，要想深入理解和评价这些斗争，还需要一个政治框架来分析国家的财政预算。基于这些考虑，奥康纳把他的国家财政危机理论建立在两个前提之上：第一，国家的职能可以划分为经济积累性（accumulation）职能和政治合法性（legitimization）职能。从政府职能的角度来看，资本主义国家必须同时履行好这两大职能。一方面，国家为了经济的发展，必须为有利可图的资本积累尽可能地创造条件，即经济积累性职能；另一方面，国家必须为社会的稳定与和谐创造条件，以维护统治的合法性，即政治合法性职能。然而，在奥康纳看来，资本主义的本质决定了这两大基本职能必然是相互矛盾的。因为，"如果一个资本主义国家公开地使用武力，通过牺牲一个阶级的利益来帮助另一个阶级进行资本积累，那么民众对它的信任与支持就会因此被削弱，从而使国家失去政治合法性③。而一个忽视了资

---

① James O'Connor, *The Fiscal Crisis of the State*, New York：ST. MARTIN'S PRESS，1973，p. 6.

② Ibid. , p. 6.

③ 根据马克思·韦伯著名的类型学，合法性被认为是政治权威根本且必不可少的基础。政治权威的合法性存在着不同的历史形态，"法理型"是其形态之一，它越来越成为现代世界的主导模式。相对于其他历史形态，这种合法性形态的最大好处在于：任何权威要获得合法性，都必须以承担相应的政治义务为前提，不论这种义务是要达到何种目的。决定政治权威合法性的唯一标准在于它是否完成了普遍和正式规则（如选举规则）的要求。

本积累的国家，也会因为经济剩余的生产能力的降低和来源于此的税收水平降低而国力殆尽"。① 奥康纳认为："这一矛盾可以用来解释尼克松总统为什么要把利润率的法定增长（legislated increase）称作'扩大就业机会优惠'（'job development credit'），为什么政府宣布新的财政政策的目标是'稳定和发展'，而真实目的却是保持高利润的增长；为什么税收系统名义上是建立在'支付能力'基础上的累进税，事实上却是递减税。"② 为了有效履行这两项基本职能，国家不得不努力通过财政支出的重新分配来协调各阶级之间的政治冲突。

　　这就引出了第二个理论前提："财政危机只能按照马克思主义经济学的基本范畴来理解。"③ 与国家的两个基本职能相对应，国家的财政支出也具有"社会资本"（social capital）和"社会支出"（social expenses）的双重特性。"社会资本"指用于满足有利可图的私人积累的那部分支出，具体又可以分为"社会投资"（social invest）和"社会消费"（social consumption）两部分。社会投资包括为了提高既定劳动力的劳动生产率而投资的工程和服务设施（如运输、教育等）。"社会消费"包含为降低劳动力再生产成本而投资的工程和服务设施（如社会保险、公共医疗等）。二者都有助于促进利润率的增长。奥康纳指出，在马克思主义中，社会资本间接地扩大剩余价值，因此，"社会投资"和"社会消费"可以分别对应于马克思的社会不变资本与社会可变资本。而"社会支出"是国家为了维持社会

---

① 　James O'Connor，*The Fiscal Crisis of the State*，New York：ST. MARTIN'S PRESS，1973，p. 6.

② 　Ibid. ，p. 6.

③ 　Ibid. ，p. 6.

和谐，履行其合法性职能所必需的开支，它们并不直接参与生产。最典型的例子就是用于维持失业人口稳定的社会福利体系。但是，上述这些范畴有时难以做出严格的区分。因为，一方面，由于资本主义国家本身自相矛盾的两重性，几乎每个国家机构都有积累性和合法性的双重职能，这就使得几乎每一项社会支出都存在两重性。例如，一些教育上的支出既属于社会资本（提高劳动力的技术水平），也属于社会支出（校警的工资）。又如，一些转移支付（transfer payments）（例如，社会保险）的主要目的是为了劳动力的再生产，另一些（例如，贫困抚恤金）是为了安抚和控制剩余人口。国民收入账户把国家的各种开销归在一起考虑。显而易见，如果不仔细研究预算项目是很难区分不同的范畴的。另一方面，"由于社会资本和社会支出的社会属性，几乎每项国家支出都同时服务于两个目的，这也给个别支出项目的归类造成一定困难。例如，高速公路为工人上下班提供方便因而可以被归为社会消费范畴，但它同时也承载着商品运输，因而也是社会投资的一种形式。并且，当它用于别的目的时，也可以被看作社会资本的一种形式。然而，五角大楼也需要高速公路，因此在一定意义上也可以归为社会支出范畴。尽管国家预算存在这种复杂的社会特征，但是我们仍能确定任何预算决策所服务的政治经济力量，因此也能够确定每个预算项目的主要目的"。①

由此我们可以看出，奥康纳对国家财政支出双重性的区分，是综合了社会、政治和经济因素并透过阶级分析的视角得出来的。其理论基本

---

① James O'Connor, *The Fiscal Crisis of the State*, New York: ST. MARTIN'S PRESS, 1973, p. 7.

思路如下：国家的财政收入来源于剩余价值的吸收，政府通过再分配把总的剩余价值分为两部分，一部分用于再生产，对应于马克思的生产资料概念，另一部分用于消费，对应于马克思的消费资料概念。社会总产品从价值形态上区分为三部分，即不变资本价值、可变资本价值和剩余价值。奥康纳通过考察社会资本的运动即社会资本再生产，其核心问题是要分析在社会资本再生产过程中，社会总产品的各个构成部分是如何实现的，在实现过程中又会遇到何种困难。这便是我们在下一节中要讨论的内容。

二、财政危机与资本主义

从美国政府财政开支的历史数据来看，美国政府的开支从 1890 年占国民生产总值的 8% 不到，到了 1960 年已经接近 30%。自第二次世界大战以来，联邦政府各部门的总支出在国民生产总值中所占比例已经从 1945—1959 年的年平均 12.8% 上升到 1960—1970 年的年平均22.4%。在此期间，州和地方政府的支出在国民生产总值中所占的百分比也从 5.9% 提高到 11.5%。[①] 美国的公共开支为何会增长得如此迅速？奥康纳通过对国家各个经济部门的考察对此做了一个透彻的分析，形成了比较系统的国家财政危机理论，其中有两个最为重要的结论：第一，

---

① 参见[美]曼纽尔·卡斯泰尔斯：《经济危机与美国社会》，晏山栎等译，132—133 页，上海，上海译文出版社，1985。

垄断资本主义的生产关系阻碍了生产力的发展。第二，"社会资本和社会支出是一个矛盾过程，正是这一矛盾造成了经济、社会和政治危机的趋势"。[①]

(一)垄断资本主义条件下的国家经济部门理论

20 世纪 60 年代，一些学者以美国为例，把私人部门和公共部门区分开，提出了一种三部门的经济模型。[②] 在此基础上，奥康纳做了进一步的具体研究。在奥康纳那里，资本主义经济部门被分为两大部门：一是以市场为取向的由私人资本组织起来的私营产业。二是由国家组织起来的国有产业。私营企业具体又可以分为垄断部门和竞争部门。竞争部门的劳动密集度高，工会组织程度低，工资低，生产规模小。它们通常只是地方性或区域性的，主要包括餐馆、药房、加油站、服装店等。该部门的劳动力数量大约占美国总劳动力人口的三分之一。在该部门中，资本的有机构成和劳动生产率都比较低，所以，生产的增长主要依赖于就业的增长，而物质资本的投入与技术进步因素在其中所起的作用相对较小。这使得竞争部门的工资水平相对较低，行业本身也面临着过于饱和的趋势。另外，由于很多竞争性行业的生产所面临的市场都是季节性

---

① James O'Connor, *The Fiscal Crisis of the State*, ST. New York: MARTIN'S PRESS, 1973, p. 9.

② 里根(M. D. Reagan)：《管理经济》，(*The Manged Economy*)，New York，1963；肖恩菲尔德(A. Shonfied)：《现代资本主义》(*Modern Capitalism*)，London，1965；克罗瑟(P. K. Crosser)：《美国经济中的国家资本主义》(*State Capitalism in the Economy of the U. S.*)，New York，1960；韦登鲍姆(M. Weidenbaum)：《现代公共部门》(*The Modern Public Sector*)等著作中均有对三部门经济模型的论述。

的，必须紧跟不断变换中的时尚潮流，这使得该部门中的雇佣状况具有多变性、随意性和临时性的特征。也就是说，产品市场的不稳定和劳动力市场的不稳定同时存在于竞争部门中。因此，通常只有那些在国有部门和垄断部门找不到全职、高薪工作的人才会选择在竞争部门工作。以美国为例，在该部门工作的人通常是一些受种族和性别排斥的黑人、妇女、少数族裔以及一些从高薪岗位上退下来的年纪较大的人。这种劳动力的结构特征使他们很难组织起强大的工会，因而只能忍受贫穷并承担失业的风险。这种艰难困苦的处境使他们注定在很大程度上要依赖国家的福利救助，通过领取各种形式的收入补助来维持生活。例如，在公立医院医疗保健，享有住房补贴，领取福利和救济、老年人援助、食品券、交通补助等。

与之相反，垄断部门是由资本密集型的大垄断企业组成，都拥有较大的生产规模，市场通常都是面向国家或国际市场的。例如，钢铁、铜、铝、电气设备，汽车、器械、洗护产品、食品等日用消费品，以及铁路系统、航空公司、船运等运输业。在美国，垄断部门的劳动力数量大约占了总劳动力人口的三分之一，其中制造业和采矿业占了绝大多数。如今，垄断部门中的资本有机构成正飞速增长，生产的增长在较大程度上依赖工人人均物质资本的投入和技术的进步。因此，他们的工资水平相对来说都比较高，当然，对于资历尚浅的工人和一些低技术含量的岗位来说，他们的待遇也并不比竞争部门的相应工作好很多。由于新资本的进入比较困难，垄断行业的产品结构、价格和劳动力需求都相对稳定。劳动力主要由蓝领(生产、维护人员)和白领(技术、管理工作者)构成，这种劳动力的社会构成使得该部门中的工会组织程度较高，相对来说力量也较为强大，工人运动的发展也因此较为成熟。

国有部门同样可以划分为两类：一类是由联邦、州和地方政府提供的一些服务，如教育、服务、医疗、军队；另一类是完全依赖政府生存的私人企业，如军工产业等，这类产业虽然是私人企业，但由于其几乎完全依附、服务于国家和政府，所以仍然可以算作国有部门。国有部门的这两类产业的生产都在较大程度上依赖于国家的财政预算以及它们调动税收的能力。然而，它们的不同之处在于，第一类产业中的资本的有机构成以及生产率都相对较低并且增长缓慢，生产的增长主要依赖于雇佣数量的增加。与此相反，在第二类产业中，资本有机构成相对较高，生产的增长主要依赖于资本投入、技术进步和雇佣数量，然而，该产业的生产率依然较低并且增长缓慢。通常情况下，国有产业部门的劳动力需求相对比较稳定，但它仍要服从一些能够影响财政预算的政治变化。雇佣状况、劳动力流动以及生产规模的稳定性共同促进了国有部门工会的发展。但同时，劳动力的社会多样性（年老的、年轻的、白人、少数族裔、妇女），对工会的发展也产生了一定的阻碍。并且，从长远来看，国家管理者很难提高该部门的劳动生产率，而工资的增长却一直在增加单位劳动力的成本。因此，国家机构往往不鼓励发展该部门的工会。

总体而言，这三个部门各有特点，发挥着不同的作用，但它们之间仍然彼此紧密联系，并且相互依赖、相互制约。在私营部门中，垄断部门是资本积累的"发动机"，对经济增长起至关重要的作用。在该部门中，市场的扩张和生产率的增长主要取决于科学技术的进步和垄断资本的剥削，而这在很大程度上又都依赖于社会资本和国有部门的增长。因为，在垄断资本主义条件下，国有产业部门是国家发挥积累功能的产物。国家的社会投资和社会消费的支出为垄断资本的积累提供了有利条件，从而使垄断企业可以使用更多的能源，占用更多的交通、输油管和通讯设施，雇用更高水平的技术工人和工程师，进行更高端的技术研发，等等。简言之，垄断资本通过国家的财政支出把越来越多的生产成本社会化了，因此最直接的说法就是，垄断部门的发展直接依赖国家对社会投资和社会消费支出投入的增大。那么，垄断部门的急剧增长又会带来怎样的后果呢？事实上，垄断部门生产能力的增长速度比产出需求的增长速度要快得多。因此，垄断部门的非理性增长必然伴随着失业、贫困以及经济停滞等现象的出现。为了保持群众的忠诚度和国家自身的政治合法性，政府不得不担起责任，通过增加社会消费的财政支出来遏制由垄断资本带来的有害后果，这使得国家的财政开支总额呈持续增长趋势。按照奥康纳的分析，垄断部门的持续增长会产生以下两种剩余资本。

第一，包括剩余劳动力和剩余资本家在内的剩余人口（surplus population），也可以称作技术性失业（technological unemployment）。首先，由于生产的增长在较大程度上是由工人人均物质资本的投入和技术的进步决定的，产量的增长对提高就业率的影响越来越小，一些非技术型的普通工人逐渐就会成为多余劳动力。伴随着绝对和相对剩余人口的增长，越来越多的下岗工人被迫进入竞争部门和国有部门寻找新的就业机会。由于剩余劳动力的增加和廉价劳动力的存在，竞争部门工人的处境也将变得越来越困难，并且越来越依赖国家对他们的补贴资助。这里每一个项目都要求国家机构的扩张并因而导致国家雇佣量的增加。因此，垄断部门生产的增长间接导致了国有部门的扩张，特别是生产的社会支出的增加。此外，这些过剩的廉价劳动力也会刺激小公司的产生，从而使竞争性行业更为"拥挤"。但最终，竞争性行业的经济压力仍将加深这些小商人、农民和工人对国家的物质补贴的依赖。这些直接或间接的项目开支也是国家的社会支出的形式之一。与此同时，劳动力数量的持续膨胀、与大资本的竞争都将挤压竞争性资本的利润。垄断部门凭借着雄厚的资本实力有接管和控制竞争资本的趋势。垄断资本的扩张本性不仅会造成竞争部门更多的失业人口（剩余劳动力），还会吞并大量小商人，使他们成为剩余资本家。简言之，垄断部门积聚了越来越多的资本和劳动力，占有了越来越多的社会支出，生产越来越多的价值，却雇佣了相对越来越少的劳动力（从比例上来说）。毫无疑问，这些情况无一例外都会导致国家开支的持续增长。

第二，剩余商品（surplus goods）或剩余生产能力（surplus productive capacity）。随着垄断部门生产技术的不断进步，它的生产能力的增长速度比产出需求的增长速度要快得多，垄断资本为了充分发挥它的生产能力只能不断扩大市场。从历史上来看，垄断资本主要是通过增加海外投资和加强该国贸易保护这两条途径来维持该国的垄断市场结构，这就要求国家必须保持一定的军事支出以维护军事实力。例如，美国为了控制世界市场，扩大投资网络就必须建立一个世界范围的军事力量，增加国外援助、贷款计划以及其他帝国支出。因此，在垄断资本主义条件下，军事和与之相关的支出在一定程度上构成了生产的社会支出。可以说，它们的增长也是垄断资本积累的必然结果。

事实上，剩余人口和剩余生产能力的增长是垄断资本积累同一过程的两个方面。因此，福利支出和军事支出可以被看作国家支出增长的同一过程的两个方面。换句话说，福利国家的成长与战争国家的成长是紧密联系在一起的，因此，现代国家可以被直接描述为"福利—战争型国家"(welfare-warfare state)。① 奥康纳认为，从短期来看，经济扩张的确能消化全部的或部分的剩余资本，但从长远来看，垄断部门的增长必将源源不断地产生新的剩余生产能力和剩余劳动力（剩余资本）。例如，在第二次世界大战时期，劳动力的需求急剧增长，大量竞争部门的妇女、黑人和少数族裔工人都进入了垄断部门。然而，在经济衰退时期，就会产生一个相反的趋势。至于如何决定福利开支和战争开支各自所占的比例，则关键取决于一个国家或地区的特殊历史发展阶段。从长远来看，奥康纳认为美国用于战争和福利的开支将会共同增长。因为，在过去的海外和军事扩张中，国家福利机制的困境仍未消除。当福利支出增长时(1965—1970 年)，军事建设也从未停止过。这样的局势是日益严重的贫困失业和福利国家的进一步发展造成的。一方面，剩余的生产能力在持续增长，扩张和控制国外市场的欲望随之增强；另一方面，福利需求也相应提高，福利国家必须进一步发展。但是，必须明确的是，"无论在任何时期、任何社会，福利和军事支出扩张的真正动力都来源于垄断产业的资本积累过程"。② 据此，他批评巴兰和斯威齐把军事开支当作抵消消费的不足，通过吸收"经济剩余"来抵制利润率长期下降的重要力量。在奥康纳看来，这种观点不仅忽略了军事支出对资本扩大积累起到的直接和间接作用，还错误地估计了其在资本主义危机中的作用。曼德尔也以同样的观点批判了巴兰和斯威齐。曼德尔的结论是：

----

①　James O'Connor, *The Fiscal Crisis of the State*, New York: ST. MARTIN'S PRESS, 1973, p. 28.

②　Ibid. , p. 29.

"持久军火经济最终不能解决资本主义生产方式的任何基本矛盾，并且也不能排除通向资本主义生产方式所固有的危机的任何压力。甚至它对通向危机的这些矛盾和压力的暂时缓冲作用，也只能在有损于它们从一个领域向另一个领域的转移的情况下发生——尤其是从实际生产过剩的领域转向通货膨胀和能力过剩的领域的时候。"[①]显而易见，奥康纳与曼德尔在这一问题上的共识在于：一方面，他们都肯定了军事经济/军火经济对资本扩张、技术革新所起到的重大作用，这一领域的经济扩张已经成为晚期资本主义的一般特征；另一方面，军事经济/军火经济并不是资本积累中起决定性作用的因素，它们不仅不能解决资本主义生产方式固有的矛盾，到了一定阶段反而会加速资本主义危机的爆发。应该说，他们的观点相比巴兰和斯威齐的理论是有进步意义的。

综上所述，奥康纳得出结论：国有产业部门的增长和国家支出的增长，日益成为垄断产业部门和整个生产增长的基础；反过来也可以证明，国家支出的增长，也是垄断产业部门增长的结果。但是，事实上，国家支出中社会资本增长得越快，垄断产业部门才增长得越快；而垄断产业部门增长得越快，国家社会资本(包括社会投资和社会消费)的支出也就更大。[②] 在这种扩大再生产的积累模式中，"垄断部门和国有部门以一种不对称的方式相互关联着。即使从长远来看要付出技术性失业的代价，垄断行业的工会和企业还是会迫使工人接受工资与生产率和生活

---

① ［比利时］厄尔奈斯特•曼德尔：《晚期资本主义》，马文清译，352 页，哈尔滨，黑龙江人民出版社，1983。

② James O'Connor, *The Fiscal Crisis of the State*, New York：ST. MARTIN'S PRESS，1973，pp. 23-24.

成本挂钩的工资机制。因为如果不能达成这一协议，技术进步将会变得非常不均衡、无规则。在这一机制中，单位工人的产量提高仅仅会推动国有产业的工资上涨，从而使单位劳动力的成本上升。由于国有部门持续上升的成本阻碍了国家自身的生产与发展，而垄断部门的增长又依赖于诸如教育这样的具有间接生产性的国家部门的发展，因此，任何垄断部门的生产和生产率增长的减少最终都归因于垄断部门自身的生产关系。换句话说，由于教育支出提高了垄断部门的生产率、利润、工资，从而增加国有部门的花费，当教育支出增加时，生产率最终会出现降低趋势。这一过程可以用马克思主义的术语表述为资本主义的生产关系阻碍了生产力的发展。生产关系间接地阻碍了生产率，而不是直接面向生产"。①

（二）财政收支的"结构性缺口"与危机的形成

在深入研究了三个经济部门之间关系的基础上，奥康纳进一步指出，从长远来看，国家的财政支出与税收的不同步增长，最终将形成入不敷出的结构性缺口，导致国家的财政危机。并且，伴随着垄断部门和国有部门的同时扩张还将造成日益严重的社会危机和财政危机。而这些危机归根到底都在于资本主义生产自身的矛盾——生产的社会化与私有制之间的矛盾。

通过考察美国联邦政府在 20 世纪六七十年代的财政预算，奥康纳发现，用于空间、教育、卫生和人力资源，以及住房和社区发展的财政

---

① James O'Connor, *The Fiscal Crisis of the State*, New York: ST. MARTIN'S PRESS, 1973, pp. 31-32.

预算增长速度最快，同时，在财政预算总量中所占比重最大的两项支出——军事花费和用于维持民生的花费——也增长迅速。在这一时期，联邦政府在军事上的支出增长了 75％以上，而用于维持民生的支出则增加了 100％。事实上，用于"国家安全"项目和"公共福利"活动的开支占联邦政府财政总开支的比例已经超过了 75％，而与此同时，用于"经济发展"和"政府运转"的开支仅各占 11％。因此，军事和福利开支是联邦财政预算中最优先考虑的部分。也就是说，垄断部门占有了社会投资和社会消费中的绝大部分，是国家社会开支的最大受益者。然而，垄断部门是否也对社会资本承担了相应的义务呢？事实上，垄断资本支配着国家财政支出，把生产成本和支出社会化了，却拒绝把利润社会化。反而是通过垄断价格把税收负担转嫁到消费者身上，使税收负担最终落在工人阶级身上，从而把对社会资本的支付最小化。由于社会剩余大部分落入私人资本家之手，由政府支配的社会资本和社会消费基金不能与垄断经济同步增长，资本费用的社会化和利润的私人占有之间的对立运动就形成了以国家财政支出和财政收入之间"结构上的缺口"为特征的财政危机，因此，奥康纳认为："财政危机的基本原因在于资本主义生产本身的矛盾，即在于生产是社会的而生产资料却被私人占有。"[①]这种危机同时会引发经济、社会、政治的危机。

在奥康纳看来，财政危机迟早会威胁到垄断产业的生产关系。因为，"如果垄断资本通过引进节约劳动力的新技术来保持利润，那么多

---

① Jormes O'connor，*The Fisal Crisis of the the Stale*，New York：ST. MARTIN's PRESS，1973，p. 40.

出来的工人将被推进竞争性部门。越来越多的工人开始依赖国家财政来维持他们的生活。如果垄断资本仅仅依靠涨价来维持利润的话，通货膨胀就会加剧，国家的财政支出更多，并且鼓励工人要求更高的工资。在任何一种情况下，税收和通货膨胀都倾向于继续增加，社会危机同样有加剧的倾向，并且垄断部门的生产关系也将恶化"。[1] 国家在面对这一困境时也很难做出抉择。因为如果政府支持垄断企业，可以提高生产能力，增加剩余价值，但同时也将加剧消费不足，以至于削弱政府的合法性地位。如果政府压制垄断企业，国有产业部门不能迅速增长，将损害剩余价值的生产条件，使生产陷入停滞。

如今，通货膨胀和财政危机已经成为最令垄断资本和国家头痛的事情。垄断资本和国家都被迫身处两难境地。以美国为例，一方面，垄断产业必须满足工资的增长需求以避免与劳动力关系的破裂；另一方面，国内的通货膨胀使财政危机恶化，还会减少国外对美国产品的需求，削减出口，并使贸易平衡进一步恶化。此外，通货膨胀推高了利率，反过来，又会使信贷资金的支出减少，从而阻碍民营经济的两大支柱，即住房和耐用消费品产业的发展。简言之，如果垄断资本保持价格稳定，上涨的成本就会削减利润；如果涨价，需求的降低也会缩减销量和利润。[2] 这一过程的表现，首先不是经济崩溃，而是围绕政府财政预算的斗争。一大群具有"特殊利益"（企业、工业等经营利益）的人要求国家预算用于社会投资，组织起来的工人们要求国家预算用于社会消费，而失业者和

---

① James O'Connor, *The Fiscal Crisis of the State*, New York：ST. MARTIN'S PRESS, 1973, p. 46.

② Ibid. , p. 47.

经营破产者则要求国家预算用于扩大社会支出。这些为了控制国家财政预算而展开的斗争，进一步损害了资本主义制度下国家的财政能力，并潜在地威胁着这一制度生产剩余的能力。随着垄断的不断发展，可以想象，收入有限的政府在越来越大的支出压力下，财政危机将日趋严重，最终必然引发反对国家政策的政治运动。这些政治运动包括以下两类。

第一，抗税运动。"国家必须努力掩盖不公平的税收结构的内容和阶级结构的剥削本质。历史证明，当一个国家没有能力继续掩饰税收剥削或无法在意识形态上证明其合理性的时候，就会发生抗税的风险（因而导致阶级反抗）和国家财政问题的激化（因而产生政治问题）。"①因此，为了经济的发展，政府往往把税率和税务结构当作财政政策的工具。通过对美国税收体系的研究，奥康纳发现，公司管理者通过提高商品价格把营业税完全转嫁到消费者身上；财产税（物业税）主要也落在了工人阶级身上，而不是工商企业阶级；此外，现有的研究表明，房屋业主通常将物业税转移到了租户身上——主要是广大劳动人民。统计数据显示，垄断资本只需要支付极少的税，甚至不用缴纳公司所得税。资本因而保证了利润、个人财富以及收入。此外，财产税和公司所得税的一部分也以社会保障税（security taxes）、销售税（sales taxes）、营业税（excise taxes）以及个人所得税的形式落在了工人阶级身上。这其实并没什么好惊讶的，因为利润是经济存活的关键，个人收入和财富是统治阶级社会和政治存活的关键。因此，现代财政政策不断促进利润的增长，由于垄断

---

① James O'Connor, *The Fiscal Crisis of the State*, New York: ST. MARTIN'S PRESS, 1973, p. 203.

资本家可以有效地避税漏税，所以整个税收体系实质上是对劳动力阶级和小商人的剥削，尤其是垄断部门的工人纳税负担最重。这导致越来越多的纳税人开始抵制沉重、上涨的税务，抗税运动部分地反映出财政危机，同时也在一定程度上加深了财政危机。企业自由主义的优先权因而不仅受到黑人运动和左翼的攻击，也被相当大一部分人指责。我们由此甚至可以认为，财政危机的社会意义已经远远超出了财政问题本身。

第二，国家雇员运动。一般来说，罢工、工作拖拉等方式是工人对减低工资所采取的传统反抗形式。传统的工人斗争迫使企业通过提高生产率，间接提高工资。但这种斗争形势对于国家雇员来说注定是无效的。因为，一方面，国家管理者非但不能在国有部门提高生产率，相反，国家部门的一些管理者甚至会在压力下刻意阻碍现代科技的应用。也就是说，国有部门的工人根本没法依靠自我生产来提高工资。另一方面，国有部门的劳动斗争也日益受到别的纳税人阶级的反对，因为，这些传统的斗争形式不仅不能提高雇员待遇，反而由于加重了财政危机本身，会降低国有雇员的生活条件。奥康纳认为，他们忽略了一个重要的事实，即国家雇员不仅被人民雇佣，还同时被资本雇佣。因此，他们无法理解，国家雇员和国家管理者之间日益增长的对抗掩盖了劳动力与私人资本之间的矛盾。这一点就会造成一种假象，即工人罢工只有在阻碍利润的情况下才能奏效，并威胁到统治阶级的社会生存。而国有部门的罢工只会提高生产成本，导致涨价和通货膨胀，或纳税的工人阶级实际工资的下降。奥康纳指出，国家雇员赢得物质利益的唯一出路就是采取更激进的途径。这就要求他们向别的工人寻求联盟，尤其是国有经济的其他部门的工人。应该强调的是，由国家雇员发起的传统工人斗争并不期望得到纳税的工人阶级的支持，从狭隘的经济学角度来看，私营部门和国有部门雇员的利益是对立的，因为生产成本和用于维持社会秩序的花费的社会化，往往会损害国家雇员的物质条件。因此，如果不能对社会生产和私有制之间的基本矛盾有正确的认识，那么工会成员、组织者和示威者必然无法真正起作用。如果缺乏这种一般的历史意识的话，就不可能处理好眼前的物质、财政问题，更不用说什么权威、控制、专业主义和服务问题了。总而言之，国家服务工作者们正在被无产阶级化。对于他们而言，摆脱它们无产阶级状态的唯一出路就是为社会主义革命推波助澜，参与到社会主义革命中去反抗专业主义（professionalism）、种族主义和极权主义（authoritarianism）。①

（三）徒劳的改革及其超越之路

在国家财政开支不断增长的同时，税收却受到限制，这一矛盾导致持续的财政赤字，沉重的财政负担使得福利国家步履维艰。政府在面对财政危机时通常会采取以下几种措施：第一，削减公共福利；第二，不贷款给企业；第三，削减甚至冻结政府官员的工资。然而，上述这些举措无一例外会造成社会的不安定，从而威胁到政府的合法性。

经济学家认为，国家可以通过三种方式来增加财政收入：一是发展营利性的国有企业。通过增加国有企业的生产剩余，反过来增加社会资本和社会支出的花费；二是发行债券；三是强制性地提高税率或制造新的税

---

① James O'Connor, *The Corporations and the State*: *Essays in the Theory of Capitalism and Imperialism*, New York: Harper Collins, 1974, p. 150.

种。然而，在奥康纳看来，不管是国有企业的发展还是国家债务的增长都不能真正解决国家的财政困难。并且，这三种途径的每一种都要求社会关系的根本改变，无论是劳资间的生产关系还是资本家阶级内部的关系。

首先，发展营利性的国有企业并提高国有部门的生产率单纯从经济学角度来看完全是可能的，因为国有部门既不缺乏各种有技术的劳动力也不缺乏优良的管理者和组织者，联邦政府在劳动关系、财务、市场销售等现代生产领域有着丰富的知识经验，他们所拥有的土地也能产生充足的原料、燃料以及别的必要资源。然而，"事实上，这些'经济学'上的可能性在政治上却是不可能的"。① 因为，在资本主义国家，国家投资被限制在非营利性领域，凡是无利可图的就由国家来承担。例如，一些难以在短期内获利的大型项目在建设初期就由国家来负担，而一旦有利可图之后就把经营权转让给私人。私人资本为自己抓住一切可能营利的机会，抵制国有资本侵犯自己的"天然领土"。并且，为了造成国家是"受救济者"的假象，私人资本总是以种种理由通过剥夺国家积累财富的机会来迫使国家继续依赖财政税收，从而降低了国家根据民众决议来更改经济资源分配的可能性。最后，从意识形态的角度来看，私人资本为了维持国家没有能力直接经营生产性资本的假象，通常垄断了所有营利性的生产活动。②

其次，国家债务的增长同样也不能减缓财政危机。一方面，国家债务的增长使财政部门更有能力完成货币和财政计划，却不能相应地提高

---

① James O'Connor, *The Corporations and the State: Essays in the Theory of Capitalism and Imperialism*, New York: Harper Collins, 1974, p. 135.

② Ibid., p. 135.

实际的生产水平；另一方面，债务机构通常会收紧资本对国家的控制。这一点的主要原因在于私人资本借贷是为了扩大利润，因此它有能力直接偿还贷款。而国家借贷是为了扩大社会资本（并因此增加了私人的利润）或社会消费的支出。社会资本的膨胀间接影响了国家偿还债务的能力（一定程度上，社会资本的增长加速了私人积累、就业、工资、利润和计税基数）。同样，社会支出的增加也会产生同样的效果。因此，无论是社会资本还是社会支出都不能直接增强国家偿还债务的能力。实际上，国家贷款的安全性就是税收能力与通过增加国内生产总值扩大税基的能力。事实证明，美国已经成为一个名副其实的债务国家。2008年爆发的金融危机把全球经济拖入谷底，各国政府惊恐之余，纷纷投入巨资自救，动辄上千亿美元的救市资金进一步加剧了各国的财政赤字，经济获救复苏伴随而来的却是巨大的债务危机，这足以证明国家借债的负面后果。

最后，增加税收的效果显然是有限度的。因为对利润征税违背了为使资本主义更富有活力而提高利润率、不断扩大积累的目的。此外，对于盲目提高税率增加新的税种可能造成的社会后果就无须多说了。我们从抗税运动中已经得知这一途径是很难实行的。

同时，从理论来说，国家还可以通过三种途径来缓解财政危机和通货膨胀。一是通过有计划的经济衰退实现经济整体上的紧缩。二是加强对工资和物价的控制。三是通过与垄断资本合作提高私人和国家部门的生产率。但是，奥康纳指出，这些举措在历史上同样效果甚微。

第一种选择就是国家利用财政和货币政策减少总需求，增加失业，并削弱垄断部门和国家部门的工会力量。从资本和政府的立场来看，这一做法的积极意义在于能减少工资和利率的增长率，间接地缓解了通货膨胀的增长。但这也会带来消极后果：一是需求和销售总量的减少会造成生产能力的闲置浪费，使劳动生产率降低，单位劳动力成本的提高，成本推动型通货膨胀；二是失业增加，使得大量人口依赖政府财政支出维持生计。

　　第二种选择是对垄断部门实行工资和物价的控制。从垄断资本的立场看，"控制"和"衰退"的优势是一样的。控制工资水平下降的责任同样也被转移到了政府的头上。从国家的立场看，"控制"的优势在于能减轻国家部门工资膨胀的压力，从而防止财政危机失去控制。但这种控制真正实施起来却是很困难的，原因有三点：首先，垄断部门的劳动者痛恨工资"控制"。其次，垄断资本对工资和物价的控制也有所顾忌。因为对于垄断资本来说，"控制"会直接影响到资本管理的灵活性。最后，如果强行实行工资和物价控制的话，就会把劳动力与资本间的矛盾转移到劳动力与国家之间。这可能会使垄断部门内部劳动者的联合以及垄断部门间、竞争部门间的劳动者的联合变为可能。而阶级意识的增长和劳动阶级的联合在垄断资本和国家看来，正是实行"控制"可能带来的最危险的后果。①

　　第三种也是唯一实际的长远选择是促进垄断部门和国有部门的生产率。但这会导致垄断资本主义中生产关系的变革，具体表现为：首先，这要求从根本上改变垄断资本和被组织起来的劳动力之间的关系。其次，竞争性资本和垄断部门中的特殊产业的利益将会遭到挑战。再次，

---

① James O'Connor, *The Fiscal Crisis of the State*, New York: ST. MARTIN'S PRESS, 1973, pp. 48-50.

竞争性部门的工人(特别是受压迫的少数群体)和垄断性资本之间的关系将会更紧密和更友好。又次，税收体系的变化旨在以国家和垄断部门工人为代价(例如，通过负所得税)来增强垄断资本和竞争部门的赤贫工人的利益。最后，社会阶级之间和社会阶级内部的政治关系也需要深刻的改变。在奥康纳看来，这些政治上的改变在当今美国社会都是可能的，并为社会转型提供了一种可能性。①

综上所述，虽然国家在美国经济生活中扮演了至关重要的角色，但资本主义的发展仍然没有跳出原有的生产方式。从奥康纳对资本主义危机的考察中我们已经看到，生产资料的私人占有与社会化生产之间的矛盾导致了利润的私人占有与生产的社会化之间的矛盾。危机的根源仍然在于资本主义生产方式的固有矛盾，垄断资本主义条件下的生产关系已经阻碍了生产力的发展。随着生产社会化程度的不断加深，我们应该认识到，任何资本主义体制内的改革都是无济于事的，只有社会主义革命才是唯一的解决方法。

三、国家财政危机理论的理论贡献与现实意义

奥康纳在经济学、政治学、社会学等多个研究领域中发展着马克思主义理论，在对阶级斗争、剩余价值、社会资本等马克思主义政治经济

---

① James O'Connor，*The Fiscal Crisis of the State*，New York：ST. MARTIN'S PRESS，1973，p. 58.

学核心范畴的分析基础上，巧妙地从财政社会学的独特视角，展开对福利国家的经济生产与政治决策的研究，形成了他独树一帜的国家财政危机理论，为马克思主义的发展做出了巨大的贡献。我国著名马克思主义经济学家顾海良在 1990 年就对奥康纳的国家财政危机理论给予过极高的评价，他指出，在奥康纳看来，"尽管战后资本主义危机表现为'国家的财政危机'这一特殊的形式，但是，这一点和马克思主义政治经济学传统理论并无二致。然而，他所认定的'国家财政危机'并不只是马克思主义政治经济学传统上的经济危机，而且还是社会和政治的危机，是当代垄断资本主义制度中经济、社会和政治发展的综合性的危机。他从当代资本主义国家财政的角度，对马克思主义政治经济学危机理论所做的新的探讨，不能不说是一种有益的尝试"[①]。客观地说，奥康纳的国家财政危机理论尽管还有一些地方有待商榷，但就当代资本主义研究这一具体视域而言，奥康纳确实做出了巨大的贡献：一方面，面对"二战"后当代资本主义出现的一些新情况，他没有盲目地宣告马克思主义观点过时了，而是致力于证明马克思主义基本观点依然适用于对当代资本主义的批判和分析；另一方面，他又明确表示，不能把马克思主义直接照搬到对当前资本主义的分析，而应该致力于马克思主义基本规律与财政社会学的现实理论视角的结合。更加不可否认的是，奥康纳对资本主义发展在新阶段所出现的形形色色的新危机所做的研究在很多方面启发甚至直接影响了哈贝马斯、克劳斯·奥菲（Claus Offe）、伊恩·高夫（Lan

---

① 顾海良：《奥康纳和他的"国家财政危机"》，载《世界经济》1990 年第 7 期，74页。

Gough)、曼纽尔·卡斯泰尔斯(Manuel Castelld)等当代西方新马克思主义国家理论的学术巨匠。本节将试图从以下三点来阐释这一理论的重要理论价值与现实意义。

(一)对马克思主义经济学的坚持与拓展

奥康纳结合了传统哲学探寻深刻本质的方法与当代哲学和社会学的开放性视角，其重要的功绩之一就是借助于财政社会学的理论视角，挖掘出马克思文本中已有的但又隐而不彰的关于资本主义国家财政危机的思想资源，对马克思主义经济学的发展做出了一定贡献。

英国著名马克思主义研究学者麦克莱伦认为，"迄今为止，美国人对马克思主义理论最有独创性的贡献还是在政治经济学方面"。这其中，最具影响力的著作是保罗·巴兰和保罗·斯威齐的《垄断资本》。1965年，保罗·巴兰和保罗·斯威齐在《垄断资本》一书中，对垄断资本主义条件下社会剩余的产生和吸收做了深入研究。他们认为，垄断资本主义的兴起导致了竞争的消除、大公司的彼此宽容和风险的消失，这意味着经典马克思主义以竞争体制为先决条件的利润率下降规律已经不再适用于当代资本主义了。当代资本主义危机的根源在于剩余价值的实现，而不在于剩余价值的生产。国家在吸收剩余方面发挥着更大的作用，但对剩余的使用却完全取决于垄断资本主义社会的性质，变得越来越不合理，社会资本与资本需要紧密相连，越来越具有破坏性。他们用"经济剩余"修正马克思剩余价值理论，以"剩余增长趋势规律"取代了马克思的利润率下降规律。这些理论曾在西方经济学界掀起了巨大的研究热潮，被认为是对马克思主义经济学发展的一大贡献。但随着研究的日益深入，近些年来，他们的理论越来越受到质疑，并被认为是严重偏离了马克思主义的。然而，无论如何，我们都不能否认他们在当时那个时代背景下对发展马克思主义经济学所做出的努力，毫无疑问，从宏观理论逻辑来看，他们始终坚持通过批判资本主义的不合理性，为社会主义的确证找到根据。他们对垄断资本主义阶段的分析影响了当时的一大批学者，虽然奥康纳批判巴兰和斯威齐用"经济剩余"篡改了马克思的"剩余价值"，但很明显他们对垄断资本主义阶段的分析为奥康纳提供了一个总体研究背景，并直接影响到奥康纳对新帝国主义的认识和阐释。

事实上，无论是保罗·斯威齐，还是阿格里塔，那些同时期的被称为"马克思主义经济学家"的著名学者都努力坚持从经济线索来引出文化的社会效应。从这一意义上来说，他们坚持了马克思历史唯物主义的客体向度。但他们的问题在于，在理论批判展开的过程中，他们试图用过度积累、消费不足、雇佣劳动来取代剩余价值理论、一般利润率下降规律等马克思所揭示的资本主义本质规律的做法已经放弃了马克思的生产方式批判逻辑，从本质上违背了马克思主义。特别是阿格里塔，他写作《资本主义调节理论》（1976 年）的历史背景是福特制资本主义已经渡过危机并进入后福特主义时代，因此他关注的是资本主义的雇佣关系是如何通过国家的调节渡过危机的。在他看来，危机已经不再是促使资本主义制度灭亡的主要原因，而是促进资本主义不断改良、进化的重要因素。因此，他要研究的是资本主义主义国家的自我调节模式，这也使得他义无反顾地背弃了社会主义道路，走向"资本主义社会所有制"模式。这实际上是一种理论倒退。与他们不同的是，奥康纳坚持从"一般利润率下降规律"去分析资本主义危机的形成，坚持从生产力与生产关系的矛盾运动上寻找危机的根源。他虽然没有对马克思从"抽象上升到具体"的方法论本身做出系统阐释，却在实际的理论分析中从历史本质层面上升到了历史运作层面。仅就这一点而言，他就超出了上述在经验层面做文章的理论家。更为可贵的是，奥康纳还对生产方式的本质规律与日常生活层面的新现象之间的关系做了科学的界定。《资本主义的崩溃》一书的作者汉森就曾指出，在奥康纳的国家财政危机理论中，"劳动价值论、剩余价值概念和利润率下降概念完全得到了保留，而且还得到了更为广泛的运用"①。在这个意义上，他认为奥康纳可以被称为"新马克思主义"经济学家。此外，奥康纳对资本主义社会的分析并非仅仅局限于经济线索，同时还包括了政治领域、日常生活社会领域以及意识形态文化等线索，而把这些不同的理论线索串联起来的，正是马克思主义从抽象上升到具体的科学方法论。

然而，尽管如此，还应该指出的是，奥康纳常常把马克思所揭示的一些规律直接作为自己的理论前提，而并没有深入阐释这些结论究竟是如何来的，因此，他对资本主义危机的剖析以及得出的"经典马克思主义"式的结论或多或少显得有些跳跃和生硬，这也在一定程度上削弱了他的理论批判张力。

（二）对马克思主义国家学说的继承与发展

在传统马克思主义国家理论中，国家属于社会的上层建筑范畴，由社

---

① 转引自顾海良：《奥康纳和他的"国家财政危机理论"》，载《世界经济》1990 年第 7 期，73 页。

会的经济基础决定，其职能是维护统治阶级的政治统治，保持统治阶级所需要的社会经济生活秩序。就哲学范式运演的逻辑而言，国家作为上层建筑，与经济基础如影相随，国家对经济的作用也只是在经济对其绝对决定的前提下的一些反作用。具体来说，其政治职能体现为统治阶级利用军队、警察、法庭、监狱等暴力工具维持统治秩序，以及利用政治权力调节统治阶级的内部矛盾，缓解阶级斗争。同时，为了维护其统治的合法性，国家必须履行其社会公共职能。反过来说，在马克思、恩格斯那里，国家对社会经济生活的作用是有限的，或者说这种作用只是辅助性的。因而，就其经济过程的负责层面而言，经济危机的出现主要是经济自身造成的，国家不可能成为与经济危机直接发生联系的要素。然而，1929—1933 年资本主义的巨大经济危机让西方自由放任的市场遭遇前所未有的强烈质疑，国家不得不在经济生活中承担更重要的责任。在 20 世纪 40 年代以后，随着西方国家对经济干预的不断加强，西方马克思主义者们逐渐开始重视国家在经济过程中的作用，他们结合战后资本主义的新发展和西方社会的新变化，对马克思的国家职能学说进行了更为丰富多样的发展，取得了丰硕成果。

　　在西方马克思主义者看来，虽然马克思在《不列颠在印度的统治》中曾论述过国家举办大型公共工程的经济职能，恩格斯也指出过："政治统治到处都是以执行某种社会职能为基础，而且政治统治只有在它执行了它的这种社会职能时才能持续下去。不管在波斯和印度兴起或衰落的专制政府有多少，它们中间每一个都十分清楚地知道自己首先是河谷灌溉的总管，在那里，没有灌溉就不可能有农业。"[①]他还指出："一切政

----

① 《马克思恩格斯选集》第 3 卷，523 页，北京，人民出版社，1995。

治权力起先都是以某种经济的、社会的职能为基础的。"①但归根结底，马克思本人"并没有充分分析国家在资本主义经济中的作用。而且，马克思也不可能预见到现代资本主义国家在刺激经济、调节工资和价格以及协调大公司与工会关系中会起重要作用"②。西方马克思主义的始祖之一葛兰西首先开启了对国家思想文化职能的探索，这一思想后来在哈贝马斯那里以合法化理论得到了系统发挥。1965 年，同样是在《垄断资本》中，保罗·巴兰和保罗·斯威齐详细论证了在垄断资本主义条件下，国家对于吸收、使用经济剩余方面所发挥的作用。在该书中，国家与危机的联系第一次得到了系统的阐明，在马克思主义学脉中开创了系统研究国家经济职能的先河。他们提出，国家既可以作为消费者吸收"经济剩余"，也可以成为社会消费的管理者通过社会消费分配对经济发挥调控作用。在当时，该理论的提出在西方经济学界掀起了巨大波澜，被视为对马克思主义经济学的巨大推进，直到今天，虽然国内外学界都已经对《垄断资本》做出过较多的批判性反思，但该著作仍被视为战后马克思主义经济学最重要的著作之一，巴兰和斯威齐也因此毫无争议地成为20 世纪最重要的马克思主义经济学家。然而，当时年仅 35 岁，尚未在学术界崭露头角的奥康纳却敏锐地注意到：巴兰和斯威齐把国家的功能严格限定在分配领域，而未进一步深入到生产领域中去。在此基础上，奥康纳进一步研究了国家的经济职能，创立了国家财政危机理论，从此在学术界大放异彩，成为新马克思主义国家理论的最有代表性的学者之

① 《马克思恩格斯选集》第 3 卷，526 页，北京，人民出版社，1995。
② ［加］本·阿格尔：《西方马克思主义概论》，慎之等译，430 页，北京，中国人民大学出版社，1991。

一。在他的新的资本主义危机模式中，国家第一次被赋予了经济积累的职能，国家不仅在资本主义经济的交换和分配领域起作用，还直接参与到生产过程之中。也正是在这个意义上，本·阿格尔认为，奥康纳创立的国家财政危机理论是新马克思主义国家理论的最重要的成果之一。我们后来在哈贝马斯的《合法化危机》中也看到类似的观点："与自由资本主义不同，（晚期资本主义阶段的）国家机器不再只是一般的生产保障条件，也就是说，不再是保证再生产顺利进行的前提，而是积极地介入到生产过程中去。"①事实上，哈贝马斯在论述国家的经济职能和经济危机原理时都曾大段引用奥康纳在《国家财政危机》中的观点，此外，从哈贝马斯当时的学术经历来看，这明显也是受到了奥康纳比较重要的影响。

奥康纳十分重视国家在经济再生产中的作用。这是因为，在他看来，从马克思写作《资本论》以后，资本主义世界体系在生产力上已经获得了巨大提高，生产关系也发生了巨大改变。一方面，生产资料集中在更少的人手里，工业资本和银行资本合并为大规模的垄断或金融资本。资本主义的基本矛盾因此更加激化，阶级关系也更加紧张。另一方面，生产力的社会化程度越来越高，经济上相互依赖的高度复杂化的世界体系形成了。② 在这种背景下，资本主义扩大再生产所必需的许多条件逐渐被社会化了，私人资本家难以完成，只能由国家来创造。比如，耗资巨大的高速公路、输油管道等公共设施建设，为对外扩张市场而必须建

---

① ［德］尤尔根·哈贝马斯：《合法化危机》，刘北成、曹卫东译，50 页，上海，上海人民出版社，2000。

② James O'Connor, *The Corporations and the State：Essays in the Theory of Capitalism and Imperialism*, New York：Harper Collins，1974，p. 104.

立的强大军事力量，等等。因此，"社会关系的两个体系都要被考虑到：第一，经济阶级之间的关系；第二，经济阶级和国家权力（包括立法和行政部门）间的关系。我们不仅要分析劳动力和资本间的关系，还必须分析资本和国家间的关系"①。正因为如此，奥康纳赋予了国家在资本主义再生产领域中举足轻重的作用。他认为，国家通过对财政税收的运用，在为资本积累创造社会再生产条件的同时，间接地对剩余价值的生产发挥了作用，并形成了国家产业部门。这样，国家就不再是资本主义经济的"守夜人"，也不仅仅是运用财政政策和货币政策的宏观调控者，而是超越了吸收"经济剩余"的消费者身份，间接成为社会经济的生产者。同时，根据马克斯·韦伯对合法性概念的阐释②，他还指出，国家为了保证社会秩序的稳定有序，必须尽可能地协调阶级间的矛盾，维护"社会公正"，以此保证自身统治的合法性，这就是国家所必需的合法性职能。

奥康纳的国家理论产生了重大影响，但学界对此也存在完全不同的评价。奥康纳的国家理论是对经典马克思主义国家理论的偏离还是发展？问题的关键仍然是国家的社会性和阶级性的关系。有一种批评意见

---

① James O'Connor, *The Fiscal Crisis of the State*, New York, ST. MARTIN'S PRESS, 1973, p. 64.

② 根据马克斯·韦伯著名的类型学，合法性被认为是政治权威根本且不可少的基础。政治权威的合法性存在着不同的历史形态，"法理型"是其形态之一，它越来越成为现代世界的主导模式。相对于其他历史形态，这种合法性形态的最大好处在于：任何权威要获得合法性，都必须以承担相应的政治义务为前提，不论这种义务是要达到何种目的。决定政治权威合法性的唯一标准在于它是否完成了普遍和正式规则（如选举规则）的要求。

影响很大，认为奥康纳的国家理论是对经典马克思主义国家的偏离。这就是英国著名马克思主义研究者戴维·麦克莱伦的观点。他指出："奥康纳与新近的德国学派一样，认为国家的权利关系是复杂的、半自主的，不能将它归结为对资本家利益的表达。"①笔者不同意这类观点，我认为，在奥康纳那里，国家的本质仍是资本家利益的捍卫者。他对国家理论的发展从根本上来说与传统马克思主义是一脉相承的。原因在于以下两点。

第一，关于国家的本质。在传统马克思主义理论中，国家具有社会性和阶级性两个特征，但其本质属性是阶级性。一方面，国家是社会的代表。恩格斯说，"国家是整个社会的正式代表，是社会在一个有形的组织中的集中表现"②。它凌驾于社会之上，按照黑格尔的说法，国家要对市民社会进行管理，处理社会公共事务。另一方面，国家是阶级统治的工具。马克思说过，国家的活动"既包括执行由一切社会的性质产生的各种公共事务，又包括由政府同人民大众相对立而产生的各种特殊职能"③。政府同人民对立的本质绝不仅仅是公权同私权的对立，本质上是阶级的对立。国家权力在处理阶级对立的过程，本质上就是实施阶级统治的过程。就其位势而言，它凌驾社会之上而不平等地代表全社会，"现代工业的进步促使资本和劳动之间的阶级对立更为发展、扩大和深化。与此同步，国家政权在性质上也越来越变成了资本借以压迫劳

① ［英］戴维·麦克莱伦：《马克思以后的马克思主义》，李智译，345 页，北京，中国人民大学出版社，2008。

② 《马克思恩格斯选集》第 3 卷，631 页，北京，人民出版社，1995。

③ 《马克思恩格斯全集》第 25 卷，432 页，北京，人民出版社，1974。

动的全国政权，变成了为进行社会奴役而组织起来的社会力量，变成了阶级专制的机器"①。就其对阶级矛盾的处理而言，它处理阶级矛盾却不是对所有阶级平等相待，原因是："由于国家是从控制阶级对立的需要中产生的，由于它同时又是在这些阶级的冲突中产生的，所以，它照例是最强大的、在经济上占统治地位的阶级的国家，这个阶级借助于国家而在政治上也成为占统治地位的阶级，因而获得了镇压和剥削被压迫阶级的新手段。"②资产阶级国家"不外是资产者为了在国内外相互保障各自的财产和利益所必然要采取的一种组织形式"③。"只有为了社会的普遍权力，特殊阶级才能要求普遍统治"④，统治阶级追求"普遍权力"，并通过国家机器行使"普遍权力"，但是，这种"普遍权力"绝不是为了"普遍利益"，而是统治阶级通过权力的最大化来保证利益的最大化。正像马克思恩格斯所指出的，"国家是统治阶级的各个人借以实现其共同利益的形式"⑤，可是，国家往往给人以假象，以为国家是"善的实体"（黑格尔）。其实，国家是假借全社会普遍利益的名义来实现统治阶级特殊利益的组织形式，统治阶级或者将特殊利益说成普遍利益，或者只有在其他阶级的利益与统治阶级利益相协调时，才有真正的普遍利益可言。统治阶级的宽容底线是不与其利益相冲突。奥康纳在此理论基础上对国家职能学说做出了重要发展，一个最突出的方面是他以现代视野，

---

① 《马克思恩格斯选集》第 3 卷，53 页，北京，人民出版社，1995。
② 《马克思恩格斯选集》第 4 卷，172 页，北京，人民出版社，1995。
③ 《马克思恩格斯选集》第 1 卷，132 页，北京，人民出版社，1995。
④ 同上书，13 页。
⑤ 同上书，132 页。

揭示了现代国家被社会性严密包裹着的异常隐秘的阶级性。国家虽然是以社会公共利益代表的形象出现的，但并不代表社会的共同利益。国家具有的双重职能从本质上说，都是为了维护资本的再生产，维护有利于统治阶级实行阶级统治所需要的社会秩序的机器。并且，他通过分析积累与合法性的矛盾还揭示了国家的经济职能内部，以及经济职能与社会政治职能之间的矛盾。这实际上反映了国家一方面作为维护资产阶级利益的阶级统治工具，另一方面作为维持社会存在的代表之间有着不可调和的矛盾。但不可否认的是，国家在奥康纳那里比起在传统马克思主义理论中的确具有更多的自主性，这种所谓"自主性"，所体现的"国家的政治决策是在一个限定的社会关系框架中产生的，是社会、经济和政治冲突的结果"[1]，国家行为表面是社会行为或为了社会的行为，并将许多再生产条件社会化，但是，由于社会再生产说到底是资本再生产，因此，再生产条件的社会化本身，是办了个别资本家无法完成的事，在这个意义上说，还是马克思的判断：资产阶级国家不过是处理资本家集体事务的机器罢了。

第二，关于国家与市民社会的关系。在马克思那里，国家属于上层建筑范畴，归根到底是由社会的经济基础决定的。经济基础的变化不仅推动着国家性质的变化，而且还决定着国家性质变化的方向。正如恩格斯所说："决不是国家制约和决定市民社会，而是市民社会制约和决定国家。"[2]"在现代历史中，国家的意志总的说来是由市民社会的不断变

---

[1] James O'Connor, *The Corporations and the State：Essays in the Theory of Capitalism and Imperialism*, New York：Harper Collins, 1974, p. 104.

[2] 《马克思恩格斯选集》第 4 卷，196 页，北京，人民出版社，1995。

化的需要，是由某个阶级的优势地位，归根结底，是由生产力和交换关系的发展决定的。"①虽然在奥康纳那里，国家被赋予了生产的功能，在一定意义上超越了传统的上层建筑范畴，但是，资本主义国家只不过参与了原有的生产秩序，归根结底，仍是资本主义的生产方式起决定作用。在《自然的理由》一书中，他还进一步批判了新马克思主义者的"市民社会是由国家所建构起来的"观点。应该说，奥康纳对国家与市民社会关系的理解与马克思主义国家理论的基本精神仍然是一致的。这一点我们在其《自然的理由》一书中对"生产条件与国家""生产条件与市民社会"的阐释中也可以找到根据。

奥康纳对国家职能的阐释和发展，给我们的启示有两点。第一，现代国家，以其政治职能融入生产过程，需要我们以经济—政治视角重新审视传统马克思主义经济基础和上层建筑范畴，使其内涵与外延更符合当代国家实际，提高历史唯物主义范式的解释力。第二，从生产关系的角度来看，资本与国家之间的关系突破了传统马克思主义研究"生产关系"范畴的狭隘性，他从"社会再生产条件的社会化"的层面上，把传统生产关系注重研究资本家与工人阶级的关系，扩展到国家与资本的关系，这是对传统生产关系范畴过于局限于狭隘生产过程的重要拓展。正因为有了这两点基本认识，奥康纳才能够批判性地借鉴和发展正统马克思主义者和新马克思主义者在这一问题上的理论成果，从而进一步深化、推进马克思的国家职能学说。尽管奥菲等很多新马克思主义学者都研究了国家的职能问题，但客观地说，奥康纳在这方面所做的工作确实

①《马克思恩格斯选集》第 4 卷，251 页，北京，人民出版社，1995。

是比较深入而具体的。他不只阐释了国家的生产和再生产职能，而且还主张"'生产条件'的概念必须被主体化以及应该被赋予一种历史意义"①，要从生产关系中去理解和考察国家在生产与再生产过程中的作用。这一观点在其后来的生态学马克思主义理论中得到了进一步的充分发挥。有了这一理论背景，就不难理解生产条件和国家范畴缘何会成为生态学马克思主义理论中的核心范畴了。在《自然的理由》一书中，奥康纳指出正统马克思主义者着力于研究资本主义的积累过程与国家之间的内在联系，而受奥菲等人影响的新马克思主义者则侧重于探讨市场社会与国家之间的关系，这使得前一个流派越发走向"经济学"化，而后一个流派则越来越走向"社会学"化。对此奥康纳直截了当地指出："正统的马克思主义者低估了国家政策在保证生产条件以商品形式而存在，以及确保这些条件不断地以这种方式被生产出来的过程的重要性。"②换句话说，奥康纳并不满足于简单地把国家作为资本主义生产和再生产的一般政治保证，或者说"生产的条件"，而是要进一步证明国家直接参与了"条件的生产"。因为在他看来，生产条件既包括了生产力，也包括了生产关系，所有的生产条件都是在一定的财产、法律及社会关系中被生产和再生产出来的。因而我们对生产条件的考察应该基于它们与资本主义生产和积累的关系，而不是拘泥于它们到底是由私人还是国家创造出来的。正是在这个意义上，奥康纳赋予国家的职能以更多的意义，指出"国家生产出了，或者说管理着获得、使用以及脱离包括'环境'在内的

①　[美]詹姆斯·奥康纳：《自然的理由》，唐正东、臧佩洪译，235页，南京，南京大学出版社，2003。

②　同上书，237页。

生产条件的整个过程。"①

　　奥康纳究竟是"国家调节主义者"还是社会主义者？对于这个问题，国内有些学者仅通过对奥康纳晚期著作《自然的理由》一书的解读，就给奥康纳贴上了"国家调节主义者"的标签，归入改良主义者的队伍。笔者以为，这些评价对奥康纳是不公正的。某种意义上来说，国家财政危机理论的建构以及对国家合法化问题的研究本身就是对第二次世界大战以后美国主流学界出现的"资本主义危机可以通过国家调节得到解决"观点的回应与批驳。并且，其实只要大致完整地了解奥康纳的学术发展历程，我们就能发现，作为一个马克思主义的追随者，他的全部理论著述其实都在回答"资本主义社会何以不可持续""社会主义何以可能"以致"马克思主义何以可能"的问题。这是奥康纳理论的总问题，也是他一生都在为之奋斗的理论目标。这决定了他的根本价值取向和基本立场的立足点。并且，他始终努力坚持依据马克思主义的方法论线索来解读资本主义危机，并且随着他的思想理论的发展，这种学术思路一直在强化。在他的国家财政危机理论中，虽然国家与生产条件的关系是理论的切入点，但在追问危机的深层原因时，他仍指出了资本主义生产的基本矛盾才是根源。并且，通过对国家与生产之间关系的考察分析，他旨在证明两个问题：一是国家的财政危机只是资本主义危机在新阶段的新的表现形式，其根源仍是生产社会化与私有制的矛盾、国家投资与投资收益的私人占有之间的资本主义固有的内在矛盾，这种矛盾是由资本主义制度

---

　　① ［美］詹姆斯·奥康纳：《自然的理由》，唐正东、臧佩洪译，247 页，南京，南京大学出版社，2003。

构架决定的。二是国家对资本主义经济危机的调节只是治标，不能治本，并且从长远来看，还会造成新的、更大的危机，因此依靠资本主义国家调节模式是不可能从根本上解决问题的，只有社会主义才是解决危机的唯一途径。在奥康纳的国家财政危机理论中，国家的积累性职能仅仅表示国家参与进了资本主义的原有生产方式中，而这种生产规则本身并没有因此改变，任何在交换、消费和分配层面的调控，在他看来最终必然都是徒劳的。而与此不同，法国调节学派的代表人物阿格里塔在同期的《资本主义调节理论》（1974）一书里得出的结论与之截然相反。阿格里塔并不否认资本主义存在危机，但是在他看来，资本主义的雇佣关系并不具有导致资本主义必然灭亡的根本矛盾性，资本主义自身的调节能力完全可以使其渡过危机。他声称自己继承并发展了马克思的政治经济学批判方法，却得出了从根本上与马克思完全相反的结论。问题就在于，他对资本主义矛盾的理解仍然停留在交换的层面。交换层面的矛盾当然是可以解决的，但仍会出现下一个交换层面的矛盾，于是矛盾便不断出现，不断被解决。由于这种用历史经验主义建构起来的观念触及不到资本主义生产层面而自然跃出生产领域，于是必然得出不断变化的经验结论。这恰恰是资本不断演绎出来的历史景观。① 在《积累的危机》一书中，奥康纳明确批评了这类观点，他指出："资本主义表面上看起来似乎'解决'了危机，但实质上，对过去危机的'解决'只会在接下来的危机中再次成为'问题'，危机在不断的转移中仍在逐渐积累。因此，我们

---

① 参见唐正东：《雇佣关系的嬗变与当代资本主义的自我调节》，载《南京大学学报》2007 年第 2 期。

只有把危机当作一个历史过程来研究才会发现，由于资本主义生产方式是在矛盾中发展的，所以，只要资本主义制度不变，危机就不可能得到真正的解决。"①正是基于这一基本认识，奥康纳后来才会在生态学马克思主义理论中指出生态学社会主义的必然趋势，并从"分配性正义"的角度批判了某些社会主义者们的实践，确立了"生产性正义"的重要性。这对当代社会主义理论与实践来说都具有十分重要的意义。

(三)对认识当前资本主义国家财政危机问题的现实启示

奥康纳的国家财政危机理论生动地展示了当代资本主义社会政治、经济诸领域的新变化，揭露了社会政治、经济运行中根本性的矛盾问题。在一定程度上打破了一度被教条化的马克思主义国家理论，摒弃了简单的经济决定论，丰富了马克思资本主义批判理论。该理论的最大特色，就在于将经济生活、政治生活和社会生活有机结合起来，深入现实资本主义生产方式中去研究资本主义社会的发展问题。这不仅推动了马克思主义的理论研究，还具有不可忽视的现实意义。

2008年，由美国次贷危机引发的金融海啸肆虐全球多数国家。它给世界上的很多国家都带来了难以估量的经济损失，居高不下的失业率时至今日仍困扰着美国等一些国家，可以说，由经济危机带来的经济、政治、社会等全面危机至今并未结束。在那一场金融危机下，为了防止危机的全面失控，避免更大的损失，美国政府不得不采取国有化的手段

---

① James O'Connor, *Accumulation Crisis*, New York and Oxford: Basil Blackwell, 1984, pp. 55-56.

来拯救萎靡的经济。2008 年 9 月 7 日，时任美国财政部部长亨利·保尔森面色凝重地宣布，美国政府承诺拿出最多 2000 亿美元的财政救助金来拯救陷入困境的两大住房抵押贷款融资机构"房利美"（Fannie Mae）和"房地美"（Freddie Mac），与此同时，由美国政府来接任两房的掌门。几天之后，美联储又与美国保险巨头 AIG 达成协议，AIG 获得美联储提供的 850 亿美元的过渡贷款，美联储将会获得 AIG 发行的权证，进而持有 AIG79.9％的股权，而 AIG 的全部资产都将被用于贷款抵押。2008 年 11 月 23 日，美国政府宣布与花旗集团达成协议，拟向后者提供一揽子救助方案，其中包括为花旗集团的 3060 亿美元债务提供担保，并注资 200 亿美元。2009 年 2 月底，美国政府同意将 250 亿美元的优先股转换成普通股，从而以 36％的持股比例，一举超越持股 4.5％的道富银行，成为花旗银行最大的股东。接着，美国政府救援行动进入了一个新高潮，政府的援助之手从金融业伸向了汽车业。2009 年 6 月 1 日，美国最大的汽车制造商通用汽车公司正式申请了破产保护，美国政府将向通用提供 301 亿美元援助，美国政府将持有重组后"新通用"公司 60％的股份，加拿大政府将持有 12.5％的股份。这意味着以美国政府为主要股东的新通用汽车公司诞生了。面对这些案例，我们需要反思的是，这是否意味着以美国为代表的资本主义国家真的在向社会所有制过渡？"国有化"的背后到底是改良主义者所希望的"和平演变"还是资本家卷土重来前的短暂休养？国家的调节真的解决危机了吗？事实表明，正如奥康纳所言，危机根本不可能就此被消除，只能是从一个领域转移到另一个领域。"正当许多人认为世界经济在 2009 年 6 月已经走出衰退，国际金融危机宣告结束，世界正进入'后危机时代'的时刻，国际货币基金组织前首席经济学家、美国哈佛大学教授肯尼斯·罗戈夫发表《从金融危机到债务危机》一文指出：'事实上依然存在这样一种风险，即金融危机可能正在冬眠，并且会逐渐转变成为一种政府债务危机。'不久，欧洲主权债务危机果真翩然而至，2009年9月，它先在希腊爆发，随后又在欧元区其他一些国家大规模扩散开来。"①随着全球经济危机的逐渐平息，关于资本主义国家财政危机的报道却层出不穷，不断成为财经新闻的焦点。越来越多的评级机构报告对美国和英国等发达资本主义国家的债务感到忧虑，建议欧元区努力解决公共赤字问题。各国越来越没有能力管理他们的债务，以至于出现国家破产的爆炸性消息。甚至有经济学家断言，继冰岛、迪拜之后，国家破产将会成为2010年的趋势之一。他们相信，"从2010年春开始，全球系统性危机或许会进入新的阶段，那就是，西方主要国家的公共财政将变得难以管理。预算赤字庞大的规模又抑制了未来政府做出任何重大的支出"②。就在七年前笔者写作博士学位论文落笔的前几天，国际新闻仍不断传出西方国家财政危机的消息，美国财政部2010年5月12日公布的数据显示，美国政府已经连续19个月出现财政赤字，4月美国联邦财政赤字达到827亿美元，创造了历史同期的财政赤字新高。同样饱受财政危机困扰的希腊政府试图通过削减公务员薪金、增加燃油税、提高民众退休年龄等紧缩政策来缓解危机，却一次又一次引起民众的不满情绪。希腊多次爆发全国性的工人大罢工。希腊虽然获得欧元区国家和国际货币基金组织的巨额援助，但必

---

① 徐崇温：《国际金融危机与当代资本主义》，19页，重庆，重庆出版社，2015。

② 《从迪拜到希腊国家破产将是2010年趋势之一》，载《第一财经日报》2009年12月28日。

须以实施严厉的财政紧缩改革作为代价。毫无疑问，改革触及了民众的基本利益，令希腊政府面临严峻的挑战。就在希腊政府公布救助方案以后，希腊全国公职协会和私营雇员工会这两大公会宣布合作，举行为期48小时的全国性大罢工。罢工行动人数最大规模将达到250万人，相当于希腊半数的劳动人口。此次全国大罢工是希腊有史以来规模最大的一次罢工。与此同时，据统计显示，2009—2010年，英国的赤字已经达到1670亿英镑，这是一个非常惊人的数字，占到英国GDP水平的11.5％，这一比例离希腊当时的赤字13.6％的比重并不遥远。甚至有专家预言，英国将会是下一个"希腊"。在债务危机的背景下，如何削减政府的财政支出成了2010年英国大选中两党激辩的核心论题。结果是英国开启了工党霸权结束的新纪元。时至今日，七年过去了，现在我们已经很清楚地知道这近十年间资本主义经济经历了怎样的创伤，欧洲各国主权债务危机历历在目，美国联邦政府甚至因债务危机关门停摆16天。20年前，美国学者弗朗西斯·福山曾宣称，"历史已经终结"，资本主义和自由市场经济将是人类政治、经济体制的最高形式。但讽刺的是，重大的危机似乎让历史又"复活"了。而中国在这场金融浩劫中的表现也让福山不得承认中国对"历史的终结"的挑战，进而反思曾经让自己名噪世界的论断。然而，关于这场灾难，我们要思考的远远不止这些。

　　毫无疑问，在这样的社会现实背景下，奥康纳的国家财政危机理论为我们的研究提供了一个新的理论视角，这使得他在20世纪70年代提出的理论在此时显得格外具有现实意义，它不仅为当今资本主义国家敲响了警钟，同样也必须引起我们发展中的社会主义国家的充分重视。这也使得近5年来，学界逐渐开始关注奥康纳的国家财政危机理论，部分学者已经尝试从国家财政危机的角度去解读这场继"大萧条"之后，资本主义最严重的一次经济—金融危机。总体来说，国家财政危机理论尽管还存在一些有待商榷的地方，但它确实为资本主义危机理论提供了一种具体的理论分析框架。不能否认，这一理论实实在在地拓展了传统经济危机理论的研究视域。奥康纳不再单纯地从生产领域的动力方面去寻找危机的根源。相反，他通过考察政治系统在防止和弥补经济危机方面存在的无能为力，对资本主义的体制性危机做出了现实解释。所以，尽管这一著作距离现在已经超过 30 个年头，但是，从目前世界上主要资本主义国家所处的形势来看，奥康纳所提出的问题和分析问题的视角并没有丧失现实意义。从它所反映的内容上来看，它非但一点也没有过时，反而可以成为理解当前资本主义国家财政危机的一枚理论钥匙。

第二章 ｜ "总体化"的危机：积累的危机和
危机的积累

　　奥康纳在 20 世纪 80 年代的思想理论可以视为他
整个学术生涯的第二个阶段。在这一阶段中，有两个
世界性的现象引起了他的关注。一是资本在其全球化
的过程中重建了对劳动力的控制力量；二是新自由主
义的重新执政导致了资本主义"黄金时代"开始终结
（欧洲的社会民主、英国的工党政策、美国的新政主
义、南部的民族发展主义）。在这样的现实历史背景
下，奥康纳对资本主义再生产条件的问题产生了浓厚
的兴趣，这促使他决定深入研究工人阶级在美国（乃
至西方）的发展情况。在《积累的危机》（1984）一书中，
他通过将对个人主义的分析引入资本主义意识形态批
判理论中，揭示了资本主义意识形态的虚假性及其与
现实生活的矛盾性。接着，他通过分析个人主义与工

人斗争和经济危机之间的联系以及意识形态霸权与资本主义国家宏观经济之间的联系，论证了现代资本主义正面临"生产不足"的危机状况。在此基础上，奥康纳充分阐明了他的重要结论，即资本主义的危机是一种历史积累性的危机。从而建构出一种结合了经济学、社会学、心理学、政治学和政治经济学的跨学科的"总体"的方法论，以及一个关于资本主义危机的"总体化"理论。1987年，奥康纳接着出版了一部介绍危机理论的著作《危机的意义》，通过考察资本主义危机理论的发展历史，详细比较分析了现存的四种资本主义危机理论的优点与不足，在此基础上，再次表达了建立一种"总体的"危机理论和关于"危机理论的批判理论"的理论构想。

一、"总体化"的危机理论：本质抽象与历史具体之间

虽然奥康纳在其20世纪70年代的国家财政危机理论中就已经阐释了一种总体性危机的思想，但是，直到1984年在《积累的危机》一书中，他才正式提出资本主义"总体化"（totalizing）的危机理论构想。可以说，方法论上的"总体性"和对资本主义社会及其危机的总体判断构成了奥康纳这一时期资本主义危机理论的鲜明特色。

（一）总体意识的缘起

每一种新思想的提出，都有其深刻的历史背景。所以若要准确全面地理解奥康纳的"总体性"思想，就应该在一种更广阔的社会和文化理论背景之下挖掘其产生的原因。只有这样，我们才能在历史与逻辑相统一

的基础上深刻地把握这一思想。通过对奥康纳原著的研究我们得知，他之所以把"总体化"的危机理论作为一种新理论正式提出，主要是出于以下两方面的考虑。

第一，奥康纳对当前理论界存在的危机理论都不满意。根据他的划分，理论界目前存在着四种关于现代危机的理论解释模型，分别是由资产阶级经济学家、新正统马克思主义者（new-orthodox Marxism）、新马克思主义者和后马克思主义者提出的市场理论（market theory）、价值理论（value theory）、社会理论（social theory）以及社会心理学理论（social-psychological theory）。在《危机的意义》（1987）一书中，奥康纳曾用"危机理论的危机"（crisis of crisis theories）来形容它们行之无效的理论困境，这无疑是促使他决心建立一种关于"危机理论的批判性理论"（a critical theory of crisis theories）的重要动因。下面我们就来看看奥康纳是如何理解和评价这些理论的。

首先，奥康纳对资产阶级经济学的市场竞争与市场理论的分析评论并不是很多，因为在他看来，该理论是所有危机理论中最抽象，也是最肤浅的一种危机解释模型。他指出，这种理论只是简单地描述了资本家企业和个人之间的财产权利转移的断裂现象，这种仅仅停留在市场交换关系层面来解释危机的理论无疑把一切社会、文化和意识形态关系都抽象化了，而根本不考虑任何现实社会的复杂关系，因此在解释现实危机的时候必然是乏力的。①

---

① James O'Connor, *The Meaning of Crisis：A Theoretical Introduction*, New York and Oxford：Basil Blackwell, 1987, p. 4.

其次，应该说，"新正统马克思主义者"①提出的生产关系与价值理论是得到了奥康纳的充分重视和认可的。奥康纳指出，该理论的一般思路是根据利润率下降的趋势来解释资本主义危机，其核心变量是日益增长的资本有机构成。与市场理论相比，它致力于在生产或资本积累的层面解释资本主义危机，这点无疑是比较深刻的。并且，由于它对社会劳动和阶级关系做了必要的分析，所以较之于抽象的市场理论，它显然更加具体有力。但是，奥康纳同时指出价值理论也存在一些问题。简言之，"价值理论仍保留了来自社会—文化生活和现实个体的抽象传统"②。为什么这样说呢？首先，由于新正统马克思主义者的研究对象是由资本价值化过程所导致的财政赤字、失业、通货膨胀等其他经济断裂形式。所以，在定义经济危机的时候，它们常常采用劳动或资本市场的断裂（ruptures）、商品市场的崩溃（breakdowns）或生产自身的解体（disintegration）等这样一些客观性的术语来定义。其次，"社会危机"和"政治的阶级斗争"被看作历史性的"自主变量"，但它们完全受到另一个"自主变量"经济危机的制约。"换句话说，新正统马克思主义者的价值理论虽然包含了一个经济危机体系和一个关于社会危机和政治斗争的社会和政治理论，但后者是依赖于前者并完全被其制约和决定的。"③所以，当资产阶级经济学家致力于描述危机的表面现象时，虽然新正统马

---

① "新正统马克思主义者"在奥康纳那里指的是保罗·斯威齐、厄内斯特·曼德尔等坚持经济分析、执着于"本质规律"的那些理论家。

② James O'Connor, *The Meaning of Crisis：A Theoretical Introduction*, New York and Oxford：Basil Blackwell, 1987, p. 6.

③ Ibid. , p. 7.

克思主义者已经深入到了社会分工和生产力与生产关系的矛盾层面。然而从本质上来看，不管是"市场关系"还是"社会劳动"，它们都是社会和理论层面的抽象。原因就在于新正统马克思主义者过分拘泥于对资本在经济领域的殖民性的分析，而没有考虑到资本的殖民过程是在一个极为复杂的逻辑层面展开的，从而忽视了资本在政治、文化领域中的殖民性及其对生产方式的反作用。实际情况是，在现实世界中，根本不存在不被文化、意识形态和别的"社会生产力"（social productive forces）所建构的纯粹的交换关系或者社会劳动过程（或者价值生产和循环）。文化和意识形态以各种各样的复杂方式植根于市场和生产力、生产关系之中。显而易见的是，阶级斗争不仅发生在资本循环或者货币和商品的流通过程中，也发生在文化、意识形态、国家与资本建构起来的其他虚幻情境中，而这恰恰才是"真实的历史"（real history）。忽视了这些基本事实就难以把握现代资本主义和帝国主义的"具体的总体性"（concrete totality）。①

应该肯定，奥康纳对"新正统马克思主义"的批评是有深度的。但仍需指出的是，他在这里并没有对"新正统马克思主义"与马克思主义做出严格的区分，在奥康纳的论述中，诸如此类的概念经常交替使用，在批评"新正统马克思主义"者的时候经常又把马克思本人也扯进来，这使我们有的时候甚至难以分辨他究竟是在说马克思还是新正统马克思主义者。事实上，在对他的文本解读过程中，我们也发现，他对马克思主义的理解在一定程度上正是建立在对新正统马克思主义理论的理解基础之

---

① James O'Connor, *The Meaning of Crisis: A Theoretical Introduction*, New York and Oxford: Basil Blackwell, 1987, pp. 5-9.

上的。所以，虽然奥康纳批判新正统马克思主义理论忽视了对历史具体的分析而最终倒向了抽象的本质规律，这一评价本身确实可以算是中肯的。但是我们不能认同他含糊其辞"一锅端"的做法。必须明确的是，对新正统马克思主义者的批判不应该把马克思本人也扯进去。因为，从本质上来说，他们之间是存在一定区别的，真正的"马克思的本质论是历史唯物主义的本质论，它源自于从历史发生学的角度对社会历史过程之本质规律的概括和总结。这便决定了他在思考'本质'在现象领域中加以运用的问题时，必然会关注具体现象的复杂性与特殊性"①。

再次，在奥康纳看来，新马克思主义的社会关系与社会批判理论虽然在一定程度上弥补了新正统马克思主义的理论缺陷，可它又走向了另一个极端，所以，它的"优点"在一定程度上反而变成了它的"缺点"。这可以从以下两点体现出来：一方面，较之于价值理论，社会理论的优点在于它详细地考察了被新正统马克思主义者忽视了的社会危机和政治危机。然而，为了克服在新正统马克思主义那里被抽象化的社会分工，新马克思主义者试图通过诸如妇女、少数民族、青年人、老人等这样一些社会性范畴使之具体化，与此相应的是环保主义者、城市运动等一些"类似的团体"组成的新社会运动。奥康纳认为，这样的做法实质上是脱离了马克思主义政治经济学的基本框架，走上了社会的"具体的总体性"（concrete totality）。这种理论只有在"具体情况的具体分析"中才比较有用，但并不能直接用来分析资本主义本质的矛盾。另一方面，社会理论

---

① 唐正东、孙乐强：《资本主义理解史》第 4 卷，128 页，南京，江苏人民出版社，2009。

的最大好处就是当它在定义现代危机的时候，参照的不仅仅是市场关系
和生产力与生产关系，而且更重要的是对占主导地位的文化象征、政治
意识形态、家庭关系等也做了充分的考虑。然而在奥康纳看来，这虽然
是社会理论对价值理论的一个重要补充，但从根本上来说，社会理论并
不承认资产阶级经济学家或者新正统马克思主义者定义的严格意义上的
经济危机，自然也就没有经济危机理论。毫无疑问，新马克思主义者直
接用社会和政治危机以及关于斗争的理论取代了对经济危机和经济斗争
的分析，而不是把它作为其组成部分。进一步说，新马克思主义者并没
有批判性地改进市场理论和价值理论，而是直接"篡改"了危机的含义。
所以，奥康纳认为，"新正统马克思主义和新马克思主义分别以'系统理
论'和'行为理论'的形式割裂了经济危机和社会危机，因而都是不充分
的"①。而马克思危机理论的价值之一就在于对经济危机理论和无产阶
级理论的内在关联的科学论述，从而把经济历史和社会历史有效地联系
在一起。归根结底，新马克思主义这种旨在调和客观主义和主观主义的
危机理论是建立在以下观念的基础上的。首先，他们认为现代经济、社
会、政治和文化危机以各种方式互相渗透转化为同一历史过程的不同维
度，对现代世界进行着分裂和重新整合。其次，它还建立在另一个错误
的观念基础上，"新马克思主义和新正统马克思主义都错误地把工人阶级
或者具体的社会团体看作仅仅是危机的受害者，认为他们的反抗与否都取
决于新正统马克思主义列宁主义的政党和新马克思主义和后马克思主义社

---

① James O'Connor，*The Meaning of Crisis：A Theoretical Introduction*，New York and Oxford：Basil Blackwell，1987，pp. 10-11.

会运动是否能在不同的'启蒙'(enlightenment)计划中取得成功"。为了批判这种观点，奥康纳在《积累的危机》中的做法就是"把工人阶级、社会和文化运动，以及国家和社会当作一个整体，而它们本身就是现代危机的形式和内容发展的原因"①。

最后，社会心理学理论是一种关于个性危机的解释模型，它的理论前提是把现实"社会的"个体的日常经验看作社会生活最具体的层面，包括每天的思想、感觉、行为等。在该理论中，个性结构(personality organization)不仅包括心理学上的压抑、升华和防范个人自我认知的表现，还包括资本主义的异化、剥削和物化体验。在这一意义上，个性结构不仅包括个人心理过程，也包括了生产的社会和文化过程。社会心理学尤其强调个性危机对社会性格的发展是至关重要的，并且，它认为成功解决个性危机的前提是要用一种社会性存在来重新定义个体自我。在定义政治斗争以及它与个性斗争的关系的时候，该理论主张不应该仅仅按照物质或社会目的，同时也应该按照他们自身的目的来定义。奥康纳认为，这种理论的好处就在于它可以让我们认识到潜意识和非理性的重要性。但是，从生物学和文化的角度来解释个性危机显然是有缺陷的，因为在这种社会心理理论中，意识形态和经济及阶级要素被完全剥离开来。它们忽视了一个非常重要的问题，即在工资和商品形式普遍化以及不断地爆发革命与反革命的资本主义时代，个性危机究竟意味着什么？对于这一问题，无论是丹尼尔·贝尔的"虚无主义"，还是克里斯托弗·拉

---

① James O'Connor, *The Meaning of Crisis*: *A Theoretical Introduction*, New York and Oxford: Basil Blackwell, 1987, p. 11.

希的"自恋主义"，又或者是德雷泽尔（Dreitzel）的异化和"社会反常"观点都没能让奥康纳感到满意，在奥康纳看来，这些观点都是一种建立在文化矛盾或者社会需求和个体自我之间矛盾基础上的对现代身份和认同危机的悲观主义描述。奥康纳指出，这些理论具有相当明显的保守和改良的倾向，保守派渴望一种对传统的回归；改革派则希望有一种更具表现力，审美和交流性的工作和政治生活。毫无疑问，它们都缺乏一种革命性。事实上，"当我们自我审视的时候，就会发现资本就在我们的灵魂中"。"我们产生了自身的个体危机，是因为资本产生了它自身的危机。"①所以，这些脱离资本逻辑的个性危机理论只能用来解释痛苦、压抑、焦虑的个人心理状态和社会混乱的现象等问题，而不能按照内在斗争、个人和政治的自我超越的可能性，或者是社会对自我的重新整合来分析危机。事实上，只有当我们以这种方式来思考危机时，才能忠实于危机作为为权力和解放而斗争的含义。所以，"在这种方式中，作为利益和生存手段的政治旧梦，作为道德和理性的个体认同，以及生动的（expressive）和有美感的（aesthetic）公共生活应该以有效的方式被重新引入危机理论中去。"②应该在一种特定的激进话语中去思考个体的危机以及它和经济和社会危机的关系。奥康纳希望这种对个性危机的实验性解释将有助于理论家和其他人改变他们那些源自 19 世纪的先验理论和实践的观念和行为，使他们能够从理解当前危机影响和趋势的历史关头出发，接受一种更具解释性和行为导向的资本主义积累的危机理论。奥康

---

① James O'Connor, *The Meaning of Crisis: A Theoretical Introduction*, New York and Oxford: Basil Blackwell, 1987, p. 176.

② Ibid., p. 12.

纳强调，从本质上来说，这不是也不能把它仅仅当作认知上的或概念上的改变，它应当触及理论家们的感情因素。"从上述意义上说，这项工作(或著作)具有一些个体治疗的价值，同时为政治取向和实践指明了方向。总而言之，这项工作的目的在于阐发一种实践哲学方法，以此避开个体与社会问题的'黑洞'(black hole)和传统的二元进路。当历史的未来在生活的各个领域发生翻天覆地的变化的时候——它既有令人恐惧的可能，也是人类重生的希望，这项任务看起来就会颇有价值。"①

综上所述，奥康纳总结到，虽然这些理论家在不同前提下得出了不同的结论，表面上似乎使危机理论自身也陷入危机了。但是，它们对现代世界危机的解释的确是一笔珍贵的理论财富。并且我们应该看到它们之间的理论和历史的逻辑在发展。事实上，由于当今世界存在着很多"联合的危机"(joint crises)，经济、社会、政治、意识形态以及个体的斗争已经紧密交织在一起无法分开，所以我们必须避免在个别单独的领域内发展任何一种具体的危机理论。在这样的理论背景下，奥康纳指出，"在这个知识和政治专业化的年代，几乎没有社会理论家和政治分析家从事关于当代危机的'总体性'理论研究。然而，这样一个学术旅程在今天是十分必要的。原因在于，当社会理论变得越发专业化，经济、社会和政治生活却变得越发紧密无法分割。另外，当阶级斗争的概念逐渐从资产阶级观念中消失的时候，当今世界却开始爆发阶级斗争。最后，这种思想体系还必须深刻地植根于物质生活或着力于描绘劳动分

---

① James O'Connor，*The Meaning of Crisis：A Theoretical Introduction*，New York and Oxford：Basil Blackwell，1987，p. 13.

工。"本着这样的信念，奥康纳在《积累的危机》这本著作中提出了一种结合了历史阐释学、意识形态批判、政治经济学、经济社会学和政治社会学的"总体的"方法。

第二，由于苏联和东欧（以下简称"苏东"）的"正统"马克思主义理论家对马克思的极端扭曲，奥康纳在批判他们的过程中走上了另一条"总体化"的理论道路。奥康纳在批判苏东机械决定论的过程中对传统马克思主义的危机理论也做了反思。

20世纪西方世界的理论风云都是在与苏东的机械经济决定论的对抗中发展的，对总体意识的强调可以说正是这一对抗的理论表现之一。奥康纳也不例外，在他看来，对资本主义积累的"内在障碍"形式的说明贯穿了传统的马克思主义危机理论，马克思的"正统"追随者们充分继承了这一理论传统并把它极端化了。虽然"正统"马克思主义理论家在经济决定论的前提下又发展出一种"系统理论"。在奥康纳看来，这在一个经济体系相对难以管理的时代似乎是合理的，然而，随着现代雇佣劳动、大规模资本、国家以及阶级斗争的发展，这种经济系统理论变得越来越没有说服力。这不仅是因为文化的控制和管理的重要性已经大于经济运行的作用，还因为离开了文化的作用经济运行已经无法单独起作用。更重要的是，随着"完全的资本主义"（full capitalism）的发展，文化的/意识形态的与经济和政治过程的区别正趋向崩溃。经济效率、法理和道德规范价值之间相互渗透，实际上废除了传统马克思主义术语中的独立自主的"经济规律"。资本主义正以暧昧不明的方式把资本逻辑、意识形态文化和政治行政手段的不同特征结合起来，在这个意义上资本主义已经成为一个不可分割的"混合体"。与整体的资本主义相应，资本主义的危机也显现出一个整体化的面貌。这在当时是美国左派学者的一个普遍共识，著名的美国左派经济学家曼纽尔·卡斯泰尔斯就曾做过这样的分析，他在总结美国 20 世纪 70 年代出现的那场危机时说道："问题不单单是经济。一些过去孤立的经济、政治和思想上的因素，自 1973 年年底以来形成了一个整体，导致人们可能对发达资本主义的经济和社会体制产生疑问。"①并且，"对于先进资本主义的稳定性来说，更糟的是，这次危机不只是经济上的，而且也是政治上和意识形态上的。由于这三者具有相互关联的特性，这就使得这次危机成为资本主义生产方式的历史扩展中的一次结构性危机"②。然而，马克思和他的正统追随者们并没有充分考虑到资本积累中可能遇到的"外在障碍"（如自然资源的有限性或者经济和社会再生产的文化意识形态条件对资本积累的限制）。事实上，从近半个世纪以来（20 世纪 30—80 年代）西方学者对现代工人阶级的反思来看，虽然他们中的很多人都认为工人阶级在衰落，但他们都不否认工人的斗争是经济危机的原因之一。奥康纳在这里提出的观点是，"资本的重构、工人阶级、国家通过历史的经济危机和传统经济斗争彻底变革了社会和经济再生产的条件，这不仅发生在生产过程中，同样还发生在社会和国家中"③。所以，对社会斗争以及它与经济和社会危机关系的深入分析应该成为现代危机理论的核心。在这个意义上，奥

---

① ［美］曼纽尔·卡斯泰尔斯：《经济危机与美国社会》，2 页，上海，上海译文出版社，1985。

② 同上书，3 页。

③ James O'Connor, *Accumulation Crisis*, New York and Oxford: Basil Blackwell, 1984, p. 8.

康纳直言不讳地坦承自己在此提出的"总体化"的危机理论是与传统马克思主义的危机理论形成强烈对比的。

应该说，奥康纳坚持从危机的积累中解释危机的出发点是好的，但是，由于在一定程度上，他是在第二国际的经济决定论基础之上理解马克思的，这导致他不但误解了马克思，还因此弱化了马克思理论中最深刻的经济批判维度，走上了从个人主义意识形态出发来分析阶级斗争与危机关系的道路，这实质上是一种文化批判的理论模式。但是，仍应该指出，比起只是站在外在乌托邦角度批判资本主义的文化批判理论，奥康纳在这里展现给我们的文化批判模式是内在于生产与再生产条件中的，这显然要深刻得多。这将是我们在后面阐释的重点。无论如何，我们必须明确，客观地说，"尽管马克思在社会批判理论的建构中的确相对侧重于对经济逻辑之历史效应的论证，但他并没有忘记文化线索的重要性。这不但表现在他对作为意识形态的资产阶级哲学和资产阶级政治经济学的批判上，而且还表现在他对日常生活层面'意识形式'和观念拜物教的批判上。也就是说，马克思并没有像有些西方学者所说的那样，弱化了文化批判线索在整个社会批判理论中的重要性，他只不过是没有把文化批判和经济批判割裂开来而已，而这正是其社会批判理论在学术史上具有重要价值的原因"①。

(二)奥康纳"总体化"危机思想的理论特征

奥康纳的总体化的研究方法来源于他对资本主义社会及危机的总体

---

① 唐正东、孙乐强：《资本主义理解史》第 4 卷，1 页，南京，江苏人民出版社，2009。

性判断。他认为，由于资本主义社会已经成为一个不可分割的整体，这使得资本主义的危机也不可能表现为单一的经济危机，而是由相生相伴的经济、政治、文化、社会等危机组成的整体危机(whole crisis)、联合危机(joint crisis)。这种对资本主义的"总体性"看法决定了他的研究方法具有以下两个特点：

第一，主张对社会进行结构性的总体研究。奥康纳主张要把资本主义社会当作一个整体或总体来把握。当然，这种总体并不意味着各个部分的简单相加，而是要把社会当作一个各部分相互渗透交叉、有内部结构性规定的有机整体来看待。这表现在奥康纳十分重视对个人主义、阶级斗争、国家这样一些资本主义社会结构中重要因素的考察，并着重于对它们之间的关系以及它们与资本主义的发展和危机之间关系的分析，目的就在于揭示资本主义社会结构的演进与内在的分裂趋势。也正是由于这种"结构"的观念使他的理论研究能够深入到物质生产层面中去进一步考察劳动分工。在他看来，后现代主义正是由于"忽略了决定或影响事物之间的内在有机联系的结构性因素"①，才走上了方法论上的个人主义和主观主义。较之于把各个现象看成是相互独立、不相统属的直接经验方法而言，这种总体性的方法显然具有很大的优越性。所以就这一点而言，奥康纳坚持总体性的认识方法是符合马克思主义辩证法的思维原则的，是正确的。

第二，突出历史性的研究方法。为了把社会当作一个总体来把握，

---

① ［美］詹姆斯·奥康纳：《自然的理由》，唐正东、臧佩洪译，83页，南京，南京大学出版社，2003。

就不仅要在空间的维度上分析其结构性，还必须从历史过程中把握它的发展变化。因为，各种社会现象的联系都是在历史中形成的，要想探寻事物发展的趋势、根源，就必须把它放到社会历史中去考察。历史的研究方法是奥康纳的总体性方法中的一个重要原则，他在分析个人主义、阶级斗争以及国家与资本主义发展关系的时候都是将它们放在历史中考察的。在阐明奥康纳的历史研究方法之前，我们有必要先明确当前对于历史研究方法的运用存在着的三种思路：第一，历史学意义上的历史研究方法，即从历时性的角度按照历史事件发生的先后时间顺序，把事实平铺直叙地描述出来。亚当·斯密就认为历史就是"按照其本身的样子来叙述事态的发展，不夹杂着偏向任何一方的倾向"①。现在的大多数西方左派也都是这样来理解历史的，可以说，这是目前最常见的一种历史的研究方法，但事实证明，这种思路往往会导致经验主义。第二，西方哲学的历史传统，即从意义的生成角度界定的历史性。这种人性的形而上学无疑会导致历史唯心主义。第三，马克思主义历史发生学意义上的历史研究方法。"历史性"的观念是马克思主义认识论的一个重要原则。马克思在《德意志意识形态》中有过一段经典的话："我们仅仅知道一门惟一的科学，即历史科学。"②这种历史唯物主义的历史精神强调的是在私有制的前提下，研究生产力和生产关系矛盾不断发展的社会历史过程。笔者以为，奥康纳对历史方法的运用基本上可以算是马克思主义

---

① Adam Smith：*Lectures on Rhetoric and Belles Lettres*，Edited by John C. Bryce，Glasgow Edition，1983，Ⅱ，p. 13. 转引自唐正东：《斯密到马克思》，28 页，南京，南京大学出版社，2002。

② 《马克思恩格斯全集》第 3 卷，20 页注①，北京，人民出版社，1960。

的历史发生学意义上的，这表现在他强调对历史生成过程以及发展趋势
的研究。这一判断主要有以下几点依据：首先是奥康纳对资本主义危机
的总体认识。"积累的危机"这一书名表达了奥康纳对资本主义危机的
"积累性"的双重看法：一方面，资本的积累导致了资本主义的危机，即
危机的根源在于资本的积累逻辑。另一方面，这种危机本身在资本主义
发展过程中也是不断积累的。这种对危机的历史生成性的看法其实是直
接建立在他的危机根源判断的基础之上的。通过对资本主义危机的历史
性考察，奥康纳发现，资本主义每一次危机的"解决"都是表面的假象，
事实上，对过去危机的解决只会在接下来的危机中再次成为"问题"，危
机非但没有被消除，反而会在不断的转移中逐渐积累更强烈的破坏力。
因为，资本主义的危机是存在于资本主义生产方式的矛盾中的，所以，
只要这种矛盾的生产方式不变，危机就不可能得到真正的解决。[①] 据
此，奥康纳认为，我们必须把危机当作一个不断发展的历史过程来研
究，才能认清资本主义矛盾积累、生长的过程。应该说，这一看法是符
合马克思的历史发生学观念的。但是，需要指出的是，奥康纳在具体理
论分析中的一些做法与他的理论初衷并不完全符合，至于其中所犯的一
些错误以及一些自相矛盾我们将在后面的章节中做详细论述。其次是奥
康纳对资本主义发展趋势的基本判断。根据上述观点，奥康纳认为，资
本主义生产方式的内在矛盾将促使这一制度发生必然的转变。生产社会
化的不断扩大将为这一转变提供有利的条件，而矛盾的激化必然促使工

---

① James O'Connor，*Accumulation Crisis*，New York and Oxford：Basil Blackwell，1984，p. 55.

人阶级起来斗争。无论如何，只有生产方式的根本性变革，才能真正消除危机，因此，社会主义是历史的必然发展趋势。最后是他对历史研究方法的目的的理解是基本正确的。他说过，"历史的研究会更清楚地揭示资本主义在西方的发展史是一个充满危机的过程。然而，历史的证据并不能证明资本主义在本质上就是一个充满危机或者依赖危机的过程。了解资本主义的危机途径仍是马克思主义危机理论框架内的周期和结构性的'危机要素'（crisis fits）"①。

二、个人主义与资本主义的发展

在奥康纳的"总体化"危机理论中，对个人主义（individualism）价值观的分析构成了他阐释资本主义危机的一个重要理论切入点，也可以视为其整个积累的危机的理论的准备部分。通过对个人主义价值观念在美国发展演变的历史性考察，奥康纳得出了一个重要的结论：这种在资本主义发展早期曾起到过促进经济增长、稳固社会秩序的积极作用的个人主义价值观念，表面上看似乎支持着资本主义经济和社会的统治和整合，实际上正颠覆着现代资本主义，并促使这一制度发生必然的"转化"。②

---

① James O'Connor, *Accumulation Crisis*, New York and Oxford: Basil Blackwell, 1984, p. 26.

② Ibid., p. 8.

(一)个人主义研究的缘起

奥康纳之所以将对个人主义的研究作为一个重要的理论切入点，一方面是由于个人主义价值观在西方资本主义国家是占统治地位的意识形态；另一方面是由于对个人主义价值观的研究是西方理论界由来已久的理论传统，奥康纳的研究亦是这一理论传统的自然承续。

在《积累的危机》一书中，奥康纳明确表示，"该项研究的前提是特定资本主义国家(尤其是美国)的经济和社会的再生产，以及它们与经济和社会危机之间的关系，这一研究如果脱离了在这些国家占统治地位的意识形态背景，将是无法解释的"①。因为资本主义社会的物质生活与占统治地位的文化因素已经融合在一起了，并且在一定程度上受其指导。尤其是控制劳动的资本主义意识形态，它们深刻地体现在分工、不合理的劳动模式、生产、剥削模式以及对剩余劳动的利用中。毫无疑问，无论是从现实社会的经济基础还是从历史文化传统来看，这种在西方社会中占统治地位的意识形态都是个人主义价值观。正如有学者指出的那样，在现代西方国家，"很难设想一个没有个人主义的社会，因为个人主义的基本精神不仅被大众普遍接受，而且已经被机构化和法律化了，它表现在社会生活的各个层面：浪漫主义是感情上的个人主义，自由主义是思想上的个人主义，多元主义是文化上的个人主义，放任主义是经济上的个人主义，民主主义则是政治上的个人主义"②。尤其是在美国，个人主义甚至已经演变成民族精神的象征。洛克式的个人主义和

---

① James O'Connor, *Accumulation Crisis*, New York and Oxford: Basil Blackwell, 1984, p. 3.

② 杨明、张晓东等：《现代西方伦理思潮》，11页，合肥，安徽人民出版社，2009。

自由主义被认为是"人类发展的最终阶段"、一种"以自由和真实个性的自然关系为基础的新秩序"、一种"生活信仰"以及"社会稳定的基本原因"。① 最重要的是，个人主义价值观念不仅全面影响了美国的政治和文化，更深刻地渗入物质生产中，成为对劳动力统治的最强有力的意识形态武器，在经济生活中发挥着至关重要的作用。

由于个人主义在西方社会发展中的意识形态统治地位，对它的研究理所当然地成为西方社会理论研究中的重要课题。美国著名学者理查德·尼斯贝特（《思维的版图》一书的作者）曾写道："如果有一种能够把神学、哲学和每门科学（这种科学在 19 世纪后期的美国开始发展）统一起来的单一观念的话，这种观念就是个人主义。"②《心灵的习性》一书的作者罗伯特·贝拉也曾指出："个人主义是美国思想的核心，我们并不是说美国人应该放弃个人主义——因为那样意味着放弃我们最深刻的民族特征。但是，个人主义的含义日益增多，矛盾重重，即使为了捍卫它，也必须对它进行批判的分析，特别是分析那些可能从内部摧毁它的各种倾向。"③这就是说，如果放弃了对个人主义意识形态的研究就等于放弃了对美国最深刻的本质的研究。由此可见，对个人主义研究的重视在西方学者心目中的地位。事实上，我们看到，像韦伯、哈耶克、弗洛姆、涂尔干等西方理论巨匠，他们都是将个人主义的研究作为自己的理

---

① James O'Connor, *Accumulation Crisis*, New York and Oxford：Basil Blackwell，1984，p. 13.

② ［美］理查德·尼斯贝特：《个人主义》，载《哲学译丛》1991 年第 2 期。

③ ［美］罗伯特·N. 贝拉：《心灵的习性》，214—215 页，北京，生活·读书·新知三联书店，1991。

论支点之一。奥康纳是一个地地道道的美国人，对个人主义的深刻体悟加上学术上的理论渊源都使他不愿错过对"美国最深刻的本质"的研究。通过考察个人主义价值观在美国社会的发展，奥康纳揭示了个人主义与资本积累之间的关系。

(二)从"整合"到"颠覆"：个人主义与资本积累

由于"个人主义"是随着个人范畴的语义演变产生的，所以若要深入地理解个人主义，就应该先考察个人范畴的演变过程。奥康纳对此做了充分的考察，他指出：在欧洲树立起关于"个人的"(individual)或者"自我"(self)的本质和最高价值观念之前，"个人的"在早期农业社会阶段意味着"不可分割的"(not divisible)。"个人"与"不可分割"之间的联系产生于 12 世纪的英国，在那里个人对土地的所有权和土地的不可分割性原则都确立起来了(例如，长子继承权)。到了大陆封建主义时期，它们之间产生了更具体的社会联系。个体既强调一个独特的人也强调它是一个团体中不可分割的一员。在中世纪欧洲，"个人"作为"不可分割"(或整体)是用来指涉劳动力和生产工具的统一、脑力劳动和体力劳动的统一，以及"雇佣者"和"工人"的统一、劳动和文化的统一。尤其是在欧陆地区，这个概念意味着对任何具体个人的解释都是从对其血缘关系和社团或社会关系的解释开始的。那时候，血缘关系被认为是人们互相帮助的基础，团体的力量要远远大于个别成员的力量总和。虽然私有财产在封建欧洲是受法律认可的，但实际上，这种血缘关系的稳固经常被扩大到商品社会中去。个体的意义因此被建构为社会成员的整体，劳动和文化因此承载了自我意识的社会形式(这些社会形式被封建统治阶级当作自然的集体主义观念来利用）。然而，由于资本主义生产方式的发展，社会的本质，尤其是社会的阶级特征却变得模糊了。在西方历史中，封建主义的崩溃，专制国家、原始积累的兴起和雇佣劳动的发展为个体从整体中分离出来创造了物质、文化和政治上的条件，这时候才出现了严格意义上的个人主义价值观。① 此后，个人范畴也随着个人主义的发展产生了相应的变化。所以严格说来，个人主义价值观是与资本主义相生相伴的。对此，英国著名马克思主义学者雷蒙德·威廉斯（Raymond Williams）曾有过明确的说明，在《文化与社会》一书中他指出：个人的涵义由来已久，它强调的是个人与团体的不可分割性。与此相反，个人主义则是 19 世纪的产物，它不仅是抽象个人的理论，还是单个国家和利益的首要原则。② 应该说，威廉斯的这种区分是比较准确的。奥康纳显然也同意这种看法。通过对个人主义与资本主义社会之间的关系的历史性考察，奥康纳把个人主义在美国的发展划分为以下两个阶段：

首先，在工业资本主义发展的早期阶段，个人主义对经济、政治、社会起到一定的促进与整合作用，这一阶段可以称之为个人主义对资本主义的"整合"（integration）期。 由于个人与团体的分离，个人范畴也随之发生相应的转变。在当时，个人财产以生产力的形式存在，它是按照禁止他人使用其财产的个人权利来定义的，如此冷漠的市场关系使社会

① James O'Connor, *Accumulation Crisis*, New York and Oxford: Basil Blackwell, 1984, pp. 15-16.

② Raymond Williams, *Keywords: A Vocabulary of Culture and Society*, New York: Oxford University Press, 1976, p. 134.

原子化了。在资本主义发展初期，当小生产者为了捍卫自己的物质生活和财产并攻击市场竞争的时候，占优势地位的资产阶级却捍卫着竞争的新型统治。在双方的"个人主义"斗争中，大量的直接生产者被锻造成雇佣劳动阶级，为资本主义的原始积累创造了有利条件。这一阶段的个人主义观念在经济领域表现为要求私有化和经济放任主义；在政治领域表现为反对国家干预，反国家主义，要求自治，民主；在社会领域则表现为对自我发展与个性的追求。"结果就是，个人、手工业、行会和公社或多或少迅速地失去了对物质和社会再生产过程的控制。'经济个人主义'和'自由主义'最终导致了价值规律在世界范围运作，商品拜物教的胜利。除此之外，还有一种观念不断得到强化，即'经济世界'是客观的，是不依赖于个人愿望和意志运转的本质力量。"①美国"个人主义"（直到 19 世纪晚期都一直被称作"自力更生""自我奋斗"）开始成为民族国家在经济、社会、政治和道德观念上的规定性概念。由于这种观念在当时极大地促进了美国早期资本主义经济的发展。所以，在那时，反国家主义，要求私有化、自治、自我发展和经济放任主义这一系列的个人主义表现形式并没有被认为是经济和社会分裂的原因（而这恰恰是法国保守派和社会主义者的观点），反而被当作经济力量与社会、民族之间的纽结。经济福利和社会稳固这些概念最初就是以白人对独立生产力的广泛占有为背景的。一方面，独立的财产被看成是经济财富增长的基础。因为私有财产比社会或集体性财产更能激发人们工作的积极性。个

---

① James O'Connor，*Accumulation Crisis*，New York and Oxford：Basil Blackwell，1984，p. 16.

人主义在这个意义上被称作"经济体系整合"（economic system integration）。另一方面，独立的私人财产也被认为是稳定社会秩序、政治体制的基础。因为广泛的私有化产生了大批的"中间阶级"，这部分人成为反对社会冲突、稳定社会秩序的最佳保险。因此，个人主义在这个意义上也被称为"社会整合"（social integration）。总而言之，直到19世纪80年代，在美国这片自由的热土上，廉价的资源、适宜的气候和独立的财产阻止了大规模资本主义的统治，从经济和社会整合的意义上来说，个人主义在这里比在别的任何国家（包括大部分别的"白人聚集的资本主义国家"）都获得了更有力的物质表达。[①]

其次，在工业资本主义发展的垄断阶段，个人主义对经济、政治和社会正起着分裂的作用，这一时期可以被称为个人主义对资本主义的"颠覆"（subversion）期。在19世纪的斗争中，小生产者逐渐在商品经济和道德经济之间确定了立场。19世纪后期，日益增强的资本主义意识对大规模的工业资本主义的发展起到了推动作用。到了19世纪80年代，大规模的工业资本主义逐渐形成，经济上的变化使文化上的意识形态观念也发生了相应的改变，美国个人主义价值观开始与大公司的意识形态相融合。个人主义日益成为资产阶级用来稳固自己地位的意识形态工具，并开始具有欺骗性。随着垄断资本的不断扩张，为数众多的小企业逐渐陷入生存危机。由个人主义所导致的个人与社会之间的矛盾开始急剧激化，这给美国经济的有序发展、社会的和谐稳定都造成了极大的

---

① James O'Connor, *Accumulation Crisis*, New York and Oxford: Basil Blackwell, 1984, pp. 16-17.

危害，最终酿成 1929—1933 年的资本主义"大萧条"。在那期间，工厂倒闭、商店停业、严重的通货膨胀、大规模的失业使整个社会陷入恐慌，危机的阴霾笼罩着整个资本主义。正如康马杰描述的那样，此时的美国在个人主义的旗帜下已经变成"一场由恐惧和嫉妒、造谣和中伤、羡慕和野心、贪婪和色情交织成的恶梦；为了谋取私利和达到自私的目的，几乎可以采取任何手段。在这个社会里，情调低俗，理想晦暗，道德败坏……典型的美国人生活在焦虑不安和贪得无厌的煎熬之中。"①弗兰克林·罗斯福就是在这种情况下接替了焦头烂额的胡佛总统，当选为美国的第 34 届总统。在总结这场大危机时，他把它归结为"十年的放荡无羁，十年的极端利己主义"②，并提出通过政府干预和国家福利政策来实行复兴计划。对于这种极端的个人主义，著名的美国学者丹尼尔·贝尔在其最负盛名的《资本主义文化矛盾》一书中强调这种"不受束缚的自我"和"享乐主义"，已经严重威胁到资本主义的发展，它不但使美国资本主义已经失去了它传统的合法性，还构成了西方所有资产阶级社会的历史文化危机，并且，这种文化矛盾作为关系到社会存亡的最大分歧将长期存在下去。罗伯特·贝拉更是指出："现代个人主义似乎正在产生一种无论个人或社会都无法维持下去的生活方式。"③在这一历史背景下，一种提倡"合作主义"的"新个人主义"价值观应运而生。"杜威的新

---

① ［美］亨利·康马杰：《美国精神》，南木等译，613 页，北京，光明日报出版社，1988。

② ［美］富兰克林·德·罗斯福：《罗斯福选集》，关在汉译，115—116 页，北京，商务印书馆，1982。

③ ［美］罗伯特·N. 贝拉等：《心灵的习性》，翟宏彪等译，217 页，北京，生活·读书·新知三联书店，1991。

个人主义重视人与人之间的联系，重视人与人之间的交流，重视人与人之间的合作。杜威认为个人的自由并非不重要了，而是只有在与他人的联系、交流与合作中，个人的自由才能得到最大的实现。同时新个人主义不再把政府作为异己的压迫力量加以敌视，而是把它作为一种必要的人类组织形式，用来服务于个人自由发展的根本目的。此外，新个人主义不再把人生视为一场残酷的生存斗争，把他人视为必须征服的对象；而是把社会视为一个有机的共同体，强调全体社会成员合作运用智慧、运用科学技术来解决共同体所面临的问题，从而不断丰富共同体生活的意义，并最终实现每一个人的自由发展。"①然而，"合作主义"的真正目的并不在于实现全体个体的解放，而是通过激发个体之间的合作意识达到经济产能的最大化，通过宣扬个体与集体、政府之间的合作意识达到个体的服从意识从而实现社会的稳定。在美国，作为追求自由和真实个性的个人主义已经成为过去式。相反，个人主义从此成为经济福利和社会约束的虚幻基础。资本和雇佣劳动的发展彻底摧毁了关于自治、自力更生等价值观念的社会基础。人身、平等和自由的民主观念完全发生了改变。我们看到，"原本自由放任和不容干扰的私人领域，被集权国家和大范围的资本权力对私人生活的干预所代替；原来的自主和自治则被日益增长的依赖性、被动性和被国家与资本殖民化的个人意志所取代；而自我发展也被标准化、冷漠和自我退化所代替。为了捍卫自由个体利益的政治个人主义和建立在自愿团体基础上的社会则变成了一种'合作主义'个人存在使'中介机构'的利益取得合法性；经济个人主义则演化

---

① 参见杨南丽：《杜威的新个人主义评述》，27 页，北京，清华大学出版社，2004。

为一种强制性的工业劳动的资本主义分工的集体化"[1]。从这些意义来看，现代个人主义意识形态已经全面取代了旧的生存经济和小规模资本主义时期的传统个人主义。归根结底，这种现代的个人主义其实质还是为资本主义辩护，其目标在于资本主义社会的长治久安。然而，在奥康纳看来，这种表面上支持着美国经济和社会整合的个人主义实质上正变得自相矛盾，它在分裂社会和经济上起到的影响要远远胜过它对社会和经济的整合作用。

首先，在资本主义消费领域，个人主义意识形态使经济难以负担。由于二战后经济的持续繁荣，整个社会的富裕程度提高了，人们可以不再像过去那样勤奋工作也能过上比较舒适的生活。加上优越的国家福利政策和鼓励消费的舆论导向，人们不再遵循清教徒式的勤奋和节俭，而是转向追求物质享受和个人欲望的满足。这种消费至上、享乐至上的生活方式对资本积累造成了新的问题。此外，为了应付巨额的福利开支，政府的财政支出也使得社会不堪重负、财政赤字逐年上升，这都给经济的运行带了极大的阻碍。

其次，在利益集团的自由主义国家，个人主义对于政治统治来说也是一件难事。工人斗争不再仅仅限于过去的劳资对抗中，而是在社会和国家中产生了多种多样的斗争。随着福利国家的产生，形形色色的"个人主义"运动的要求越发变本加厉，国家逐渐不堪重负。一方面财政赤字逐年上升，另一方面自身的合法性也不断遭遇挑战。不可否认，争取高福利的斗

---

① James O'Connor, *Accumulation Crisis*, New York and Oxford: Basil Blackwell, 1984, p. 18.

争、反对国家主义的斗争以及民权运动、妇女解放运动、种族运动、环保运动的蓬勃兴起都在不同程度上给政治的整合增加了极大的困难。

最后，在个人主义的"自恋主义的文化"中，个人主义同样带来了很多社会和心理的问题。一方面，自恋是一种自我中心主义，它导致了对所谓"个性"和自由的追求。自恋的人往往自认为是独特的、唯一的，因此追求一种毫无意义的行为上的"标新立异"。嬉皮士成为年轻人疯狂追逐的偶像，他们以玩世不恭、行为放纵的生活态度来表达自己的"个性"，吸毒、青少年犯罪、未婚先孕等社会问题成为美国社会的普遍现象。自由演变成了不受约束的放纵，个人主义中消极、颓废的一面被彻底地暴露出来。另一方面，自恋是与宗教史紧密联系在一起的，美国学者杰森·爱普斯坦指出，在美国，关于个人成就和信念的意识形态是"宗教情绪"可以克服任何阻碍个人本质幸福的事物，而实际上，它在现实中带来的灾难比它对灵魂的拯救要多得多。极端的宗教自恋导致了宗教狂热，恐怖主义者由此产生。毫无疑问，这已经成为威胁社会稳定的最危险的因素之一。

(三)社会主义解放何以可能

我们从上文的分析中看到，个人主义意识形态已经渗透到资本主义社会的经济、政治和社会领域的每个角落。那么，这是否意味着资本主义的"文化霸权"已经取得全面的胜利，人类解放注定就要成为无法实现的梦想了呢？很多西方马克思主义者都抱有这样一种悲观主义态度，但奥康纳并不这样认为。他指出，人类解放的第一步首先要破除资产阶级的真理，揭开其意识形态的"神秘面纱"。下面我们先来看看奥康纳是如何揭开这层"神秘面纱"的。奥康纳的论证有以下四个方面：

首先是劳动力商品与个体的虚假性。在古典自由主义观念中，个体代表着一种不受外在约束的自由观念，这就要求个体首先是"完整"的，然而资产主义生产过程中的劳资关系却描绘了另一幅截然相反的可怕景象。在那里，劳动力和生产工具、脑力劳动和体力劳动、劳动与文化和技能都被分离开了，也就是说，资本主义生产关系将"整体"的个体完全割裂开了。正如马克思主义揭示的那样，在资本主义社会，随着机器生产的自动化，工作的专业化和产业劳动的分工日益加深，在过去具有某些特殊技术和文化技能的劳动者都变成了具有社会技术和文化技能的雇佣劳动力。劳动力仅保留了不同形式的生产能力。个别的劳动力转化为存在于大规模合作劳动过程中的抽象的社会劳动力。无产阶级作为"抽象的劳动力"在劳动过程中是从属于价值化过程的。毫无疑问，"个体"在资本主义生产过程中，特别是在资本主义再生产中早已被同质化了，个体的劳动者已经被降低为毫无分别的劳动力商品的持有者，个体本身成为可以用最小公分母来衡量的商品。奥康纳指出，这种个体的同质化不仅掩盖了阶级关系，还在分裂和孤立人民大众的层面发挥了有效作用。

其次是身份的多样化与"角色"的虚假性。由于"工人不仅是生产要素，而且归根结底也是人类自身的要素，他们不仅是工资关系和劳动过程的客体，同时也是其主体。无论怎样，拥有劳动能力的个人不仅有技术能力，还有道德修养和文化技能。个体的工人不仅仅是'抽象的'，也是单个的，感性的人类存在"[1]。因此，为了能让工人感到自己的独特

---

① James O'Connor，*Accumulation Crisis*，New York and Oxford：Basil Blackwell，1984，pp. 18-19.

性和人性，现代资本创造出一种虚假的"角色"，即在劳动过程中赋予每个个体的工人一个"工作"（job）、"职业"（occupation）、"位置"（position）、"身份"（status）或者"职能"（role）的选择权利，这使得工人在劳动过程中因为各有各的"角色"（person）而感觉自己"是"一个人。在这一意义上，关于个体的自由民主观念和现代劳资关系互相替对方遮掩。经济、社会及政治活动和制度中的"功能性相互依赖"（functional interdependence）产生出一种社会关系的深层理性化。真实的个体因此适应了一种由"现代财产"假定出来的角色、位置和地位。而事实上，这种行为的规范结构是被角色结构预先规定好的，不仅包括工薪阶层，还包括工人阶级。从表面上看，个人履行的角色仿佛是多样化的，然而这种所谓多样化只是从角色本身的意义上来说的。归根到底，其同质化的劳动力商品本质并没有任何实质性的改变。奥康纳据此得出结论，在资本主义社会中，由管理者的意识形态实践建构出的幻象已经取代了建立在以劳动力形式存在的财产自治基础上的真实个人。这甚至使按照位置、工作等表现出来的现实（尽管是具体化的）来定义个人和在真正的社会劳动过程中来定义显得一样"真实"。

再次是消费的权利与自由的虚假性。关于个体的古典自由主义原则原本是建立在生产力形式的自治财产所有权基础上的，然而，这在现代资本主义社会中却堕落为消费方式的所有权（ownership of means of consumption）。个人自由因此被定义为选择的权利，不仅是工作角色的选择，还是对消费商品和服务以及它们的意义进行选择。随之而来的结果就是，个体消费者本身被"解构"（deconstructed）了，他们需要通过消费者角色的地位被重新定义。这样一个（物化的）现实看起来仿佛和劳动力、工人阶级以及工薪阶层的物质和社会生产的真实过程一样"真实"。与此相应，在传统的自由主义中，需求是在个人对生产资料的社会关系中形成的。而在现代资本主义中，需求是被消费者和商品建构出来的，因而被定义为一种个体的需求，这种需求本身是根据个体的身份和成就来决定的。然而，由于"消费者"归根结底仍然是人类存在，他们既是建构自身的历史主体，同时也是消费过程的客体。所以，简言之，商品和工资的需求仅仅意味着"个体"形式的满足，而无法在社会形式中被满足。

最后是投票的权利与民主的虚假性。古典的自由主义原则掩盖了资本和劳动在公共领域和政治生活中的真实关系。资本通过与专制主义的斗争开启了一片公共领域，然而结果却是为了保护自身的利益并对抗工人阶级而不得不再设法堵住它。奥康纳指出，对于这一事实，我们可以从马克思主义理论中得到清晰的认识：在资本主义国家中，民主的形式掩盖了其不民主的内容。议会中的民主外壳把它在国家官僚内核中的存在隐藏起来了；议会制的自由被看作市场自由的政治补充，等级的官僚制是作为工厂中的资本主义的劳动分工的补充。可以说，国家官僚制和生产过程两者已经掏空了传统的个体/整体性，自给自足和自治，因此也就摧毁了洛克式的天赋人权个人主义和真实浪漫的自我表达的个人主义的物质和社会基础。取而代之的是个人主义的现代观念和它的物质实践。① "个体"因此被转化为一个政治范畴，表达的是与角色、位置、消

---

① James O'Connor, *Accumulation Crisis*, New York and Oxford: Basil Blackwell, 1984, pp. 188-189.

费者地位相应的(物化的)现实。在资本主义"民主"社会里，个人被同质化为"选民"(voter)，这仅仅是一个民意调查对象，而不像过去的"市民"概念那样富有社会和政治意义。"在这种个体和国家官僚制的关系中，真实的人被降低为'档案'(files)、'案例'(cases)以及匿名的'纳税人'。个体因此被定义为一种在政治上经过抽象物中介而行动的抽象存在，然而这些个体并没有完全变成抽象物或者说他们在斗争中并没有完全丧失否定这些抽象物的能力。"①

　　根据以上叙述，我们看到，个人主义的意识形态和实践已经贯穿了整个资本主义的生产、分配、交换、消费以及文化和政治。换句话说，个人往往以各种他们既不知道也无法调节的方式相互依赖，被资本系统地控制和剥削着，而这一切又是极其隐蔽的。这就是资产阶级意识形态的狡猾和高明之处。由于个人的自我意识和体验都是从物质生活和角色结构的总体性中产生的，这使得实际的斗争看起来并不可靠。在这种社会语境中，个人逃避主义逐渐开始成为一种大众流行的安全阀，然而，在奥康纳看来，它又是不充分的，令人失望的。奥康纳对此分析到：建立个人"自治"的前提是个人主义的观念形式。在这种观念中，首先，"个性"可以通过以下途径获得：战胜体制/制度(system)；骄傲的观念和好斗的美国精神；或者，通过参加一种仪式(cult)，来寻求一个远离价值规律、帝国主义及其灾难的纯净社会空间，在那里认识商品的幻象和所谓的个体"自由"。其次，"个性"是一种可以通过形形色色的自然主

---

　　① James O'Connor, *Accumulation Crisis*, New York and Oxford：Basil Blackwell, 1984，p. 20.

义的形式获得的东西，比如通过一些"生态的良好习惯"，或瑜伽、跑步和健身这类身体的自我陶醉来实现个体救赎。最后，"个性"也可以通过一些更为复杂的自然主义形式获得，即通过适应一个人的社会生物性来确证自我。① 在此基础上，奥康纳指出，所有的这些观念不仅无法实现个人"自治"，反而会使资本对劳动的统治更加隐蔽，同时也会掩盖个人主义观念的其他形式在消费领域和政治生活中的失败。并且，这些行为还否定了"关怀"他人的可能性、集体意愿的话语形式，以及通过斗争获得成长的可能性。正如阿多诺所说，这种斗争正好使社会现实和产生在资产阶级理论中的意识形态许诺相一致，而这种意识形态本身就是为了掩盖事实。因此它的履行正好造就了资产阶级的乐园，而不会产生建立在掌握人类、历史与自然关系基础上的合作的世界。萨米尔·阿明也说过："在我看来，逃避到过去不仅不可能而且极端危险。在这样的现实背景下，（形形色色的社团主义者、宗教基础理论研究者，同时还有绿党和后现代主义者等等）采用'文化主义'战略完全可能被新自由主义的主流战略吸收利用，因为新自由主义已经世界化了，并且在现阶段大行其道。因此，无论是呼吁人们民主地尊重文化(团体主义、后现代主义)差异也好，还是宣称另外一些文化(种族或宗教神秘主义)完全不相容也好，其实都不很重要。因为无论哪个主张，在资本主义世界化面前都显得束手无策。"②

---

① James O'Connor, *Accumulation Crisis*, New York and Oxford: Basil Blackwell, 1984, pp. 21-22.

② ［埃及］萨米尔·阿明：《资本主义的危机》，彭姝祎、贾瑞坤译，48 页，北京，社会科学文献出版社，2003。

　　这便是美国"自由之树"结出的果实。总而言之，在现代资本主义国家中，个体劳动和社会劳动，个体需求和社会需求，个人和社会政治生活之间都存在着极大的分歧。现代工资和劳动的角色形式、满足需求的商品形式和政治生活的"选民"形式压抑了个体。劳动力商品的拥有者，工作中特定职位或工作的持有者，个人需求的承担者以及有投票权的选民分别构成了感性个体的"第二性"（second natures），它们同时以"真实的物化"（real reified）和"物化的真实"的（reified real）形式共同存在。

　　至此，奥康纳完成了他对人类解放第一步的阐释。从以上的论述我们可以看出，奥康纳对资产阶级意识形态的批判在很大程度上借鉴了法兰克福学派尤其是马尔库塞和阿多诺两位大师的批判成果。当然，如果他的资本主义批判仅仅止步于此，那么，我们就可以说，他的这种意识形态批判分析并没有超出法兰克福学派所达到的理论高度。

　　但是，我们从奥康纳对社会心理分析模式的批判反思中就已经得知，他是不满足于这些关于个性危机的解释理论的，因为在他看来，这些理论往往都是建立在文化矛盾或者社会需求和个体自我之间的矛盾基础上的对现代身份和认同危机的悲观主义描述。因此它们都缺乏一种真正的革命性。对此奥康纳深刻地指出："当我们自我审视的时候，就会发现资本就在我们的灵魂中"，"我们产生了自身的个体危机，是因为资本产生了它自身的危机。"①所以，在他看来，这些解释理论必须以一种有效的方式被重新引入一种资本逻辑的危机理论中去，才能成为人类解

---

　　① James O'Connor, *The Meaning of Crisis*, New York and Oxford: Basil Blackwell, 1987, p. 176.

放的精神力量。资产阶级意识形态的虚假性使他认清，"离开了社会和政治斗争，真正的结合与'关心'是不可能的，在阶级社会中，只有斗争才是判断成熟的标准，实际上，斗争以某种更具社会化、更富合作性的含义取代了经典自由主义对尊严、平等和自由的定义"①。所以，对于奥康纳来说，破除资产阶级的真理虽然是社会主义解放的必要条件，但还不是充分条件。充分条件在于在资本主义建构的现实框架内反对这些框架，即反对物质和社会的物化。"社会的个体"就是最有力的武器。

法兰克福学派的社会批判理论并不是不讲革命，霍克海默甚至指出批判理论的唯一功能就是变革社会，但他并不承认无产阶级的力量，认为无产阶级"不能产生那种最有现实性的、最深刻地把握了历史状况的和最丰富地孕育了未来的思想，不能产生那种有时必须孤立它的主体、使主体反求诸己的思想"②。所以，"由于法兰克福学派的这种批判与一切资产阶级的社会批判学说一样，仅仅囿于价值批判的圭臬，逃避运用马克思主义科学批判的法度，所以它无法找到在自己的批判中通向未来社会的现实出路，只能倡导现代乌托邦"③。与此不同，坚持把无产阶级斗争看作历史变革的动因之一，是奥康纳资本主义批判理论的鲜明特色之一。正因为如此，他才没有走上"艺术审美""文化解放"等大多数文化批判理论家选择的乌托邦道路。资产阶级意识形态的批判只是奥康纳

---

① James O'Connor, *The Meaning of Crisis*, New York and Oxford: Basil Blackwell, 1987, p. 22.

② [德]霍克海默：《批判理论》，李小兵译，204 页，重庆，重庆出版社，1989。

③ 张康之：《总体性与乌托邦》，213—214 页，长春，吉林出版集团有限责任公司，2007。

整个资本主义批判理论的一个维度，正是在此基础上，奥康纳详细展开了对阶级斗争、国家政策与资本主义危机的有力论证。

三、"生产不足"的资本主义危机

奥康纳认为，由于资本主义的生产方式是在其自身的内在矛盾中发展的，所以，对过去危机的"解决"只会在接下来的危机中再次成为"问题"。危机在本质上并没有得到真正的解决，而是在接下来的转移中逐渐积累、不断膨胀。从经济学的角度来说，第二次世界大战以后，美国资本主义生产过剩的危机虽然得到缓解，然而，资本与国家又不可避免地创造出一种资本生产不足的危机。这种生产不足的危机表现在两个方面：一方面是生产出来的剩余价值不充分，另一方面是生产出来的剩余价值的生产性利用不足。从社会学的角度来看，工人阶级和工薪阶层，大规模的资本和资本主义竞争的新形式以及国家，这些现代美国社会结构性要素的盲目发展，已经开始成为资本主义积累的障碍。①

(一)阶级斗争与资本主义的积累

奥康纳对于危机的理解，是与他对阶级斗争的认识相辅相成的。所以，要研究他对危机的看法，就不能不先考察他关于阶级斗争的观点。

---

① James O'Connor, *Accumulation Crisis*, New York and Oxford: Basil Blackwell, 1984, pp. 55-56.

从"到目前为止的一切社会历史都是阶级斗争的历史"这句话中我们看出了马克思对阶级斗争分析思路的重视程度。同样，从奥康纳对资本主义的积累和危机的分析来看，我们也能看到阶级斗争的分析线索在他的危机理论中占据何等重要的地位。从奥康纳的资本主义积累的危机理论中我们看到，他除了坚决反对那些完全抛弃了阶级斗争的危机理论之外，还批判了那些没有把阶级斗争分析线索放在恰当位置的危机理论。譬如，他一针见血地指出，新正统马克思主义者的价值理论虽然既包含了经济危机理论也包含了关于社会危机和政治斗争的社会和政治理论，但后者完全是依赖于前者并被其制约和决定的，这几乎可以被认为是一种简单的"反映论"。与此相反，在奥康纳看来，只有把工人阶级、工人斗争、国家和社会当作一个整体来研究，才能发现它们本身也是现代危机的原因之一。然而，正是由于缺乏这样的学术"眼光"，致使当前的危机理论都存在各种各样的问题。奥康纳进而指出，经济学家们往往严重忽视了历史上的经济危机创造了新的"社会阶级条件"和"社会再生产条件"这一过程，而从历史角度来看，危机的解决和更新的积累却恰恰依赖于这一过程；此外，社会学家忽视了，社会的阶级构成和社会关系是从经济危机的大熔炉中历史地锻造出来的；最后，政治学家没有看到，现代国家结构是在危机、阶级斗争、社会阶级重组以及资本重组的过程中发展起来的。正是在这种意义上，奥康纳指出，无论是经济社会学、政治经济学，还是政治社会学都还停留在一个初步的、尚未成熟的状态。①

①　James O'Connor，*Accumulation Crisis*，New York and Oxford：Basil Blackwell，1984，p. 26.

　　上述阐释要求把无产阶级的理论和危机理论结合起来，"危机理论应该被历史地研究，而关于工人斗争的历史发展和无产阶级的需求问题则应该被加以理论化地研究"①。奥康纳自身就努力践行着这项要求。据此，奥康纳指责新正统马克思主义者和新马克思主义者割裂了关于经济危机的"系统理论"和关于无产阶级的"行动理论"。笔者以为，奥康纳的批评是非常有价值的，在普遍放弃了阶级观念的西方理论界，仍坚持把经济危机理论和无产阶级理论辩证地结合在一起可谓是奥康纳的一个独特理论贡献。在批评了新正统马克思主义者和新马克思主义者之后，奥康纳接着指出，马克思本人在这方面做得很好，这表现在他在研究资本主义危机的时候，坚持把资本主义的发展过程当作无产阶级的积累过程和劳动力运动及阶级斗争的双重过程。在此基础上，奥康纳进一步指出，"关于资本、无产阶级，以及国家的理论都应该被放在危机理论的问题式中去研究。而危机理论则应该被置于资本、雇佣劳动以及阶级斗争发展的问题式中被理解"②。此外，还应该阐明的是，由于不平衡的和联合的发展，工人阶级的发展和工人斗争之间的关系，资本主义危机的形式和本质之间的关系以及国家的形式和功能之间的结构性关联被掩盖了。尤其应该揭示的是，西方的资本、无产阶级和国家是从经济危机的大熔炉中锻造出来的，它们的特征由于经过"充分的资本主义的"(full capitalist)生产力和生产关系的培育而发生转变了。

　　总而言之，这种分析方法要求我们回答以下两个问题：一是危机和

---

　　① 　James O'Connor, *Accumulation Crisis*, New York and Oxford：Basil Blackwell, 1984, p. 27.

　　② 　Ibid. , p. 27.

工人斗争在资本构成和工人阶级构成上起什么作用。二是资本构成和工人阶级构成的转变在资本主义积累和危机中起到什么作用。① 针对这些问题，奥康纳是通过对以下两个命题的阐释来回答的。

1. "资本的积累就是无产阶级的增长"

奥康纳指出，当我们把马克思的"资本的积累就是无产阶级的增加"（也是"资本集中/集权的增强"）的理论与"通过危机积累"的理论结合起来的时候，就能得到一个结论，即**无产阶级化和资本集中都是通过危机进行的**。也就是说，系统的经济危机是个大熔炉，它不仅包含了资本的重构过程，而且还包含了无产阶级化的极易爆发的社会和政治过程。②

对于马克思的这一结论，奥康纳给予了高度的重视及肯定。他指出，"资本的积累就是无产阶级的增加"这个命题是连接经济和社会历史的重要桥梁。因为它不仅涵盖了资本和雇佣劳动的历史发展过程，还反映了无数由前资本主义和半资本主义（semi-capitalism）所生产的阶级所组织起来的文化和斗争。

具体来说，这一命题暗含了两层含义。

第一，从"量"的意义上来说，无产阶级的增长指的是参与雇佣劳动的劳动力数量的增加。在资本积累的初期，无数小商品生产者、手工业者、农民都被剥夺了私有财产，从而被整合进了无产阶级的劳动力大军。正如马克思所说："我们已经看到，资本主义生产方式的经常趋势和发展规律，是使生产资料越来越同劳动分离，使分散的生产资料越来

---

① James O'Connor, *Accumulation Crisis*, New York and Oxford: Basil Blackwell, 1984, p. 27.

② Ibid. , p. 28.

越大量积聚在一起，从而，使劳动转化为雇佣劳动，使生产资料转化为资本。"①因此，从客观上看，资本的积累确实促进了无产阶级数量的增长。

第二，从"质"的意义上来看，它的含义就复杂得多。首先，它表达了劳动对资本的真正从属。这意味着劳动过程是从属于价值化过程的。具体来说，即具体劳动生产使用价值这一物质过程是从属于抽象劳动生产交换价值这一社会过程的。换句话所，这意味着人类对自然的占有和知识与技能的发展，是从属于剩余价值的生产和价值化过程，以及剩余价值转化为生产性资本的过程的。其次，它还包含了"抽象的劳动"的概念，即生产过程(劳动过程和价值增殖过程)对资本一度所仰赖的作为个体的工人全部独立存在的归属、文化、技术物质中抽象出来的东西。在前资本主义和半资本主义时期，劳动者的特征表现为个人技术和文化技巧，它们的发展在一定程度上是独立于资本主义生产过程的。然而，到了资本主义时期，个人技术和文化技巧被社会技术和文化技巧取而代之了，它们的发展被完全内在于资本主义生产过程，尤其是资本主义社会再生产的过程。所以说，劳动仅仅以不同的形式保留了生产力，从直接劳动转变为科技劳动，从个体劳动转变为社会劳动。也就是资本的积累实现了从具体的生产者到无产阶级的转变。资本的积累正是在这一意义上实现了从具体劳动者到抽象的无产阶级的转变。

总而言之，"简单再生产不断地生产出资本关系本身：一方面是资本家，另一方面是雇佣工人；同样，规模扩大的再生产或积累再生产出

---

① 马克思：《资本论》第 3 卷，1001 页，北京，人民出版社，2004。

规模扩大的资本关系：一极是更多的或更大的资本家，另一极是更多的雇佣工人。劳动力必须不断地作为价值增殖的手段并入资本，不能脱离资本，它对资本的从属关系只是由于它时而卖给这个资本家，时而卖给那个资本家才被掩盖起来，所以，劳动力的再生产实际上是资本本身再生产的一个因素。因此，资本的积累就是无产阶级的增加"①。

接着，我们来看奥康纳是如何阐释"危机创造了无产阶级"的观点的。

我们从上文中看到，奥康纳通过历史的研究解释了资本主义在西方的发展是一个充满危机（crisis-ridden）的过程。然而，他很清楚历史的证据并不足以证明资本主义在本质上就是充满危机或依赖危机的。因此，他指出，认识资本主义唯一方法是存在于马克思主义危机理论的框架中的。

具体来说，资本主义的周期性危机摧毁了手工业和行会，不顾已经形成的技艺，以改良的形式将这些技艺整合成一种劳动力过程的激进组织形式。这会导致生产失去控制、劳动力和劳动者被国际竞争的力量和价值规律完全征服。此外，周期性危机还会导致传统体力工作的机械化，这使得要求力量和耐力的"手工业"从高收入的工作降为低收入的工作，小资产阶级纷纷破产，小规模的农业生产也同时被削弱。"现代工业特有的生活过程，由中常活跃、生产高度繁忙、危机和停滞这几个时期构成的、穿插着较小波动的十年一次的周期形式，就是建立在产业后备军或过剩人口的不断形成、或多或少地被吸收、然后再形成这样的基

---

① 马克思：《资本论》第1卷，708—709页，北京，人民出版社，2004。

础之上的。而工业周期的阶段变换又使过剩人口得到新的补充，并且成为过剩人口再生产的最有力的因素之一。"①

结构性危机与长期的技术改革（固定资本的更新周期的改变联系在一起）和新兴领域的竞争是联系在一起的，这同样导致了工人对劳动失去控制、农业的贫困、地区的衰落以及老的城市中心的衰退。在国际国内关系体系和世界市场条件下由各种政治经济危机引起的国际权力关系的变化有着异曲同工之效。

最后，在与老行业衰败相关联的部门的危机中，各种具有传统和小商品劳动特征的生产出现衰退，有着与其他危机类似的效果。

总而言之，以上三种危机的结果都导致了潜在的劳动储备人口，包括了农村人口、女性、受压迫的少数民族、不熟练（deskilled）的手工业者等。

从以上论述可以看出，危机是直接生产者阶级的生活方式的主要威胁，尤其是对他们作为"不可分割性"（或整体）的个性的威胁。危机把大量的直接生产者都锻造为雇佣劳动阶级。他们也把更多的半资本主义的手工业者和别的雇佣工人转变为严格意义上的资本主义雇佣工人和可变资本。经济艰难的时期因此被认为是直接生产者和资本之间关系的危机，因为他们是失去对市场、劳动工具、技能、工作过程、劳动产品和文化自治控制的前者。"危机在这个意义上意味着经济、社会和政治的异化和物化。当资本通过重构直接生产阶级自身，并成功控制劳动力的时候，经济就迎来复苏和繁荣。危机和复苏在这一过程中不仅是技术性

---

① 马克思：《资本论》第 1 卷，729 页，北京，人民出版社，2004。

意义上的经济重构，还是政治意义上的社会重构。总而言之，周期的、结构的以及与此相关的部门的危机贯穿了 19 世纪和 20 世纪的前 30 年，结果是劳动过程和工人阶级被重新塑造，看起来更像马克思的抽象社会劳动的模型了。"①

显而易见，在奥康纳看来，资本的积累过程本身就是危机的积累过程，因此，不仅资本的积累是无产阶级的增加，危机的积累也是无产阶级的增加。"'危机创造无产阶级/无产阶级创造危机'（以及危机创造资本主义的集中/积聚，反之亦然）的模式可以被认为是西方资本主义发展中的基本的结构性过程，它经过政治和国家政策、国际间较量以及文化和别的转变的中介来完成这一过程。"②

2. 工人斗争是积累的发动机

这一观点是与上述观点紧密相连的。奥康纳首先指出，工人斗争是"积累的发动机"不仅是马克思的观点（比如，马克思认为工人斗争是机器创新的导因，工业的机械化是对工人要求缩减工作日，缩短工作时间的回应），它也被一些现代的马克思主义作家所接受。比如，法国调节学派的代表人物米歇尔·阿格里塔（Michal Aglietta）就认为工人斗争使资本主义发展的动力在深层意义上加固了积累的模式，即通过重构雇佣劳动关系在危机的过程中周期性地颠覆了工人反抗的社会基础。由于阿格里塔的目的是通过考察雇佣劳动的历史嬗变来研究资本主义是如何渡过危机而没有灭亡的，所以"当马克思通过由剩余价值概念支撑起的阶

---

① James O'Connor, *Accumulation Crisis*, New York and Oxford: Basil Blackwell, 1984, p. 29.

② Ibid., pp. 66-67.

级斗争来论证资本主义生产过程的不可克服的内在矛盾时，阿格里塔却轻松地完成了理论的跳跃：当工人的阶级斗争迫使一种雇佣劳动过程无法再继续下去时，劳动过程本身自然会出现向另一种形态的转变，这种转变就是为了创造一种新的生产关系从而使雇佣劳动者重新与雇佣关系相合作。这样，当马克思在《资本论》中说资本主义生产关系的再生产过程是一个是使这种关系不断走向灭亡的过程时，阿格里塔却能够说，资本主义劳动过程的再生产是一个不断开拓、不断解决危机的过程"①。

与阿格里塔不同，虽然一方面奥康纳也承认工人斗争确实是"积累的发动机"，比如奥康纳曾说过，在资本主义早期阶段，农民、小工业者、有技能的直接生产者的斗争，它们非但不是对资本主义生产模式的"现实否定"（living negation）反而是"对障碍的克服"。因为这种防御性的工人斗争在客观上加速了生产、市场、管理等领域的革新，因而从实质上来说是自我否定的。更进一步看，直接生产者及其政治联盟的政治斗争在某种意义上是自我否定的。因为他们"有助于"民族国家巩固和集中与农村、公社、职业组织或一般社会相对的政治权力。更具体地说，经济危机、工人斗争、劳动力重构和资本积累的辩证关系，导致了一种悲剧式的历史矛盾，即为了经济和社会生活而努力斗争的旧生产阶级的主观意愿或目标与他们实际斗争结果之间的矛盾。这种矛盾表明，资本主义发展是完全符合它的客观运动规律的。② 进一步来说，危机有力地

① 唐正东、孙乐强：《资本主义理解史》第 4 卷，199—200 页，南京，江苏人民出版社，2009。

② James O'Connor，*Accumulation Crisis*，New York and Oxford：Basil Blackwell，1984，p. 50.

促使资本和国家通过对生产条件实施更有力的控制或通过有效的计划对其实现重构，从而使资本主义具有变动性和计划性。由此，我们看出，资本主义的发展不仅是一个充满危机的过程，还是一个依赖危机的过程。但另一方面，由于奥康纳的目标是证明资本主义无论如何都不能真正摆脱危机，所以他着重研究的是每次危机对再生产条件的重构以及这种重构与下一次危机之间的联系。因此，在战后美国生产过剩的危机得到缓解的情况下，他通过观察得到的结论是资本主义又陷入了一种"生产不足"的新形式的危机。确切地说，是工人斗争促使了资本主义生产条件的重构，这种重构导致了资本主义生产的社会化趋势，而这恰恰是与资本主义生产方式的私有制本质相抵触的。过去的危机是通过资本重组、社会斗争、阶级重组、国家干预的具体过程以及世界市场的改变、国际政治关系和国际劳动分工实现的。虽然从表面上看，资本积累的模式得到加强了，但实际上历史危机的"解决"不仅构成了经济复苏的开端，也是随之而来的危机的开端。也就是说，每次危机不仅以接下来的经济膨胀和危机基础，还以过去危机的解决方式为基础。

据此，奥康纳认为，经过 20 世纪中期，资本主义的很多方面都发生了巨大改变，如果仍把资本主义的运行规律仅仅归结为剩余价值的生产与实现之间的矛盾，市场交换的混乱，或者剩余利润率下降趋势的规律就显得不够充分的了。于是，奥康纳展开了对"生产不足"的危机理论的分析论证。

(二)现代资本主义危机的新形式——"生产不足"

由于奥康纳对生产不足危机的阐释是直接建立在现代工人斗争基础

之上的，因此，对这一问题的阐释应该分两步进行。

第一，现代工人运动何以可能。

传统的工人斗争的失败使西方资本主义的发展尤其是美国看起来似乎是"不可避免的"，因为工人阶级为了再生产和自我发展的斗争的主观条件和客观条件是截然相反的。直接生产者实际上是没有判断力的历史主体，他们通过斗争把自己变成了更完美的历史客体，最终被重组并自我客体化，被当作一件商品的完美劳动力，可变资本。由于他们是在资本和中央国家之外来反对它们的，直接生产者的批判性实践没有也不能生产出可以阐明未来可能性的和关于过去和现在的新的社会认知。与此相反，这些斗争导致了社会阶级和文化的重构，因此是一种"社会健忘"。他们与其说是揭示过去，还不如说把过去从历史的记忆中消除。[1]

传统工人阶级之所以不能对资本主义社会成功地进行革命性变革是由于工人阶级自身的构成以及它与资本的关系。但是随着资本主义的发展，直到近几十年，我们看到了工人斗争的新希望。虽然我们不能说"反现代"的传统斗争已经死亡，但确切地说，他们的社会和政治意义在今天已经发生了巨大改变，因为他们把反对种族主义、性别主义、民族沙文主义，和传统的"个人"斗争等斗争形式结合起来了，从而逾越了"阶级联合"的障碍。对传统"个人主义"的批判导致了"集体主义"（或"合作主义"）的现代个人主义观念，它不仅成为解决个体手工业者、行会、传统"社群"相分离的前提，也是现代社会抽象劳动和

---

[1] James O'Connor, *Accumulation Crisis*, New York and Oxford: Basil Blackwell, 1984, p. 50.

"地球村"出现的前提。对性别主义和父权制家庭的批判是广大妇女无产阶级化的前提。对种族主义的批判是受压迫的少数民族无产阶级化的前提，而他们在过去则是以农村劳役和劳务偿债的各种形式被剥削的。对民族沙文主义的批判是劳动移民的国际化和生产资本循环的前提。所以说，直到工人阶级被重构进现代的全球资本主义，社会的劳动才能说是存在的，因而工人阶级本身也才是存在的。直到传统的农村，以及城市和城镇之间、父权制和家庭之间有了劳动分工，并且通过劳动工资的普遍化，族群才被"动摇"了。① 满足需要的商品形式，以及政治的国家形式是在阶级斗争内部寻求统一的斗争，这一斗争是处于价值规律之内并反对价值规律的，也是处于国家内部并反对国家的，因此才是可能的。

简言之，现代工人斗争之所以是可能的是由于它和传统工人斗争之间存在以下四个方面的差别：第一，战后的现代阶级斗争是在一个"成熟"的资本主义价值规律中运作并反对它。或者说，物化和斗争之间的紧张关系是存在于社会和经济的物化存在中并反对它的。所以现代危机中的斗争是发生在资本内部的，这与发生在资本之外的历史危机中的斗争显然是有区别的。第二，现代经济斗争的目标是提高工人阶级和工薪阶层的经济条件，而历史的工人斗争是为了保护过去存在的经济、社会和政治条件，这两者显然也是不同的。并且在一定程度上，个人主义意识形态分裂了工人阶级，这使得为了"更多"或"自我"的斗争形式被合法

---

① James O'Connor, *Accumulation Crisis*, New York and Oxford: Basil Blackwell, 1984, p. 51.

化了。"个人的"和"多元的"斗争形式之所以是可能的，是因为这些形式使它们看起来似乎是不存在的。也就是说，从表面上看似乎传统工人斗争是反对资本主义生产方式的，而现代工人斗争恰恰是在资本主义生产方式内为数量而进行斗争的。因而，传统的工人斗争被资产阶级认为是不合法的，现代工人斗争反而被合法化了。第三，历史中的斗争大体上是被经济力量系统地产生和解决的，而现代危机较大程度上是被社会和政治力量产生出来的，也同样被解决，这两者显然又是不同的。第四，二者的区别还在于过去的危机通过斗争去反对直接生产者，因而是资本重构自身的工具，而现在的危机却通过斗争去反对种族主义、性别主义、民族沙文主义、个人主义、物化的社会以及政治存在，因而是工人阶级自身重构的工具。

综上所述，现代工人阶级运动从客观上"推动"了资本主义生产力和关系形式的社会化转变。比如，集体性的讨价还价等。当今世界的女权主义、环境运动、种族主义等其他新社会运动，正"推动"着资本和国家转向更为社会化的生产条件的再生产形式。最重要的是，这种新型的斗争还是资本主义新型危机的重要原因之一。这就是我们要讨论的第二个重要问题，即"生产不足"何以产生？

第二次世界大战以后，资本主义集中快速的发展，抽象的社会劳动的发展，现代国家把美国资本主义放在一个新的经济、社会、政治和意识形态的基础上。这些经济和社会再生产的新条件使资本主义经济危机有了一种新形式，即生产不足的危机。我们应该如何理解生产不足呢？从传统的意义上来说，这种生产不足是剩余价值的生产性利用的不足；从"修正主义"的意义上来说，则是价值生产的不足。这里的传统指的是奥康纳在 20 世纪 70 年代提出的"国家财政危机理论"，"修正主义"也是相对于它而言的。

上文解释了经济危机在逻辑上的可能性，这可以归结为"资本主义发展过程中的历史可能性，即资本主义的集中和积聚，直接生产者的无产阶级化/工薪阶层化，国家对经济和社会干预职能的发展以及世界市场和国际资本的发展这一发展过程中的历史可能性"①。进一步来说，为什么资本主义将日益开始遭遇"不可避免"的严重危机？原因就在于，"历史的危机不仅创造出更多的社会抽象劳动、更多的资本积累/积聚等，而且还创造出社会和物质再生产的新条件，它们的作用威胁了经济体系的统治/整合，资本主义积累，以及社会统治/整合和社会秩序"②。"前面的危机对资本和工人阶级的构成、国家的角色等产生了影响，这使得工人斗争的特征正在发生改变，并且这些改变对利润率和利润数量都产生了影响"③。

奥康纳把马克思主义经济危机理论的基础概括为四个核心变量的运动：一是资本的有机构成，二是剥削率，三是不变资本和可变资本组成要素的成本(原材料和燃料)，四是资本的周转(包括循环)时间。在他看来，资本构成和剥削率这两个关键变量的共同特征都包括了平均消费篮子的大小和价值，或者说是再生产雇佣劳动力的成本。更进一步，剥削率的数量是由剩余价值或剩余活劳动构成的。同时，可变资本的组成要

①   James O'Connor, *Accumulation Crisis*, New York and Oxford: Basil Blackwell, 1984, pp. 57-58.

②   Ibid., p. 103.

③   Ibid., p. 58.

素的成本（例如，汽油）和雇佣劳动再生产资本的能力是紧密相关的。此外，资本周转时间部分地取决于两个方面：第一，资本把劳动力转化为劳动生产力的能力；第二，平均工资和总工资，管理、推销的费用以及其他为了销售支付的费用；第三，消费品信用贷款。

那么，现代工人斗争究竟是如何影响利润率和利润数量的呢？我们可以以现代工人阶级经济斗争的特点来考察这一问题。按照奥康纳的说法，经济斗争可以按照以下几点来定义：一是为在资本的货币循环中争取更高的工资和更短的工作时间的斗争；二是为了在资本的商品循环中争取到更低的价格和更多的消费品和抵押信用贷款而进行的斗争；三是这些斗争与积累的危机之间的关系。其次，还应该分析与此紧密相连的资本的商品循环中大规模资本主义交换关系的发展，尤其是产品竞争的发展，以及生产竞争、工人阶级经济主义和积累危机之间的关系。

当传统工人斗争在资本主义发展时期使用个人手段来捍卫地方利益时，现代工人斗争却使用更为普遍的集体手段来达到个人目的。在生产领域，由于"**工资和利润是互成反比的。资本的份额即利润越增加，则劳动的份额即日工资就越降低；反之亦然。利润增加多少，工资就降低多少；而利润降低多少，则工资就增加多少**"①。所以经济斗争的结果是提高了工人阶级和工薪阶层再生产的成本，并降低了资本对劳动力使用的弹性，这主要体现在以下六个领域：消费篮子的体积和它的"价值量"，社会消费篮子（社会工资和服务）的体积和它的"价值量"，绝对剩余价值生产的灵活性，不变资本中固定资本和流动资本的灵活性。具体

① 《马克思恩格斯选集》第 1 卷，353 页，北京，人民出版社，1995。

来说，在消费领域，由于工人要求更多的消费品和更多的消费贷款，平均消费篮变得大了，它的"价值量"也是如此。所以说，现代阶级斗争在价值规律内部反对价值规律，作为可变资本的劳动力的生产和再生产过程阻碍了资本主义的发展。在这种情况下，要想避免通货膨胀去实现价值和利润变得十分困难。同时，由于"社会的财富即执行职能的资本越大，它的增长的规模和能力越大，从而无产阶级的绝对数量和他们的劳动生产力越大，产业后备军也就越大。可供支配的劳动力同资本的膨胀力一样，是由同一些原因发展起来的。因此，产业后备军的相对量和财富的力量一同增长。但是同现役劳动军相比，这种后备军越大，常备的过剩人口也就越多，他们的贫困同他们所受的劳动折磨成反比。最后，工人阶级中贫苦阶层和产业后备军越大，官方认为需要救济的贫民也就越多。**这就是资本主义积累的绝对的、一般的规律**"①。在西方福利国家的背景下，无论是工人还是失业/无业人口都学会了通过斗争向国家提出更多更高的物质要求，而这些要求的实现都是以财政支出为前提的。这使得资本可利用的直接生产的剩余价值大幅缩减，国家投入的间接生产资本也是如此。结果是高利率、通货膨胀使财政危机的趋势更为恶化，消费信贷呈螺旋式上升，失业不断增加——这都是资本的现代的生产不足危机的表现。在这一意义上，奥康纳指出，资本主义的积累开始被劳动和资源的直接和间接的剥削条件所束缚，而不是有效需求的条件。对于"生产过剩"和"生产不足"的危机，奥康纳在《自然的理由》中展开了更为详细的说明，我们将在下一章节再做具体的分析。

---

① 马克思：《资本论》第 1 卷，742 页，北京，人民出版社，2004。

综上所述，我们可以看出奥康纳的"生产不足"危机理论是建立在资本主义再生产条件基础上的，也与国家的财政危机理论一脉相承。奥康纳并没有像保罗·斯威齐那样明目张胆地举起反对"一般利润率下降"的大旗，而是委婉地通过"与其说是错误的，倒不如说是不充分的"从而为其保留了批判的一席之地。从表面上看，奥康纳似乎也是按照利润率下降来推论剩余价值的生产不足的，然而，正是由于"不充分的"认定使他生发出一条新的思路。所以奥康纳对"利润率下降"的推论与马克思的"一般利润率下降规律"是完全不同的。马克思认为，随着"不变资本同可变资本相比的这种逐渐增加，就必然会有这样的结果：在剩余价值率不变或资本对劳动的剥削程度不变的情况下，**一般利润率会逐渐下降**。而我们已经看到，随着资本主义生产方式的发展，可变资本同不可变资本相比，从而同被推动的总资本相比，会相对减少，这是资本主义生产方式的规律"①。而奥康纳仅仅是从工人斗争的后果来假定生产成本的提高，从而得出利润率下降的结论。这只不过是奥康纳的一种理论设定，而不具有本质规律性。更何况他也没有清楚地说明现代工人阶级斗争的必然性，更谈不上把无产阶级革命奠定在科学的根基上，而只是从个人主义价值观的角度设定了这一理论前提。所以，这种"利润率下降"既不是"一般"的，也不具有"规律"性。

因此，我们认为，奥康纳把工人经济斗争看作处于价值规律之内同时又反对它的行为的观点是可贵的，但其具体的分析路径是比较粗浅的、简单化的。他既没有充分考虑到"资本积累的另一个重要的因素是

---

① 马克思：《资本论》第3卷，236页，北京，人民出版社，2004。

社会劳动生产率的水平。随着劳动生产力的提高，表现一定价值从而一定量剩余价值的产品量也会提高。在剩余价值率不变甚至下降，但其下降比劳动生产力的提高缓慢的情况下，剩余产品量也会增加"①。也没有考虑清楚产业后备军对工资的抑制作用对剩余价值率的影响。"过剩的工人人口是积累或资本主义基础上的财富发展的必然产物，但是这种过剩人口反过来又成为资本主义积累的杠杆，甚至成为资本主义生产方式存在的一个条件。过剩的工人人口形成一支可供支配的产业后备军，它绝对地从属于资本，就好像它是由资本出钱养大的一样。"②"工人之变得便宜，从而剩余价值率的增加，是同劳动生产率的提高携手并进的，即使在实际工资提高的情况下也是如此。实际工资从来不会和劳动生产率按同一比例增加。"③总的来说，这种经济斗争从客观上来说的确给资本的积累造成一定障碍，但归根结底，它并没有触动资本主义的本质，"一切生产剩余价值的方法同时就是积累的方法，而积累的每一次扩大又反过来成为发展这些方法的手段。由此可见，不管工人的报酬高低如何，工人的状况必然随着资本的积累而恶化。最后，使相对过剩人口或产业后备军同积累的规模和能力始终保持平衡的规律把工人钉在资本上，比赫斐斯塔司的楔子把普罗米修斯钉在岩石上钉得还要牢"④。并且，对于资本主义生产的非生产性费用，"资本知道怎样把这项费用

① 马克思：《资本论》第 1 卷，697 页，北京，人民出版社，2004。

② 同上书，728—729 页。

③ 同上书，697—698 页。

④ 同上书，743 页。

的大部分从自己的肩上转嫁到工人阶级和中等阶级下层的肩上"①。

事实上，到了《自然的理由》时期，经过细致的反复思考，奥康纳已经放弃了这样一种阶级斗争的观点，明确地提出了应该实现从定量斗争到定性斗争的转变。这一思想无疑是新颖而深刻的。并且在此基础上，他还呼吁一种"全球性的思考、全球性的行动"，"要在全世界的各种地方性团体、活动家以及激进绿色知识分子之间发展起某些联合，并对这些联合加以强化，需要的是一种国际性的运动，一个'第五国际'"。②

(三)总体化危机理论的批判性思考

在由资产阶级的市场理论、新正统马克思主义的价值理论、新马克思主义的社会理论以及后马克思主义的社会心理理论构成的思想星空中，奥康纳的思想犹如一道划过的闪电照亮了整个夜空。因为，在上述这些思想中，不是抽象的逻辑推演就是具体的现象描述，没有一种理论能在具体与抽象之间达成一种真正有效的可能性，更重要的是，正如奥康纳所说，阶级斗争的线索在他们那里要么被直接忽略掉，要么只是被放在"经济决定论"的表面，又或者抛弃了阶级的意识，在脱离资本逻辑的背景下空洞地描述女权主义、都市运动、环保运动等社会现象，所以它们注定都是缺乏革命性的。为了既免于陷入经济决定论的泥潭，又避免落入唯意志论的陷阱，在本质抽象和历史具体之间找到一个有效的批判立足点，奥康纳建构起了一种"总体化"的危机理论，做出了不容忽视

① 马克思：《资本论》第1卷，742页，北京，人民出版社，2004。
② ［美］詹姆斯·奥康纳：《自然的理由》，唐正东、臧佩洪译，482页，南京，南京大学出版社，2003。

的理论贡献。

奥康纳生活在不同于马克思和恩格斯的历史时代，面对新的历史时期出现的新问题，他并没有放弃马克思主义批判理论的基本思路，而是通过把意识形态的批判植入资本逻辑的批判之中，从而在文化研究与经济批判之间搭建了一座理论桥梁；通过"危机理论"与"工人斗争理论"的结合，在理论与实践之间建立了有机联系；通过历史研究与理论研究的结合，在现实具体与本质抽象间达到了一定的理论高度。这不仅推进了文化研究的理论工作，也增强了经济批判理论的"具体"现实感。所以，从这一意义上说，奥康纳的"总体化"的危机理论确实超越了片面的决定论或简单的反映论，它给我们以后的社会批判理论指明了一条比较正确的出路。并且，作为马克思主义理论家，仅仅描绘历史客观事实绝不是奥康纳的目的，透过表面现象致力于解释内在本质才是他的根本任务。所以，他才能得出"资本主义的危机是一种积累性的危机"的观点，较之于认为危机是可以调节的法国调节学派，这样的观点无疑是非常深刻的。

但是，如果深入地思考这种"总体化"理论，就会发现它仍然存在一些值得我们反思的地方。客观地说，奥康纳具有敏锐的社会洞察力，他十分擅长发现资本主义在不同发展阶段潜藏的不同危机，并能迅速对此做出经验性的概括，然而略感遗憾的是，在分析矛盾的时候，我们很容易就会发现，虽然他一直怀揣用马克思主义去批判现实的良好愿望，但在实际的理论推演中，他并不擅长从资本逻辑的本质层面对经验进行理论的提升。

首先，虽然奥康纳一再强调要把对个性危机的批判引入资本逻辑的危机理论中，但归根结底，他对资本主义"生产不足"危机的批判根基并不是建立在资本的逻辑上，而是直接以个人主义观念下的阶级斗争和国家财政危机的基本原理为基础的。奥康纳对个人主义批判的理论触角不仅伸到了生产分配过程和消费过程，还兼顾了社会和政治领域的总方位，并且与阶级斗争紧密结合在了一起。他试图通过对个人主义的批判性考察来揭示资本主义的非同一性，从而达到从理论上破除资本主义真理的目的。然而，这种外表光鲜的理论与马克思的拜物教理论放在一起稍作比较就暴露出问题了。当马克思通过对商品、货币和资本拜物教的考察揭示出资本的神秘化形式掩盖了利润的源泉，证明了资本对劳动力最根本的剥削的时候，奥康纳只能通过改进从法兰克福学派那里学来的资本主义的非同一性思想来证明资本主义意识形态的虚假性。这种意识形态的批判显然无法破除资产阶级的真理，因为剩余价值规律才是资产阶级的真理，由此可见，跃出了资本逻辑层面的批判注定是无法成为无产阶级解放的思想武器的。

其次，把工人斗争直接当作资本主义危机的原因，理由是不够充分的。因为阶级斗争只是资本逻辑层面的矛盾在现实层面的客观显现，直接用它来论证危机的必然性显然是不可靠的。更何况，这种所谓"在成熟的价值规律之内反对价值规律的工人斗争"并不直接面向资本主义制度的革命，这种为了"更多""更好"的斗争充其量也就只能说是从客观上给资本积累造成了一定障碍。显然，奥康纳此时对自己的"生产不足"理论也不十分自信，他一方面保留了马克思主义中"生产过剩"危机的理论地位，另一方面又拉出一条自然的线索来支持自己的生产不足观点。关于这条线索，此时他还只是捎带提了一下，并没有做详细探讨。笔者以为，在现阶段，奥康纳并没能有效地从马克思的资本逻辑线索出发延展到对现实经验的理论分析。直到 20 世纪 90 年代，奥康纳最终形成了比较完善的生态学马克思主义的危机理论，《自然的理由》一书的出版标志着他的资本主义批判理论体系的成熟，为马克思主义现实化做出了不可磨灭的贡献。

第三章

生态学马克思主义何以可能

奥康纳通过对生态学与历史唯物主义的结合，为批判资本主义、寻找未来理想社会奠定了世界观基础；通过拓展马克思的资本主义矛盾理论，揭露了资本主义的经济危机、生态危机及由此引发的政治危机和社会危机，否定了"可持续的资本主义""生态资本主义"的主张，以生态学社会主义指明了资本主义社会未来变迁的现实可能性基础。从理论上实现了生态原则与历史唯物主义、马克思主义的资本主义批判逻辑和社会主义原则的视界融合，完成了资本主义危机理论的最终建构和未来前景证明。

一、生态学与历史唯物主义的结合何以可能

生态学与马克思主义的结合是否可能，首先要看马克思主义的世界观是否与生态学的原则相契合。可能是受到德国左翼马克思主义哲学家瑞尼尔·格仑德曼的影响[①]，奥康纳直截了当地提出生态学与历史唯物主义的结合的可能性。对此，奥康纳进行了较为深入的、富有特色的探索。他从传统的历史唯物主义理论中存在的"自然"和"文化"的缺席入手，研究了生态学与历史唯物主义的介入点，对传统历史唯物主义进行了卓有成效的生态学建构。

（一）生态学视域下历史唯物主义的得与失

奥康纳从生态学视角对马克思的历史观和传统历史唯物主义理论进行了审视，[②] 分析了历史唯物主义的基本理论、基本范畴中的理论缺陷和理论"空场"，并研究了生态学与历史唯物主义理论融合的介入点，以此作为他改造历史唯物主义和整个马克思主义的前提性原因。

首先需要指出的是，奥康纳对历史唯物主义给予充分的肯定和很高的评价，这是他信仰马克思主义、自称马克思主义者、立志创立生态学马克思主义的逻辑前提和思想基础。但是，他确实对马克思的历史观、对传统的历史唯物主义提出了许多批评。由于他对马克思主义

[①]　Reiner Grundmann，*Marxism and Ecology*，Oxford：Clarendon Press，1991.

[②]　这里需要说明的是，奥康纳只是在口头上区分了马克思的历史思想、历史观念、历史理论、历史唯物主义与传统的历史唯物主义，事实上，他没有对此做出清晰鉴别，从他对马克思、恩格斯文献的了解情况和他对其他马克思主义学派文本的熟悉程度，我以为，他还达不到清晰区分的程度。

理解和把握不够深入、不够系统，他时常使用一些极端的、片面化的、前后不一的评价性语言，这点需要我们格外注意，在研究过程中加以细致辨析。

奥康纳分析历史唯物主义的得失，是以他对历史唯物主义的理解为前提的。奥康纳很少使用历史唯物主义的规范称谓，而且常常用"历史唯物主义的观念""唯物主义的观念""马克思的历史观念""马克思的历史理论"等概念来指称历史唯物主义。在《自然的理由》一书中，他涉足过历史唯物主义的问题域，他认为，历史唯物主义的观念"面对的审视对象是历史的延续、变迁及转型的过程，即世俗性的社会物质生活过程以及令人可敬又可畏的社会和政治动荡、革命以及反革命的过程。唯物主义的观念就是用来研究历史变迁中的延续性以及历史延续中的变化与转型的一种方法。一个看起来很正常的社会阶段的内部是怎样和为什么会孕育着潜在的社会政治危机和断裂的？在社会转型时期或对现存的权力和特权机制的痛苦的重建时期，社会政治危机又是怎么被孕育起来的？反过来，在一个社会危机时代的内部是怎样和为什么会孕育出潜在的社会常规和延续性态势的"。① 在他看来，历史唯物主义对上述问题的回答充满辩证法是它的重要特征，其辩证法体现为总是在连续性和断裂性、冲突与相互依赖、新因素与旧因素的统一中来理解和把握历史过程和社会发展。"历史过程的连续性被置放在历史之断裂性的维度上来加以解读；历史过程的断裂性则被置于历史的常规性的维度上来加以解

① ［英］詹姆斯·奥康纳：《自然的理由》，唐正东、臧佩洪译，51 页，南京，南京大学出版社，2003。

读……一个特定历史时期的特定的社会内在冲突又是什么？这种内在冲突在一个维度上的解决是怎样依赖于它在另一个维度上的解决的？那些包含着旧社会形式的要素，但从总体上又被视为具有新特质的新社会形式，是怎样从旧社会形式的废墟和残骸中生长出来的？"①

历史唯物主义与其他历史观相比，是一个很大的进步，这是奥康纳明确指认的，但是，它的缺陷是在阐释历史变迁与发展时，"文化"和"自然"范畴被"忽略"或被"弱化"，特别是"自然"在其理论体系中的缺位，或者说"历史唯物主义事实上只给自然系统保留了极少的理论空间，而把主要的内容放在了人类系统上面"。马克思之所以会在历史观问题上出现如此大的理论缺陷，奥康纳认为这不是马克思本人的知识缺陷或理论信仰偏向造成的，而是当时人与自然关系的状态制约的，因为当时世界并没有进入"生态时代"，所以"马克思是在生态时代之前进行写作的"。②

"自然"范畴的理论缺位对历史唯物主义产生了多方面的不利影响。

第一，"自然"的理论缺位，导致了"历史唯物主义在唯物主义维度上也很不彻底"③。在历史唯物主义的经典阐述中，决定物质生产和自然界之间关系的主要是生产方式，或者说是对劳动者的剥削方式，而不是自然环境的状况和生态的发展过程④。于是，历史唯物主义虽然

---

① ［美］詹姆斯·奥康纳：《自然的理由》，唐正东、臧佩洪译，51页，南京，南京大学出版社，2003。

② 同上书，73页。

③ 同上书，73页。

④ 历史唯物主义把自然界或自然物质环境视为历史的前提和人类活动的物质基础。

成功地论证了在不同的生产方式中，自然界遭遇着不同的社会性建构，但是，它却忽视了自然界的一个重要特性，这就是"自然界之本真的自主运作性"，这是一种既有助于人类活动又限制人类活动的力量，但在历史唯物主义理论中却越来越被遗忘或者被置于边缘的地位。①

第二，"自然"在历史唯物主义理论体系中缺位，使"马克思的观点中的确不包含把自然界不仅指认为生产力，而且指认为终极目的的所谓生态社会的思想"。奥康纳心里很清楚，马克思关于未来社会的观点，包含人类不再异化于自然界、人类对自然界的利用不再建立在资本积累逻辑的基础上的思想，包含一方面以个人和社会的需要，另一方面以我们今天所谓生态学的理性生产为直接基础的思想。但却不包含把自然界不仅指认为生产力，而且指认为终极目的的所谓生态社会的思想。② 奥康纳认为，这一影响使历史唯物主义难以科学说明当代社会的发展变迁的内在机制。"自然界自身的终极目的性"即所谓"生态社会"（请读者注意：不是"社会生态"）思想，使奥康纳几乎远离历史唯物主义而滑向生态主义。

第三，"自然"在历史唯物主义理论体系中缺位，也使马克思主义的资本主义批判理论缺乏或轻视自然和生态观念。马克思关于资本主义的积累、竞争、经济危机、资本的集中与垄断以及其他一些问题的理论阐述，虽然在生产与资源、资本与土地肥力等问题上给予较多的论述，对

———————————

① 参见［美］詹姆斯·奥康纳：《自然的理由》，唐正东、臧佩洪译，前言 6—7 页，南京，南京大学出版社，2003。

② 同上书，前言 3—4 页。

自然界给人类早期生活方式带来的影响也有关注，但是，自然界对劳动过程中的协作方式所产生的影响，虽不能说被完全忽略了，但也确实被相对地轻视了。① 奥康纳认为，这一缺失，使得马克思主义的资本主义批判理论面对当代生态危机就不免显得十分乏力，它只能揭示资本主义"资本生产过剩"造成的经济危机，却无法揭示"资本生产不足"带来的生态危机。我认为，在这一点上，奥康纳既有深刻之处，也缺乏认识历史唯物主义的宏观理论视野和透视深度。

"文化"范畴的理论弱化同样严重影响了历史唯物主义对历史变迁与发展的解释力。奥康纳写道："马克思本人把'文化'视为社会上层建筑的一部分，而不是把它视为与社会的基础相互交织在一起的，在这一意义上，他无疑是前人类学的。这种'缺陷'导致了他对协作方式，以及由此而涉及的生产力和生产关系本身的理论研究是不完全的。"②

首先，由于"文化"范畴的理论弱化，使历史唯物主义乃至整个马克思主义在解释协作模式时，存在"技术决定论"倾向。奥康纳点名批评了恩格斯，认为恩格斯是协作模式上"技术决定论"的首提者。"技术决定论"认为，具体协作模式的性质是由生产工具、生产对象、技术水平以及自然条件决定的。奥康纳认为，这一理论忽视了文化这一非常重要的因素。文化影响到生产过程中的"控制类型"。只要我们深入研究具体的劳动过程就不难发现，各种政治实践和文化实践不仅从上面，而且也从

---

① 参见[美]詹姆斯·奥康纳：《自然的理由》，唐正东、臧佩洪译，73 页，南京，南京大学出版社，2003。

② 同上书，68 页。

下面渗透、输入到工作场所之中，并对劳动关系、政治关系以及其他社会关系起干预的作用，使劳动关系成为政治的、意识形态的及文化斗争的内容。因此，某些技术上的可能性，正是因为有利于保持劳动价格的稳定和在政治上、意识形态上对劳动者进行统治，才得以在劳动过程中发挥作用。奥康纳认为，指出这一点极为重要，因为在一个生产力日益呈现出社会性本质的时代，不同经济体制之间的竞争能力，不仅与科学技术的发展水平直接相关，而且与特定的文化相关，是文化把科学技术的力量直接动员与利用起来的。他借用韦伯的术语，分析了三种所谓生产文化"理想类型"的独特作用。日本的集体主义的资本主义体制，对一种新型的生产过程理念的扩散与传播来说也许是一种理想的类型；美国的个人主义的资本主义体制对新技术的发明与发展来说是一种理想的类型；而欧洲的阶级合作主义的资本主义体制，对新技术的有效开发来说也是一种理想的类型。① 应当说，奥康纳论证了"协作产生生产力"这一马克思主义的基本结论，同时阐述了技术因素对劳动协作方式产生的影响，并把生产过程中的为了提高劳动生产率的技术组合与为了对劳动者实施控制的权力因素区分开来并结合起来，因而涉及了生产过程中的意识形态问题，这对生产力和生产关系的研究是极富价值的开拓。

其次，由于对协作的理解缺乏文化维度，历史唯物主义对生产力和生产关系的理解也就必然缺乏文化维度和文化内容。奥康纳不准确地指认，马克思的历史唯物主义注意到了协作的生产力意义，却没有同时把

---

① 参见［美］詹姆斯·奥康纳：《自然的理由》，唐正东、臧佩洪译，71 页，南京，南京大学出版社，2003。

它视为一种生产关系，马克思的生产关系缺乏物质、技术、科学意味，只重视社会关系意味。其实"协作模式既是一种生产力也是一种生产关系"，因而，就一定存在着"文化的生产力"和"文化的生产关系"。在这方面，恰恰成了历史唯物主义的理论盲点，也因此成了奥康纳重构历史唯物主义的重要内容。由于"文化"范畴的理论弱化，使历史唯物主义在解释历史变迁与发展时存在片面性。事实上，马克思的生产关系重在揭示生产中的人与人之间的关系，而把直接生产过程中的人与物、物与物的关系视为生产力范畴。后来，普列汉诺夫把直接生产过程中的技术性关系，也视为生产关系。奥康纳采取了一种更为细致的态度，认为文化既是生产力，也是生产关系，这种理论策略是正确的。

最后，由于"文化"范畴的理论弱化，使历史唯物主义在解释历史变迁与发展时，难以真正把握历史的本质。奥康纳从"小文化"概念跳到"大文化"概念，并做出一个十分武断的结论。他提出，既然文化是历史的一个要素，我们又是通过文化来理解历史的，既然社会历史(和其他东西一样)是文化的历史，那么，我们就有理由得出这样的结论："由于没能领悟社会历史或现代人类学的真实意蕴，马克思事实上是不可能真正历史地建构历史唯物主义的。"①"不可能历史地建构历史唯物主义"是不是就是"不能建构历史唯物主义"？如果说"不能建构历史唯物主义"那是十分荒唐的，因为历史的公论和我们讨论的前提是：马克思创立了历史唯物主义。人们今天谈论历史唯物主义，不是谈论别人的什么主义，

①　[美]詹姆斯·奥康纳：《自然的理由》，唐正东、臧佩洪译，72页，南京，南京大学出版社，2003。

而是谈论马克思创立的那个"主义"及其发展形态，没有这个历史原点和
原像，就无从谈起今天的这个严肃话题。如果连创立者都遭到发明权的
怀疑，这是一种天大的学术笑话。那么，其意只能是"不可能历史地建
构历史唯物主义"。何谓"历史地建构"？我们都知道，马克思创立历史
唯物主义有一个过程，从1842年开始社会实践及其理论生涯，学界公
认到了1845年才真正形成了唯物史观。同时，历史唯物主义还有一个
根本性意义，那就是它的历史辩证法，其核心就是坚持认为一切事物都
要经历一个产生、发展、成熟和灭亡的过程，除了承认运动变化是绝对
的外，不承认任何绝对事物的存在。在这里，我们再次提醒读者注意，
尽管奥康纳是一个十分严肃的学者，但在对待马克思主义问题上，却算
不上一个十分严谨的学者，他时常用一些极端的、片面的、前后不一的
判断。

(二)生态主义的功与过

奥康纳看到，生态科学的出现以及各种各样的生态斗争的事实，已
经说明了历史唯物主义理论内涵的革新与发展是一个必然的趋势。但
是，他承认生态科学的合理性，坚持生态学马克思主义，却不赞成生态
主义。在《自然的理由》一书中，从第二章到第五章，用了四章一百多页
的篇幅专门研究了自然、文化与社会的复杂关系。在第二章中，他鲜明
地提出"环境史问题应当被视为资本主义时代所凸显的各种历史问题之
发展的顶点"，第三章专门对蒙特利湾的生态史及文化景观做了理性审
视，第四章对1860－1990年加利福尼亚州富尔顿地区弗尔河流域的建
设情况及其对自然界本身的建构进行了历史性考察，第五章专门对19

世纪晚期的芝加哥和 20 世纪下半叶的洛杉矶这两个城市的文化景观、形状与轮廓的历史发展进行了比较性研究。作者的目的是对自然、文化与社会关系上的两种极端观点——环境决定论和文化决定论进行分析和批判，前者的典型命题是"自然造就文化"，后者的典型命题是"文化造就自然"。奥康纳认为，这两种观点在对作为人类物质活动前提的环境（生态系统、自然环境、空间及精神状况、人造环境）的考察和阐释，忘记了一个关键性的事实，这就是"文化、劳动、自然这三者之间客观存在着的统一性"。从这种统一性出发，奥康纳通过考察证明：靠生态学或生态主义是无法拯救历史唯物主义的。只有按照他的分析思路，才能使对（马克思主义的）唯物史观（甚至也包括马克思主义的或非马克思主义的环境史、生态史、文化形态史）"进行有效的修正成为可能"①。

生态主义的根本错误在于对人与自然的共生共存性关系做了错误的理解。

奥康纳从环境观入手批判生态主义割裂人与自然关系的错误。奥康纳以《牛津英语词典》对"环境"的定义为例。该词典对环境的定义是："一个人或一个社区能够在其中生活、工作、发展等的氛围或条件，尤其是指自然条件，或者是指某件事情存在着或正在起着作用；影响动植物生活的外在条件。再者，与生命之可能性维度相关的自然条件。"奥康纳十分敏锐地抓住这一定义中的关键词"条件"，"条件"的意思是指"作为使其他某种东西得以实现其自身或被授予某种权利的前提而存在的一

①　[美]詹姆斯·奥康纳：《自然的理由》，唐正东、臧佩洪译，45 页，南京，南京大学出版社，2003。

种东西"。他认为，如果我们把"其他某种东西得以实现其自身"定位为人类的物质生产过程，那么，很显然，环境就是那种作为前提而存在的必需之物。谁都承认，人类是依赖于"对生命构成影响的外在条件"，即环境或"自然"的，而且，有些条件显然比其他一些条件更适合某些劳动形式或生命存在，就像蒙特利湾的农业和旅游业，当地的气候无疑是个先决条件。《牛津英语词典》作为英语国家的权威辞书，反映了人们环境观上根深蒂固的"静态观念"。奥康纳明确提出，人类的生活条件始终在变化之中，一方面，环境本身由于自然原因总在变化，像风、雨、腐蚀等自然力量的相互作用，土壤中微生物的作用以及植物种类在分布上的变迁，都使得自然界时刻不是原来的样子，它作为人类生活条件，使人类活动总是在变化的条件中进行。另一方面，当人类为了物质生产的需要而从环境中不断索取"资源"的时候，我们事实上也在改变环境，人类（也包括其他物种）从来就不是只利用环境而不改变环境。生态主义割裂人与自然的关系，还极端地表现在生态观上。奥康纳以《牛津英语词典》对"生态学"和"人类生态学"的定义与区分提出了批评。该词典写道："生态学"是"生物学的一个分支，它研究的是生物之间的相互关系以及生物与它们所生活于其中的周围环境之间的关系：它研究的是具有一个特定栖息地或属于一个特定种类的生物。""人类生态学"则是"以人类和他们的周围环境之间的关系为研究对象的知识中的一种"。奥康纳认为，对生态学和人类生态学做这样的区分，其错误在于没有认清人与自然的复杂关系。从一个角度看，我们在利用外界自然的同时也在改变着自然界，改变了外在环境中"生物之间的相互关系以及生物与它们所生活于其中的周围环境之间的关系"，因此生态学可以被看成是人类生态学的一部分。换个角度看，当外在自然界中的生物之间的关系发生变化的时候，人类与自己周围环境的关系也发生了变化，因此人类生态学又是生态学的一部分。生态学和人类生态学之间的互依性表明，在人类的生产过程与自然界的生产过程，或人类系统与"自然系统"之间，存在着某些辩证的关系，我们不能以简单的思维对待二者的复杂关系。

奥康纳始终是在"人类活动""人类生产过程""人类系统"和"自然系统"的概念构架内来描述人类对自然界其他物种的依赖和影响关系。他坚持认为，自然界的历史与人类的发展史是一个整体过程的两个方面，要想在自然界的历史与人类历史之间划出一条简单的因果之线是根本不可能的，因为两者之间是一种"内在联系"，它们互为前提，互为对方内涵的有机组成部分，在这个意义上，它们之间不是单向的因与果的关系，而是互为因果；它们的关系不是单向的一方决定另一方的关系，而是"相互决定"，正是二者的相互作用，实现着"人类活动的变化与自然系统的转型"的统一。因此，我们在解释人类历史与自然历史的关系时，不管我们看到多少种因素，也不管我们如何分析它们的共同作用，但必须认识到，总体的历史是"由历史的、自然的以及自然－历史的过程所共同建构起来的"。

更具体地说，尽管自然界中有相当多的存在物是由自然界本身的力量通过各种方式创造出来的，但是，就人类历史与自然界或社会与环境之间的相互作用而言，在最广义的层面上都与人类的物质活动相关。历史中的草地、田野、森林、海岸线、山谷、大气层、海洋等，或多或少地都是一种"人化自然物"，人类运用自己的技术，在一定的社会组织形式下，有计划、有意图地创造出了人化自然物。可以说，人类活动协调、整合，同时也改变了人类文化与自然界之间的关系。就人类文化过程与自然发展过程之间的相互配合和相互作用而言，人类活动给自然系统的转型提供了动力。奥康纳非常正确地指出："这就是为什么马克思要把劳动或人类物质活动置放在唯物史观的核心地位的原因。"①

在"人类活动""人类生产过程"和"人类系统"的概念构架内看问题，"自然史或多或少地是人类劳动史的一部分"，人与人的关系就必须进入历史观视野。既然如此，那么，当社会分裂出不同的阶级以后，在社会形态或社会组织形式中，劳动者总是按照与特定的财富或权力的形式相一致的组织原则而被组织起来的，这就有了劳动过程中的不平等关系，特别是对劳动成果的不平等占有，由有产者或统治阶级所组织的劳动过程，不仅创造出了物质财富，而且也创造出了剩余的财富，但劳动者却始终处于被剥削的地位。于是，奥康纳对自然史又解读出了两个结论：其一，与人类社会相统一的自然史也是"人类的一个集团剥削另一个集团的历史"；其二，由于剥削必然伴随着劳动者的斗争以及其他社会斗争，因此，"自然史在一定程度上也是劳动者的斗争（以及其他斗争）的历史"。② 这里，我们看到了奥康纳洞察自然的敏锐眼光，同时再次感受到他容易走向极端的习惯性思维方式。

奥康纳非常清醒地看到了生态主义（右翼的生态学和左翼的生态学）

---

① ［美］詹姆斯·奥康纳：《自然的理由》，唐正东、臧佩洪译，43 页，南京，南京大学出版社，2003。

② 同上书，43 页。

与马克思主义的异质。他写道："不管是右翼的还是左翼的生态学，在很大程度上都是从异在于马克思主义的思想传统中发展起来的。"生态主义就自然谈论自然权利，马克思主义是在人与自然的关系中谈论自然权利。马克思的基本主张是：历史过程中的社会"仅仅是自然的占有者、拥有其使用权的人……他们必须把它以一种改进了的形态传递给他们的后代。"当然，马克思主义也有片面性，它只是有关自然资源保护方面的伦理主张，它强调的是人类控制自然界的能力，而不是自然界自身系统的自主性和不可预料性。马克思主义对科学抱有彻底的信仰。毫无疑问，在归根结底的意义上，最彻底的人类中心主义观点也许就是最彻底的自然资源的保护主义观点。①

奥康纳同样坚信，上述分析理路，使对唯物史观进行有效修正成为可能。②

(三)建构生态学历史唯物主义

在奥康纳看来，由于传统历史唯物主义存在理论缺陷和空场，生态主义更是存在理论不足，那么，建构一种生态历史唯物主义才是理论出路。于是，他要用生态学改造历史唯物主义，建构生态学历史唯物主义。这里需要特别说明的是，奥康纳之所以提出"建构"历史唯物主义的任务，是因为他要解开一个"谜"，即"为什么历史唯物主义观念的创始人以及现在的坚持者不能从《神圣家族》和《德意志意识形态》这样的始源

---

① 参见［美］詹姆斯·奥康纳：《自然的理由》，唐正东、臧佩洪译，43 页，南京，南京大学出版社，2003。

② 参见同上书，45 页。

性著作中梳理出其方法的清晰轮廓"①。对于马克思、恩格斯来说，谜底就在于，他们在其有生之年无法得到足以用来证明或者否证他们的主要观点的那些历史性资料。

　　任何对历史唯物主义的重构首先必须迈出的一步是，对协作与劳动关系模式与历史的变迁和发展之间的关系进行探讨。然后再迈出第二步，即建构一种能够阐明文化与自然界对所有者或统治阶级的力量产生影响或起促进作用的方式，所有者或统治阶级的这种力量正是把生产过程中的劳动因素联合起来并对之施加强制作用的力量。②

　　奥康纳的基本逻辑运演思路是历史唯物主义的"双向拓展"：其一，"向外延伸"，即将历史唯物主义理论内涵向外扩展到物质自然界中去。因为不管是"第一"自然还是"第二"自然，都将对人类历史产生影响，反之亦然。③ 其二，"向内延伸"，即将生态学原则或自然系统对社会历史的影响融入历史唯物主义理论内涵中去。因为"人类在生物学维度上的变化以及社会化了的人类自身的再生产过程，不管在多大程度上被社会所调节和建构，都将对人类历史和自然界的历史产生影响"④。

---

　　① 　［美］詹姆斯·奥康纳：《自然的理由》，唐正东、臧佩洪译，50 页，南京，南京大学出版社，2003。
　　② 　同上书，68 页。
　　③ 　同上书，前言 9 页。
　　④ 　同上书，前言 10 页。

　　坚持拓展思路，有两个问题是不能不考虑的：第一，生态学与历史唯物主义理论上的融合点或"介入点"在哪里，奥康纳通过分析马克思的历史观，认为就在物质生产过程中或在生产过程的劳动协作关系中。他写道："生态学马克思主义的历史观致力于探寻一种能将文化和自然的主题与传统马克思主义的劳动或物质生产的范畴融合在一起的方法论模式。"①第二，历史唯物主义理论到底需要向生物学领域和客观自然界领域延伸到何种程度？或者说，自然界在这一理论中到底占有什么样的位置才是合适的？奥康纳虽然十分清楚这是一个经验性问题，需要进行具体的自然和历史的分析，但他还是比较倾向于将理查德·利沃汀(Richard Lewontin)和理查德·利维斯(Richard Levins)所说的自然系统中的"弱决定力量"向历史唯物主义理论的核心地带推进。② 这就要求我们建立起与"生产性自然观"既相区别又能够融合自然的"生态自然观"。确立生态自然观首先要树立两个观念：一是"自然界之本真的自主运作性"意识。奥康纳认为传统历史唯物主义理论体系中的自然观念主要有两大缺陷。一是"自然界之本真的自主运作性"越来越被遗忘或被置于边缘的地位。他认为，历史唯物主义虽然成功地论证了在不同的生产方式中，自然界遭遇着不同的社会建构，但由于对"自然界之本真的自主运作性"注意不够，于是，自然界总是消极被动的，似乎人类社会历史过程的延续、变迁和转型丝毫不受自然界的影响。在人类实践视野中，所谓"自然界之本真的自主运作性"，是说"在人类通过劳动活动改造自然

---

① ［美］詹姆斯·奥康纳：《自然的理由》，唐正东、臧佩洪译，59 页，南京，南京大学出版社，2003。

② 同上书，导言 8 页。

界的同时，自然界本身也在自主地改变和重构自己"。于是，人类社会历史就是"一个在生产过程中人类的力量和自然界本身的力量相互统一在一起的发展过程"。他认为，历史唯物主义的确没有一种（或只在很弱的意义上）研究劳动过程中生态的和自然界之自主过程（或"自然系统"）的自然理论。他甚至认为，马克思"更多地是把自然界当作人类对象的外在对象来考虑的。"二是"自然的终极目的性"意识。以往，人类只把自然界当作生产和生活随意掘取的资源、驯化的对象，从来没有想过自然界的存在本身就是目的，这是人类不能正确对待自然界的观念根源。只有尊重"自然的终极目的性"，我们才能真正尊重自然。

奥康纳紧紧围绕人类的"物质生活"过程，对历史唯物主义进行了生态学建构。在奥康纳看来，马克思理论视域中的"物质生活"是一个双向建构的过程，第一是人类为了自身利益而展开的对自然界的开发和利用关系，这是人与自然界之间的技术关系；第二是由技术关系所建构的人与人之间的关系，即社会关系，或者说"作为对自然界的开发利用之基础的社会组织关系"。这双向过程，前者是生产力，后者是生产关系，奥康纳将其概括为："广义地说，生产力是对社会发展中的物质力量或潜在的生产能力的一种说明。而人们在开发自然的过程中所构建的社会关系通常被称为'生产关系'。一般来说，生产关系的内涵是指包括社会产品的占有关系在内的财产占有形式和权力占有关系。"①奥康纳认为，

---

① ［美］詹姆斯·奥康纳：《自然的理由》，唐正东、臧佩洪译，59 页，南京，南京大学出版社，2003。

生产力和生产关系具有不同的发展方式，生产力的发展是累积性发展，总的说来是以科学技术为基础；而生产关系则不然，它常常会出现"革命性转型"，这就使得有时会出现落后的生产关系特别是"劳动关系"与发达的生产力或技术并存的现象。于是，奥康纳找到了物质生活与自然和文化融合的理论接榫："生产力和生产关系同时都是文化的和自然的"，而且，其发展也具有累积性特点。因此，奥康纳提出："历史唯物主义必须面对自然和文化的历史性累积形式之间的关系问题，由于这两个因素都有可能内含于社会劳动或劳动分工之中，因此，历史唯物主义还必须研究社会劳动作用于自然与文化的方式问题。""文化形式也是累积性的，或者说是能在变化中展示其延续性的（这是哈贝马斯的'交往能力'之积累、个体化、规范和价值的普遍化、文化和地方性传统的保留等思想的前提——这些思想都是与现代性联系在一起的）。"①

根据物质生活的双向建构特性，奥康纳提出生产力和生产关系都具有双重维度。生产力的双重维度表现为：一是客观性的维度，因为它是由自然界所提供的（或通过劳动从自然界中获得的）生产资料和生产工具以及生产对象所构成的；二是主观性的维度，因为它除了包含总体上的活劳动力之外，还包含劳动力的不同组合或协作方式，而这些方式不仅受技术水平的影响，而且还受到文化实践活动的影响。生产关系同样也具有双重维度，其表现为：一是客观维

---

① ［美］詹姆斯·奥康纳：《自然的理由》，唐正东、臧佩洪译，61 页，南京，南京大学出版社，2003。

度，它的发展是以价值规律、竞争规律、资本的集中与垄断规律以及资本主义的其他发展规律为基础的；二是主观维度，它所内含的财富范畴同时也具有文化的意蕴，并且，它所具有的建构特定的剥削方式（强迫劳动以及剩余劳动的剥夺方式等）的方法是受制于具体的文化实践活动的。[①]

奥康纳以生产力和生产关系的双重维度为基础，对历史唯物主义的两对核心范畴进行了改造和拓展，提出了两对新范畴，这就是"自然的生产力"和"自然的生产关系"，以及"文化的生产力"和"文化的生产关系"。

创制"自然的生产力"和"自然的生产关系"范畴意义重大。所谓"自然的生产力"，简而言之，就是自然界自身的"自主性的生产力"。奥康纳认为，尽管自然系统（包括大气层本身的构成在内）的具体形式往往是人类作用于自然界的结果，但构成自然系统的化学、生物和物理的过程是独立于人类系统而自主运作的。这是一些自主性的生产力，就像它们同时也是一些自主性的生产条件一样。所谓"自然的生产关系"，意味着自然条件或自然过程——不管是否受人类活动的影响——它自身的内在关系或一定形式，与任何其他因素相比，都为任何一个既定的社会形态或阶级结构的发展，提供更为多样的可能性。[②] 在奥康纳看来，十分遗憾，"马克思主义者以及那些运用马克思主义方法论的学者，至今仍没有充分地认识到自然系统不仅内在于生产力之中，而且还内在于生产关

---

① 参见［美］詹姆斯·奥康纳：《自然的理由》，唐正东、臧佩洪译，62页，南京，南京大学出版社，2003。

② 参见同上书，74页。

系之中"①。提出这一对范畴就从根本上弥补了这一缺憾，从而在历史唯物主义理论体系中确立"自然的自主运作性"的生态发展观，并从价值观上确立"自然的终级目的性"，甚至他还提出"生态社会"概念。这里需要说明的是，奥康纳的"生态社会"概念，不是人类社会与自然的协调意义，而是自然界自身关系意义，即把自然界当作一个独立的整体，自然事物之间的联系构成所谓"生态社会"。笔者认为，自然的生产力和自然的生产关系事实上是存在的，在自在的自然状态下，自然界的万事万物之间存在着自然关系，通过它们彼此之间的相互依存、相互作用，实现整体自然界的自我发展，生物和非生物无论是个体还是种群生生灭灭，造化出自然界的多样性。"自然界的自主运作性"的基本含义是：自然界中的事物运动和生长是有规律的，一是需要过程和时间，二是需要特定的条件。当人类面对自然界，构成了与自然界之间的索取与被索取关系时，如果人类不顾自然事物自身运动和生长的过程性和条件性，就会破坏自然界的自身生产力和生产关系，从而制造自然和生态问题。"自然的生产力"和"自然的生产关系"范畴的提出，要求人类在向自然索取时，要给自然以自我修复、自我生长的过程和条件，也就是说，人类在提高社会生产力、优化社会生产关系的同时，也要帮助自然界提高自己的生产力，同时，通过建设自然、保护自然、美化自然来优化自然界的内部关系，提高自然生产力，只有这样，才是人类生产力的全面提高。在这个意义上说，人类的生产力和生产关系，应当包括社会的生

---

① ［美］詹姆斯·奥康纳：《自然的理由》，唐正东、臧佩洪译，74 页，南京，南京大学出版社，2003。

产力与社会的生产关系(包含文化的生产力与文化的生产关系)和自然的生产力与自然的生产关系两个方面。但是，很遗憾，奥康纳虽然提出了自然的生产力和自然的生产关系，但至今还没有把人类生产力整合起来。无论如何，奥康纳在这一点上的批评是应当引起我们的高度关注的，他认为：

> 历史唯物主义的确没有一种(或只在很弱的意义上具有)研究劳动过程中的生态和自然界之自主过程(或"自然系统")的自然理论。马克思本人很少对自然界本身的问题进行理论探讨。虽然他的确也意识到了受经济规定性制约的自然发展过程的重要性，并认为它对人类生产过程是非常重要的，但他更多地是把自然界当作人类劳动的外在对象来考虑的。①

在我们今天的历史唯物主义研究中，需要认真补上这一重要的理论内容，规制这些重要范畴，否则，我们建立人与自然和谐关系的实践就是缺乏理论基础的。

"文化的生产力"和"文化的生产关系"是对马克思的生产力和生产关系范畴的补充和改造。奥康纳对马克思关于文化的定位提出了尖锐批评，他认为："马克思本人把'文化'视为社会上层建筑的一部分，而不是把它视为与社会的基础相互交织在一起的，在这一意义上，他无疑是

---

① ［美］詹姆斯·奥康纳：《自然的理由》，唐正东、臧佩洪译，62—63页，南京，南京大学出版社，2003。

前人类学的。这种'缺陷'导致了他对协作方式，以及由此而涉及的生产力和生产关系本身的理论研究是不完全的。"①在他看来，文化并不是一件只与剩余产品相伴而生的东西，而是"日常生活的经纬线"，它不仅从上而下(譬如用来把美国经济中的某些部分组织起来的"青年文化"，以及"各阶级合作主义的文化")，而且也从下而上(譬如抗议和抵制的模式、网络、工会文化以及狂欢节等)地被注入工作场所之中。成为生产方式的固有内容。奥康纳甚至反向提出问题，认为"生产力始终只是文化力量的一部分"②。离开文化，既建立不起来劳动关系，也形成不了现实生产力。

奥康纳认为，马克思本人和其他马克思主义者对"生产关系"的理解像缺乏自然维度一样缺乏文化维度。在他看来，"生产关系有三个方面：首先是剥削阶级与被剥削阶级之间的关系；其次是剥削阶级内部的关系；最后是被剥削阶级内部的社会关系。换一种说法，第一个层面指的是强迫劳动的方式以及剥削剩余劳动量的方式；第二个层面指的是剩余劳动产品在剥削阶级内部的分配和利用方式；第三个层面指的是被剥削阶级在生产过程中进行协作的方式"。但是，马克思主义的理论传统在历史的变迁与发展的问题上偏爱剥削阶级与被剥削阶级之间的关系，或者说阶级斗争。而剥削阶级以及被剥削阶级内部的关系，在马克思本人以及马克思主义思想谱系中的大多数学者的视域中，其理论重要性显然

---

① ［美］詹姆斯·奥康纳：《自然的理由》，唐正东、臧佩洪译，68 页，南京，南京大学出版社，2003。

② 同上书，72 页。

被低估了。① 剥削阶级以及被剥削阶级内部的关系，不是财产占有关系，而是权力关系，正因为没有认识到这一点，才使马克思本人和其他马克思主义者对协作（cooperation）的理解出了问题，存在着"技术决定论"的理论倾向，把协作模式归因于"技术的必然性"，认为是现有的生产工具和生产对象、技术水平以及自然条件决定一个具体的协作模式的性质。② 事实上，协作或多或少都是建立在文化规范基础上的，具体地说，是由技术、财产、权力、文化规范，以及由此而展开的自然、生物、化学过程等因素，以具体的、历史的、有条件的方式对特定的协作模式的形成产生作用。

奥康纳提出，"协作"范畴是改造、修正、重构历史唯物主义的一个"介入点"，由此出发，就可以深入历史唯物主义观念内部，以此来有效地清理文化、社会劳动与自然界之间的辩证关系，同时，仍然能使"社会劳动"范畴保持着在历史唯物主义理论体系中的中心范畴的地位。③ 这种清理工作的立足点是"社会劳动"范畴。"社会劳动作为生产力和生产关系，它与文化和自然界、语言和主体间性、生态学（包括生态学的语言和语言的生态学）之间是一种调节与反调节的关系。"④他提醒人们必须深入全面地揭示社会劳动在社会历史发展中的中心地位、主要功用和全部意义。他把自己的研究结果做了这样的概括："社会劳动在人类

---

① 参见［美］詹姆斯·奥康纳：《自然的理由》，唐正东、臧佩洪译，68—69页，南京，南京大学出版社，2003。

② 参见同上书，64页。

③ 参见同上书，66页，另参见前言7页。

④ 同上书，63页。

历史与自然界历史之间起着调节的作用。在社会与自然界之间，劳动是一种物质性的临界面。按照特殊功能或工作之间的分工，包括脑力劳动与体力劳动、脑力劳动者与体力劳动者之间的分工，劳动被有效地组织起来。社会劳动有客观和主观两种功能：组织起来（以及象征性地起调节作用）的社会劳动创造了一个我们在其中生活和工作的客观世界；同时，它还有助于我们建构自己的主观意识世界，并以此来对新的和不同种类的人类物质活动的发展可能性产生正反两个方面的影响。从这里可以看出，人类活动对自然界的影响事实上是取决于社会劳动的组织方式、它的目的或目标，取决于社会产品的分配和使用方式，取决于人类对自然界的态度和知识水准。"①

综上所述，奥康纳对协作的研究，坚持了三个理论支点：其一，协作既是生产力也是生产关系，建构新的历史唯物主义理论体系就要充分注意自然和文化对于协作的重要影响，揭示它们是如何通过影响协作来影响历史变迁与发展的。其二，协作本身既有量的维度又有质的维度。所谓量的维度，指的是协作的规模，譬如说劳动组织的大小，以及协作的内容和空间的广度；所谓质的维度，指的是用历史的、具体的方式把劳动活动和生产过程中的劳动者组织起来的力量的形式，以及反抗这种力量的形式。其三，他要求区分在生产力决定生产关系或生产关系（部分地或全部地）决定生产力（协作方式）的理论假设中，"决定"的是协作的质还是协作的量。他明确提出，我们所说的"生产关系（部分地或全部

---

① ［美］詹姆斯·奥康纳：《自然的理由》，唐正东、臧佩洪译，前言 7—8 页，南京，南京大学出版社，2003。

地)决定生产力(协作方式)"这一假设，实际上所涉及的只是协作或劳动关系的质的方面而不是量的方面，[①] 他认为明确这一点对于准确阐述历史唯物主义关于生产力决定生产关系原理极为重要，不明确这一点，这一重要原理就得不到准确表达和正确运用。

(四)生态学历史唯物主义建构的得与失

如何评价奥康纳从生态视域对历史唯物主义的建构，关涉如何评价整个生态学马克思主义。这里涉及两个问题：一是如何评价奥康纳对历史唯物主义的批评，二是如何评价奥康纳对历史唯物主义的建构。

关于如何评价奥康纳对历史唯物主义的批评，笔者以为，概括说来可以做如下定性：奥康纳对历史唯物主义做了比较片面化的理解，但他大体上还是指出了马克思及传统历史唯物主义理论体系存在的某些不足。

说奥康纳对历史唯物主义的本质做了片面化的理解，理由有以下两点：其一，奥康纳对历史唯物主义缺乏整体性理解和把握。他常常把"历史唯物主义的观念""唯物主义的观念""马克思的历史观念""马克思的历史理论"等概念来指称历史唯物主义或唯物史观。概念的不确定性体现的绝不是奥康纳的学术灵活性，而是他对历史唯物主义的本质、对象、理论体系、实践功能缺乏全面、系统的理解和把握。这

---

① 参见[美]詹姆斯·奥康纳：《自然的理由》，唐正东、臧佩洪译，67页，南京，南京大学出版社，2003。

是许多国外马克思主义者的通病。其二，他把历史唯物主义的研究对象、理论功能及其特点、特性做了较为褊狭的理解和定位。事实上，正像我国著名马克思主义哲学家张一兵先生所区分的那样，"广义历史唯物主义"研究人类社会发展的一般规律，它以物质生产为基础，说明社会关系、社会结构和社会形态的形成、发展和变迁的动力、机制和规律；以阶级存在和阶级分析为基础，说明人类社会发展中的等级关系、阶级关系、利益关系和意识形态关系，论证社会历史发展进步的阶级取向、价值评价和历史评价原则，论证人类的理想社会目标及其理想价值追求的实然性和应然性。"狭义历史唯物主义"研究资本主义社会这一特殊社会形态发生、发展和必然灭亡以及必然为社会主义所取代的矛盾、机理和基本规律，揭露资本主义意识形态对资本主义社会的遮蔽、辩护的真相及其原因，为无产阶级和广大劳动者指出改造资本主义、建设社会主义和共产主义的历史使命。[1] 因此，历史唯物主义既是解释世界的理论也是改变世界的理论。而奥康纳对历史唯物主义的理解虽然抓住了一些理论要点，但总体看来却是简单的、片面的。对此，我们可以从他在《自然的理由》中对历史唯物主义的概括清晰地看到这一点。他认为，

> ［历史唯物主义］面对的审视对象是历史的延续、变迁及转型的
> 过程，即世俗性的社会物质生活过程以及令人可敬又可畏的社会和

---

① 关于"广义历史唯物主义"和"狭义历史唯物主义"的区分，参见张一兵：《马克思历史辩证法的主体向度》，南京，南京大学出版社，2002。

政治动荡、革命以及反革命的过程。唯物主义的观念就是用来研究历史变迁中的延续性以及历史延续中的变化与转型的一种方法。一个看起来很正常的社会阶段的内部是怎样和为什么会孕育着潜在的社会政治危机和断裂的？在社会转型时期或对现存的权力和特权机制的痛苦的重建时期，社会政治危机又是怎么被孕育起来的？反过来，在一个社会危机时代的**内部**是怎样和为什么会孕育出潜在的社会常规和延续性态势的？①

　　在他看来，历史唯物主义对上述问题的回答充满辩证法是它的重要特征，历史辩证法体现为总是在连续性和断裂性、冲突与相互依赖、新因素与旧因素的统一中来理解和把握历史过程和社会发展。在历史唯物主义的理解中，

　　　　历史过程的连续性被置放在历史之断裂性的维度上来加以解读；历史过程的断裂性则被置放在历史的常规性的维度上来加以解读……一个特定历史时期的特定的社会内在冲突又是什么？这种内在冲突在一个维度上的解决是怎样依赖于它在另一个维度上的解决的？那些包含着旧社会形式的要素，但从总体上又被视为具有**新质**的新社会形式，是怎样从旧社会形式的废

_____

　　① ［美］詹姆斯·奥康纳：《自然的理由》，唐正东、臧佩洪译，51 页，南京，南京大学出版社，2003。

墟和残骸中生长出来的？[①]

不难看出，奥康纳对历史唯物主义的理解还是比较零碎的，比如历史唯物主义的社会结构理论、社会主体理论、社会进步评价理论等重大理论论域，他都缺乏系统的了解和实质性的"理论准入"。因此，我们看到他在展开自己的理论逻辑时，总感到他的理论多陷入大量事实的描述而缺乏社会历史观上的理论提炼和学术分析。

关于奥康纳对马克思及传统历史唯物主义理论体系的"空场"和不足的批评，也值得我们警醒。奥康纳认为，历史唯物主义的缺陷是在阐释历史变迁与发展时，"文化"和"自然"范畴被忽略或被弱化，特别是"自然"在其理论体系中的缺位，或者说"历史唯物主义事实上只给自然系统保留了极少的理论空间，而把主要的内容放在了人类系统上面"。但他同时客观地指出，马克思之所以会在历史观问题出现如此大的理论缺陷，不是他本人的知识缺陷或理论信仰偏向造成的，而是他所处时代的人与自然关系的状态制约的结果，因为当时世界并没有进入"生态时代"，所以奥康纳认为"马克思是在生态时代之前进行写作的"[②]。

笔者认为，奥康纳对马克思及历史唯物主义的批评值得重视。第一，奥康纳批评马克思本人的理论缺乏"生态维度""生态视角"，这是一个不算中肯但基本正确的批评。应当说，许多生态学马克思主义者都认

---

① ［美］詹姆斯·奥康纳：《自然的理由》，唐正东、臧佩洪译，51—52页，南京，南京大学出版社，2003。

② 同上书，73页。

为马克思具有生态思想，甚至是生态学的先行者。保尔·伯格特、约翰·福斯特都是这一观点的重要代表人物，保尔·伯格特认为："马克思和恩格斯拓展了一个广阔的视野，认为共产主义革命能够最完全地与生态主题相协调。马克思和恩格斯对共产主义生产和计划的论述，总是强调对社会使用自然(尤其是土地)的恰当管理。马克思十分重视共产主义的'时间经济'——它不仅为减少工作日或为人自身的目标以及为消费而得到更大的满足，而且，马克思一再呼吁，发展劳动者的自然和社会能力(也包括科学管理生产的能力)以增加闲暇时间与更'合理的'(生态上可持续的)工业和农业相结合，这表明马克思的共产主义观点比通常认为的更具有生态意义。"①我国也有不少持这种观点的学者，发表了一些论文，也出版了专著。与许多生态学马克思主义者不同，奥康纳强调马克思主义与生态学精神、原则的兼容性，但他同时指出甚至批评马克思主义生态维度的缺乏。总的说来，"马克思是在生态时代之前进行写作的"这一判断是符合历史事实的。尽管马克思、恩格斯以他们的严密理论逻辑和问题敏感性，对人类活动给自然界带来的问题、资本主义生产给土壤带来的问题、资本主义生产给工作环境及工人健康带来的问题等，都有非常精彩的论述，但是，事实上，那个时代不存在"生态问题"，从社会实践者到思想家都没有生态意识，马克思也同样没有"生态意识"和"生态"概念。我们应当实事求是地承认，生态问题是当代问题，生态概念是当代概念，它的核心意蕴用奥康纳的话说，就是"自然界之

---

① Paul Burkett, *Marx and Nature*: *A Red and Green Perspective*, New York: ST. MARTIN'S PRESS, 1999, p. 14.

本真的自主运作性"和"生态社会"概念，其立论的基础是"自然的生产力"和"自然的生产关系"，其实践目的是为了充分尊重自然界的"自然的生产力"，优化"自然的生产关系"。在马克思的理论体系中，"自然"概念一方面是人的生存环境，另一方面是生产、生活的资源或物质条件。除此之外，没有更多的所指，我们不能对马克思有更多的苛求。① 第二，"自然"概念在传统历史唯物主义理论体系中的缺位或弱化也是事实。传统历史唯物主义的"自然"，一是作为与"社会"对应的概念，这是人类社会产生的物质世界前提，具有本体论意义，承认这一点，是历史唯物主义与历史唯心主义的根本区别。近十几年来，关于历史唯物主义的讨论中，由于受到西方马克思主义否定恩格斯自然辩证法的影响，许多学者提出，讨论人类社会产生之前的自然界毫无意义，"自然"因此在历史唯物主义体系中几乎被彻底漠视。二是作为"社会物质生活的自然环境"，涉及人类活动与自然环境的关系。应该说，历史唯物主义中有"自然观"而没有完整的"生态观"，离开完整的生态观的自然观，其中的"自然"只具有物质、环境和资源的意义，而仅仅认识到这个层次是远远不够的。由此可见，奥康纳所说的"历史唯物主义事实上只给自然系统保留了极少的理论空间，而把主要的内容放在了人类系统上面"，情况是属实的。如果像奥康纳所说，马克思之所以会在历史观存在"自然"的理论缺陷，是因为当时世界并没有进入"生态时代"，"马克思是在生态

---

① 在马克思是否具有生态意识这一点上，学界存在争论，已经有不少学者写过论述马克思生态哲学、生态思想的专著。实事求是地讲，他们都没有正确区分"自然观"和"生态观"，而是把"自然观"等同于"生态观"，以此为基础立论的。严格说来，这是一种超越时代的不当溢美。

时代之前进行写作的"①，那么，我们今天生活在一个"生态危机"时代，就不应该再让这种历史性遗憾继续存在了。

奥康纳以生态学视域对历史唯物主义的建构，具有重要的理论贡献。其中最重要的理论贡献是提出了两对历史唯物主义的重要范畴："自然的生产力"与"自然的生产关系"，以及"文化的生产力"与"文化的生产关系"。这两对范畴是对现行历史唯物主义范畴体系的重要补充，具有重要的理论意义。有了"自然的生产力"和"自然的生产关系"，自然就不再是被动的、惰性的物质规程，而是有生命、有活力、有组织的世界；自然和人的关系就不再是单纯的主体与客体之间的改造与被改造关系，而是相互包含、相互依赖，并列平行的互为主客体关系。有了这种关系，在实践上处理人与自然关系时才会由衷地产生生态意识，才懂得保护"自然的生产力"，并通过优化自然的生产关系，提高自然的生产力，让自然自我恢复、自我生长、协调发展，成为奥康纳所说的"健康的自然界"。有了"文化的生产力"和"文化的生产关系"，我们就能将传统的仅仅与社会存在相对立的"社会意识形式"，或作为上层建筑的文化，或作为意识形态的文化，扩展到作为人们的观念、认识、习惯和价值意义上的文化，将文化融入到生产方式中去，特别是把人们关于"自然""生态""环境"等文化融入生产方式中去，从而改造现行理论体系的运演逻辑。当然，正如笔者在前面所说，奥康纳提出的"自然界的终极目的性"，是不符合历史唯物主义精神的，而是生态主义的主张，这是

---

① ［美］詹姆斯·奥康纳：《自然的理由》，唐正东、臧佩洪译，73 页，南京，南京大学出版社，2003。

我们所不能接受的。

二、资本主义的生态批判与资本批判的结合何以可能

进行奥康纳的资本主义批判理论之前，我们首先需要说明的是，尽管奥康纳指出了历史唯物主义在生态学视域中的一些"理论空场"，但是，他仍然承认，在历史唯物主义理论视域及其内在逻辑中，人类历史始终是在人与自然界相互作用的辩证关系中存在和延伸的，马克思主义"认识到了资本主义的反生态本质"，因此"具备了一种潜在的生态学社会主义的理论视域"。① 这就使他把马克思主义对资本主义的资本批判逻辑与生态学对资本主义的生态批判逻辑结合起来，从而将生态学与马克思主义整合起来具备了理论可能性。他的基本逻辑正如他所说，是通过马克思的资本理论以及波兰尼的社会理论的视角，对当今世界的资本主义与自然、社会世界的"完整性"之间的矛盾做出研究。马克思主义仍然是他的主要支援理论，他运用马克思主义的理论，一方面对资本主义的生产、分配、交换和消费之间的关系、资本主义通过危机而进行的积累以及技术、能源、空间发展等方面的问题进行研究，另一方面又对资本在利用自然界的过程中把自然界既当作水龙头又当作污水池的问题进行了分析。把波兰尼有关"虚拟的"土地商品和劳动力商品的理论，运用

---

① ［美］詹姆斯·奥康纳：《自然的理由》，唐正东、臧佩洪译，前言 6 页，南京，南京大学出版社，2003。

到对资本主义的生产力和生产关系与"生产条件"之间的矛盾的分析中。其基本结论是：资本主义积累不仅存在内在经济障碍，也面临"外在障碍"，即自然障碍和社会性障碍，生态社会主义代替资本主义是社会发展的一种最可行的方案。

(一)资本主义对"自然观"的建构

奥康纳认为，当代的"自然"是资本主义重构的产物。其观念根源——人们的自然观就是在资本主义工业生产过程中产生并定型的——是资本建构的结果。

在本文的语境中，原本的"自然"，应当是作为名词的自然(nature or naturalness)，指独立于人之外的自在而自为的那部分世界，中国古人在与"人"相对的意义上称为"天"，西方人则在与"人类社会"相对的意义上称为"自然界"，它是"天然的自然"。但是，除此之外，还有作为形容词的"自然"和副词的"自然"。作为形容词的"自然"，意思是出自自然的、属于自然界的，或者表述为"自然的"(natural)。作为副词的"自然"，是指事物的自我运动，即自然地(naturally)或自然而然地，这一层意思与"人为"相对，老子的"自然无为"，郭象的"自然者，不为而自然者也"，皆为此意。"自然"的这三层意思的基础在第一层意思。然而，原本的自然究竟是什么样，按照康德的哲学这是一个不可知的问题，存在的只是人们心中的自然，或人们对于自然的看法，即自然观。自然观在意识层面上是人们对于自然的认识，在无意识层面上则是人们按照自己的方式对于自然的理解和感知。

奥康纳认为，"自然"的前亚里士多德定义是有缺陷的，它将自然定义为"一个事物的基本性质"或"本质"。对这种定义，我们如果再追问自然本身的本质是什么？那就只能回答是"自然"，这就造成了同义反复。亚里士多德超越了这种同义反复，把自然定义为"一个人或一个过程的内在发展趋势"。自然不是事之所是，而是它将会成为什么，是一种自身造就、自我规定的可能性。后来，出现了"物质世界的整体""客观事物的整体""物质世界自身"等多种对自然的表现方式。奥康纳明确指认，"这些都是近代资产阶级的科学和启蒙维度上的自然概念"，在欧洲社会的 15—18 世纪向工业资本主义漫长转型过程中，自然的这种定义逐渐取得了主导地位。这种自然观的重要特点是，"自然"被解读为被动的、惰性的概念，甚至成了一个机械性的结构体，可以计算、拆分、任意组合和操纵。整个世界都成了任人改造的对象。哥白尼经常把宇宙比作一台时钟，伽利略则认为"宇宙之书是由数学的语言写成的"，哈维这位发现了血液循环原理的医学家把人的心脏比作一台机械冲床。自然的被动性的这种革命性阐释是与工具主义的思路相一致的，在工具论者的眼中，自然被看成是某种为人类的利益而存在的东西，并且仅当它有用的时候，它才是有价值的。

在这种自然观的影响下，整个世界被彻底二元化，形成了二元文化。第一，自然被二元化为"外在自然"和"人化自然"，后者是被人类改造和征服了的那部分自然。第二，整个客观世界及其历史被二元化，自然和社会、自然和文化、自然和历史、农村和城市、物质和精神，连人类个体自身也被区分为肉体和精神、理性和感性、思想和感情二元性存在。第三，人类的文化也被二元化，学者们把自然科学和社会科学、社会科学和人文科学在二元论的思维方式上区分开来，把生物学和心理学、科学和艺术对立、对应起来，造成了科学发展的分化，分门别类的学科把世界分割成支离破碎的学术领地。第四，更有甚者，与近代资本主义城市化的进程相一致，人们的自然观呈现出极端形式，奥康纳称之为"浪漫主义自然观"，它通过文化把社会分化为价值情感上的高与低、美与丑。面对自然界，出现了"荒原"概念；面对人类历史，人们标识出"原始"概念；面对人类社会自身，出现了"城"与"乡"、"土"与"洋"，将"乡气"等同于"土气"。第五，二元论的思维方式最终延伸到对人类社会本性问题的理解上，社会性的人群被拆分开来，社会被理解为独立的个人所组成或原子化个人的集聚，其理论表现就是社会学上的个人主义方法论。在封建时代的欧洲，个人是被置于组织或社会关系的层面上来加以理解的，没有游离于组织的个人。但在资本主义条件下，"个人"(individual)概念的主导内涵演变为"独立的存在物"(independent entity)，可以游离于他或她的社会属性之外，而社会属性在社会学的维度上反而成了"主体之建构"的基础。从 1500 年到 1800 年，出现了一些"伟大的头脑"，以笛卡尔、培根、霍布斯、洛克等思想家以及一些经济学家为代表，为资本主义的欧洲带来了"自然"概念的革命性观点。

近代欧洲社会的人们的自然观，作为一种意识形态受到资本主义制度的建构，是与资本主义的原始积累相一致的，它根源于自然的商品化(包括人这一自然物)和资本化。[①] 伴随被马克思称为资本原始积累的过程，欧洲人的自然观发生了革命性变化。这种革命性变化主要表现为：第一，

---

① 参见[美]詹姆斯·奥康纳：《自然的理由》，唐正东、臧佩洪译，39 页，南京，南京大学出版社，2003。

自然的商品化造成人与自然的分离。自然的商品化是与人们的财富观变化互为因果的。从英国的洛克开始就用劳动的名义定义财富，认为人只要在自然界中掺入自己或自己仆人的劳动，自然界中的东西就成了自己的财富，荒地被开垦成了土地，地上地下发现了可以利用的东西，此处就成了矿区、油田或气田，于是，在劳动的名义下，自然被私有化，成了可以被私人所有者随意出售的商品。卡尔·波兰尼提出，正是在"土地"的名义下，自然界被商品化。自然界被"商品化"，同时也被"资本化"，空间、土地、沙滩、森林、空气和阳光都有了"设定价格"，"最终成为资本的一种特定形式"。随着自然观变迁的是资本主义的"积累"历史，奥康纳称之为"自然界本身现实发生的客观异化过程"。"原始积累其实就是人与外在自然之间，以及人与外在自然界内部诸因素之间的分离，具体地说，就是公有土地和公共财产的被打破和被重组，富人夺取公共财物"，由此带来的人与自然界或土地的真正意义上的分离，并推进了土地的商品化历程。以土地的商品化为形式，自然事物被彻底商品化，自然成了可分割、定价、转让的商品。可见，资本主义制度把本不是作为一种商品生产出来的东西当作一种商品来对待，开始了"自然的资本主义重构"[①]。"资本"对"自然"的重构使自然的相当部分变成了私人空间和单纯的财富形式，于是自然远离了人们的生活，人们与自然的接近，必须通过交换形式，以货币为中介。马尔库塞曾尖锐地批评资本主义把自然界变成了一个"商品化的、受污染的、军事化的自然界"，这一变化实际上是"缩小了人的生活世界"。

---

① 参见［美］詹姆斯·奥康纳：《自然的理由》，唐正东、臧佩洪译，229 页，南京，南京大学出版社，2003。

第二，劳动力商品化造成了社会单子化。正是在劳动的名义下人被商品化。原始积累通过把传统自食其力的劳动者转变为无生产资料的单纯的劳动者，推动了传统社会组织的消亡，迫使失去生产资料的劳动者（更重要的同时也更有历史意义的是，也迫使其后代）不得不通过出卖其劳动力来谋求生存。劳动力市场的形成把个人从传统社会的人伦关系中抽离出来，变成原子化的个人，使社会单子化、离散化。原子式的个人以劳动的名义被集中到资本主义的工厂里，在这里，脑力劳动与体力劳动、脑力劳动者与体力劳动者由劳动分工及其地位上的相互差异、割裂造成情感上的隔膜。被离散的社会由此成了像自然界一样的可控制对象。

(二)资本主义制度是当代生态危机的根源

奥康纳照例对马克思主义的经济学进行分析，看看其资本主义批判理论究竟存在哪些合理因素，还存在哪些不足，以便找到自己的理论努力方向。

奥康纳认为，马克思主义的政治经济学为批判资本主义留下了生态经济学遗产。首先，马克思注意到了生产与自然的一致性。马克思虽然对那些把资本主义剥削方式自然化的资产阶级古典经济学家进行了无情批判，但这种批判本身并没有遮蔽他对自然系统在资本的生产和流通过程中的重要性的重视，马克思坚持认为，"劳动不是财富的唯一源泉"，尽管只有劳动才能创造交换价值或剩余价值，但是，自然因素毕竟在使用价值中占有重要分量。马克思还把自然界区分为人类生活和生产的"第一富源"和"第二富源"。这一认识是自然在马克思主义经济学说中所占地位的基础。第二，马克思和恩格斯清楚地意识到了资本主义制度必然对资源、生态及人类本性的破坏作用。人们时常陶醉于对自然界开发利用的一时成功，这是很可怕的，恩格斯提醒道："我们不要过分陶醉于我们人类对自然界的胜利。对于每一次这样的胜利，自然界都对我们进行报复。每一次胜利，起初确实取得了我们预期的结果，但是往后和再往后却发生完全不同的、出乎预料的影响，常常把最初的结果又消除了。"①然而，资本主义制度必然使资本家只注重眼前利益，"在各个资本家都是为了直接的利润而从事生产和交换的地方，他们首先考虑的只能是最近的最直接的结果。一个厂主或商人在卖出他所制造的或买进的商品时，只要获得普通的利润，他就满意了，而不再关心商品和买主以后将是怎样的。人们看待这些行为的自然影响也是这样"②。资本主义并非完全不顾自然，但是，由于资本周转周期与资本利润率的内在关联，资本主义企业制度与保护自然资源是相矛盾的，像对森林的保护等，对于资本主义企业的资本增殖几乎"变得毫无疑义"。第三，马克思和恩格斯还对他们生活的时代资本主义所导致的一些废弃物排放和污染问题进行了具体研究。恩格斯对当时英国的空气污染、水污染进行了专门研究，马克思还分析了资本主义企业在扩大再生产过程中，由于原材料价格的提升自然会刺激对废弃物的开发和利用。马克思在《资本论》里说过："资本主义生产方式一方面促进社会劳动生产力的发展，另一方面也促进不变资本使用上的节约。"③目的是使商品的价格降到最低限度。但是，这只是就个别企业的成本意义而言的，如果就生产的扩大与

---

① 《马克思恩格斯选集》第 4 卷，383 页，北京，人民出版社，1995。

② 同上书，386 页。

③ 《马克思恩格斯选集》第 2 卷，411 页，北京，人民出版社，1995。

剩余价值的占有规模而言，只有消费主义的生活方式才是其达到目的的条件，而消费主义是与资源相矛盾的。其实，还有一个非常重要的理论却没有引起奥康纳的足够关注，这就是，从存在的本体论上说，人不是外在于自然界，而是自然界的一部分，我们与自然具有内在的一致性，也需要我们认识这种一致性。恩格斯说：

> 我们统治自然界，决不像征服者统治异族人那样，决不是像站在自然界之外的人似的，——相反地，我们连同我们的肉、血和头脑都是属于自然界和存在于自然之中的；我们对自然界的全部统治力量，就在于我们比其他一切生物强，能够认识和正确运用自然规律。
>
> 事实上，我们一天天地学会更正确地理解自然规律，学会认识我们对自然界的习常过程所作的干预所引起的较近或较远的后果。特别自本世纪自然科学大踏步前进以来，我们越来越有可能学会认识并因而控制那些至少是由我们的最常见的生产行为所引起的较远的自然后果。但是这种事情发生得越多，人们就越是不仅再次地感觉到，而且也认识到自身和自然界的一体性，而那种关于精神和物质、人类和自然、灵魂和肉体之间的对立的荒谬的、反自然的观点，也就越不可能成立了。①

奥康纳深为感慨地说，马克思和恩格斯所具有的这些关注人与

---

① 《马克思恩格斯选集》第 4 卷，383—384 页，北京，人民出版社，1995。

自然、社会与自然关系的理论，会让人们产生如此深刻的印象，"如果马克思和恩格斯不是革命家，而是两位主流思想家，那么，他们必定将被视为自然资源保护论者"，当然不是也不可能是生态学家。①

尽管如此，马克思和恩格斯却没有把生态破坏问题视为其资本主义的积累与社会经济转型理论的"中心问题"，他们因此低估了作为一种生产方式的资本主义的历史发展所带来的资源枯竭以及自然界的退化的严重程度，也没能准确地预见资本在"自然的稀缺性"面前重构自身的能力。之所以会如此，原因之一在于，他们没有正确地理解，资本家在为了保持总体上的利润率而进行资本的集中化过程中，必然带来一些"消极性的外在因素"的内在化。

奥康纳还是认为，"马克思主义的政治经济学（就像马克思主义的一般理论一样）并不具有明显的生态思维的痕迹"②。（读者要特别注意，奥康纳使用了一个非常苛刻的字眼"生态思维的痕迹"。）那么，上述肯定的马克思和恩格斯的思想是什么性质呢？奥康纳对此理论的定位是：马克思和恩格斯所留下的只是一种生态经济学或政治经济学的"朴素遗产"，不管是对生态系统的分析，还是对能源的生产和消费的分析，都没有"融入"他们的历史唯物主义理论以及资本主义的积累和经济危机的理论中去。他们对资产阶级古典经济学的批判只是一种意识形态批判；他们有关自然资源保护方面的思想只是一种伦理主张，它强调的是人类

---

① 参见［美］詹姆斯·奥康纳：《自然的理由》，唐正东、臧佩洪译，198 页，南京，南京大学出版社，2003。

② 同上书，193 页。

控制自然界的能力而不是由此而来的自然界本身的生产问题，更不是自然界自身系统性的自主性，这就使他们游离于环境伦理学与价值学，以及自然界的情感价值的理论视域之外。

奥康纳认为不仅马克思主义经济学"缺乏"生态学维度，而且目前还没有对导致生态破坏的原因从总体上进行系统的理论分析，也没有对资本积累与经济危机、生态危机的趋势和倾向性、资本积累与社会运动和政治学之间的复杂的内在联系进行系统的理论分析。所以，奥康纳才认为有必要建构系统的马克思主义的资本主义批判理论。那么，怎样才能建构出一种资本主义的理论，使之能帮助我们清晰地思考全球环境破坏的问题，既对系统性的经济力量，又对社会性和政治性的运动做出恰当的思考呢？他认为资本主义的第二重矛盾的理论也许是很关键的一种理论思路。这一主题，几乎成了他终生的努力方向，也是他的所有著作的主题和主要内容。

在论述资本主义与生态危机的关系之前，我们有必要对奥康纳关于"生态危机"概念理解的学术立场有一个先期澄清。奥康纳对"生态危机"的理解有四个要点：第一，在"危机"和"生态危机"问题理解上具有明显的不确定性特征，"危机"本身具有主观感受、主观判断的因素，"危机"作为一种"文本"，包含着对因为人的活动造成的自然界变化的"强烈主观判断"或"有争议性的估计"。同时也有科学意义上的客观事实作为基础，因为生态多样性问题、环境问题、资源问题，对人类、对自然界本身都是个威胁。所以，他既反对主观主义或相对主义，也反对绝对客观主义，主张在主观和客观的统一中把握真实的生态危机。第二，生态危机认识和主张上的分歧根源于不同的经济、政治和意识形态方面的矛盾和冲突。"一个物种是否在消失，一种生态系统是否在被破坏，一块荒野或湿地是否在受到威胁，这些的确都是生态学的问题，但同时也是政治的、意识形态的以及文化上的问题。"①承认这一点的意义在于，一旦我们接受"危机"的这种政治和意识形态性特征，那么，我们就能够开始对处于危险状态的特殊的物质利益问题进行界定。根据这一线索，所谓科学观点也必须放在科学家与卷入这场斗争的物质利益之间的关系的角度来进行评价。② 这是奥康纳的一个重要理论贡献，公开承认生态危机与政治的关联，就能自然地通过生态问题实现政治目的，将生态学与马克思主义在理论和实践层面有机联系起来。第三，危机发生期间，个人在如何解决这种危机的问题上持不同的观点也有认识论原因，这就是，从根本上说，没有人知道或者说没有人能够知道这种危机的最终结局。第四，我们每一个人都应该成为一名环境主义的（以及社会和政治方面的）战士，并积极投身到为实现一个具有生态理性及生态情感的世界而进行的斗争中去。同时，他也认为，生态危机与经济危机有时不太容易清晰区分开来，"资本主义社会中的自然首先并且最主要的是从潜在的交换价值的角度来定位的，因此，在任何一种情况下，从自然性维度上来理解的危机范畴，毫无疑问地会与从经济维度上来理解的危机范畴相互混淆起来，这两者经常不可分割地联系在一起"③。

---

① ［美］詹姆斯·奥康纳：《自然的理由》，唐正东、臧佩洪译，220 页，南京，南京大学出版社，2003。

② 参见同上书，221 页。

③ 同上书，223 页。

同时，我们还需要先行澄明的是，奥康纳仍然把传统马克思主义关于生产力和生产关系之间的矛盾、资本的生产过剩与资本主义经济危机、由经济危机所导致的生产力和生产关系的社会性整合，以及由此而可能出现的社会主义性的形式问题上的基本观点，作为他用生态学马克思主义批判当代资本主义的理论出发点。由此出发，奥康纳以生态学马克思主义的视角，来研究资本主义的生产力和生产关系与其生产条件之间的矛盾、资本的生产不足与经济危机之间的矛盾、由经济危机所导致的生产关系及社会关系不断获得社会性并由此走向社会主义性的形式的过程。可见，危机理论是奥康纳资本主义批判理论的核心，其基本支援理论是马克思主义的资本主义批判理论。奥康纳正是以此为基础，提出了以下理论创新。

首先是当代资本主义的双重矛盾理论。资本主义的"第一重矛盾"，是资本主义的生产力与生产关系的矛盾，其特定形式是价值和剩余价值的生产与实现之间的矛盾，矛盾的终极结果是资本主义的经济危机。马克思早就揭示出，在资本主义私有制条件下，生产不仅是商品的生产，而且还是剩余价值的生产，由于存在资本对劳动者的剥削，生产力的发展造成的劳动生产率提高与社会对商品的有效需求不足的矛盾，必然导致商品过剩，也称为"资本的生产过剩"，商品过剩迟早会积累成经济危机。这一矛盾是内在于资本主义制度的。由于资本主义的再生产以对工人的剥削为基础，资本家对任何一种既定数量的剩余价值（或任何一种既定的剥削率的保持）的占有，都将导致商品的市场需求在一定程度上的不足；反之，任何一种商品的市场需求的不足，都是以一定数量的剩余价值的创造或某种既定的剥削率为前提的。因此，劳动者所创造的剩余价值的数量越大，或者说资本家的剥削率越高，劳动者的购买力越低，价值和剩余价值在市场上使自身获得实现的难度就越大。

奥康纳认为，资本主义远不止"第一重矛盾"，它还存在着"第二重矛盾"。资本主义的"第二重矛盾"是奥康纳最为得意的理论创新，它指的是资本主义的生产力和生产关系与生产条件之间的矛盾，就是资本主义生产的无限性与资本主义"生产条件"的有限性之间的矛盾。矛盾的结果是资本主义的多重危机，主要是生态危机。根据奥康纳自己的解读，马克思所说的"生产条件"包括三类，他把工人的劳动力称为"生产的个人条件"，把土地视为生产的"自然条件"或"外在的物质条件"；把生产的物质性的基础系统，即"交通与运输的设施"等，视为"公共的、一般性的条件"。当资本主义的第一重矛盾造成商品过剩性经济危机时，个别资本家也处于十分矛盾的境地：一方面他只有降低商品的价格才能为商品找到出路，另一方面他又要维持或恢复利润率以保证自己的利益。降低价格就要降低商品的成本，降低商品的成本就要获得更廉价的生产条件。事实上，生产条件的获得是高成本的，因为个别资本是无能为力的，"个别资本简直无法以恰当的方式把作为首要的以及最为特殊的使用价值而存在的生产条件，转化为交换价值"①。国家有能力提供生产条件，但国家对生产条件的供应，其代价是高昂的。这就必然给资本的再生产造成成本上的困难。第二重矛盾出现的根本原因，是资本主义从经济的维度对劳动力、城市的基础设施和空间，以及外部自然界或环境

---

① [美]詹姆斯·奥康纳：《自然的理由》，唐正东、臧佩洪译，247页，南京，南京大学出版社，2003。

的"自我摧残性的利用和使用"。之所以是"自我摧残性"的，是因为当私人成本转化为"社会成本"的时候，健康和教育的成本、城市交通的成本、房屋及商业性的租金，以及从自然界中掘取资本要素所要付出的代价都将会上升。[①] 在这一意义上，当今的资本主义国家为资本的未来积累提供一种新的管理形式的同时，就陷入了自相矛盾，个体资本不断以任何一种可能的方式把成本降低下来的同时，也无意间抬高了资本总体的成本。可见，当今的资本同时面临着第一重矛盾和第二重的矛盾。按照奥康纳自己的说法，第一重矛盾是从需求的角度对资本构成冲击的，第二重矛盾是从成本的角度对资本构成冲击的；资本主义的第一重矛盾产生的是"资本的生产过剩"，而第二重矛盾产生的则是"资本的生产不足"；在第一重矛盾中，剩余价值的生产是不成问题的，问题出在剩余价值的实现上，在第二重矛盾中，剩余价值的实现是不成问题的，问题出在剩余价值的生产上，其实质是一种"流动性危机"。面对"资本的生产不足"，无论是资本家个体或是国家，都要创造资本再生产的生产条件。矛盾的是，每一种条件的创造，既解决了资本眼前的困难和问题，缓解了危机，同时又必然损害或破坏资本本身的条件，积累着更大的危机，而且是多种危机，最根本的是生态危机。

当资本主义第二重矛盾造成"资本的生产不足"时，必然出现资本之间的内部矛盾，矛盾的解决必然积累成资本主义的总体危机。"资本的生产不足"时出现的第一种矛盾是个体资本的利益与总体资本的利益之

---

① 参见［美］詹姆斯·奥康纳：《自然的理由》，唐正东、臧佩洪译，284 页，南京，南京大学出版社，2003。

间的矛盾。个体资本为了自己的利益，往往会把自然资源商品化，而不从总体资本之利益的角度把它们当作以劳动力的再生产为目的的集体性的消费资源来使用。第二种矛盾是存在于个体资本的利益或资本派别的利益内部的矛盾。在城市的改造计划中，金融资本、工业资本或商业资本都想得到它们想要的那块份额，在能源政策制定中，土地资本、工业资本都向自己一方倾斜。除此之外，还有不同的地区资本联合体之间的利益矛盾、国内资本与国际资本之间的矛盾、个体资本与总体资本的长远利益与眼前利益之间的矛盾等。为了解决这些矛盾，资本经常会采用两种一般性的、同时也是相辅相成的方式，来改变自身的条件，以应对处境危机，并且以有利于资本利益的方式来解决这种危机。一种是在"生产力条件"方面的变化，另一种是"条件的再生产的社会关系"方面的变化。不管哪些方面变化、如何变化，有一点是必然的，这就是都需要以资本的内部、资本与资本之间、资本与国家之间以及国家内部的新的"协作形式"为前提，或者说，是以人类与自然之间、人类个体与自然和社会环境之间的"更具社会性的管理形式"为前提。这种更深层次的协作会使原来就已经被政治化的生产条件更具政治性，使本已经更具社会性的生产条件更具社会性，从而对资本的"天然性"的"私有性"进行颠覆。这是资本主义制度的总体危机。社会主义的"本质的可能性"就根源于此。①

其次是资本主义积累的"双重障碍"与经济危机和生态危机理论。资

---

① 参见［美］詹姆斯·奥康纳：《自然的理由》，唐正东、臧佩洪译，268—269 页，南京，南京大学出版社，2003。

本主义的第一重矛盾使资本主义生产发展遇到"内在性障碍"，造成经济危机。为了给过剩商品寻找出路，通常的做法是扩大投资、借贷消费、政府消费、军事消费等。这些"解决方法"，其实会带来其他类型的资本主义的潜在问题，新的资本投资可能比新的消费需求发展得更快，会使将来出现比例失调的危机或更为严重的价值实现性危机的可能性加大；信用体系的任何一种扩大，在带来财富的同时，也会带来债务、金融投机以及金融结构的不稳定，譬如流动性危机、金融危机或金融崩溃、国家的财政危机以及其他相关的社会和政治危机的趋势。① 经历和目睹了近期国际金融危机的我们，不能不钦佩奥康纳的逻辑力量。归根到底，资本主义的第一重矛盾必然带来的是资本主义的经济危机。这一矛盾是内在于资本主义制度的，只要资本主义私有制还存在，这一矛盾就是不可克服的，所以马克思说，"资本是资本主义的最大障碍"。

资本主义的第二重矛盾使资本主义发展遇到"外在性的障碍"，造成生态危机。奥康纳对资本的"外在性的障碍"做了这样的界定："资本的外在性障碍表现在稀缺资源、城市空间、健康及训练有素的雇佣劳动者以及其他一些生产条件方面，它们有可能会使成本增加，从而对利润构成威胁；最后，以保护生活条件、森林、土壤质量、环境的舒适、卫生条件以及城市空间等为目的的环境运动及其他社会运动，也有可能提高成本，并使资本缺乏灵活性。"②资本主义发展必然遇到"外在性的障碍"，一个重要的原因是资本的无限扩张本性与自然界的有限性之间的

① 参见[美]詹姆斯·奥康纳：《自然的理由》，唐正东、臧佩洪译，261 页，南京，南京大学出版社，2003。

② 同上书，294 页。

矛盾。奥康纳指出，一方面，资本主义是一种经济发展的自我无限扩张系统，这是资本的本性决定的，资本的目的就是无限增殖，或者说"钱滚钱"。利润既是资本进行扩张的手段，又是其扩张的目的。对个体和企业来说，每一个资本主义的机构和每一种资本主义的文化活动，其目的都是为了赚钱和资本积累。对于国家和社会来说，经济增长还被指认为解决社会问题的重要条件和重要方法，消除贫困、失业、财富和收入的不平等分配等，都有赖于经济增长。由于国家新增的税收来自资本的积累，因此，很少有政治家会反对资本的自我扩张，相反，那些不致力于发展的公司会遭到银行家、证券市场以及竞争对手的严厉惩罚。另一方面，自然界却是无法进行自我扩张的，自然界本身发展的节奏和周期根本不同于资本运作的节奏和周期，淡水资源受到地理和气候条件的限制，矿物燃料和矿石的储量是由自然法则所决定的，奥康纳认为，森林资源已经处在其顶点的状态，如此等等。毫无疑义，资本主义具有反生态性质，资本主义第二重矛盾的运行必然造成生态危机。"自然界的健康发展"对于资本主义而言，是一个自相矛盾的诉求。

资本主义为剩余价值而生产的目的必然使资本主义积累与自然的矛盾尖锐化，生态资源的价格机制解决不了资本主义的生态危机。资本主义积累是建立在不断增长的生产率或不断降低的把工人阶级再生产出来的成本的基础上的，以提高相对剩余价值。经济的不断增长，对原料的需求也不断地增长，原料在不变资本的支出中占有更大的份额，从而在商品的价值中占据更大的份额。对资源的需求的增加以及资源开发力度的加大，会提高平均成本，从而抑制利润率和积累的增长。在这种情况下，个体资本(单独或者与其他资本联合在一起)便会通过向设备、技术及基础设施方面的投资来开发新的矿物、燃料以及增加可耕作的土地等，从而克服上面所提到资源短缺或资源价格昂贵的"瓶颈"。历史上，工业资本已经找到了多种方法来提高对铁、铝、锡以及其他材料的使用效率，大部分资源开采的成本下降了，用来生产既定量的电力所需要的能源量也大大降低了。可是，一旦成本和价格下降，平均利润率就会上升，资本并没有减少对自然的开发，相反，资本对资源的需求以及积累的过程也会相对地加快，原材料开发和资本积累的速度也相应加快，随之而来的是资源的快速耗费。可见，剩余价值生产规律使资本主义积累与资源之间形成的是恶性循环：高利润率导致了高积累率，高积累率反过来又导致了对原料的更大的需求；对原料的更高水平的开发导致了生产成本的降低，而生产成本的降低又会使本来就很高的利润和积累率变得更高。奥康纳指出，在应对环境问题的实践中，具有戏剧性的是，对环境的破坏能够导致许多以对环境的恢复为宗旨的新型行业的诞生。湖泊疏浚机、森林清洁机等环保技术设备，还有大量使土壤恢复元气的人、致力于恢复空气质量的人以及那些与酸雨作战的人。这些高技术类型的解决方法，除非能够降低劳动力再生产的成本，并同时能够"解决"从传统的资本生产过剩中生发出来的任何一种实现维度上的问题，否则，它就将是对剩余价值的一种更大的耗费。对社会环境的修复与重建需要一大笔信用货币，这无疑会把矛盾移置到金融与财政领域，其移置的方式在或多或少的程度上与资本的生产与流通之间的传统性矛盾被移置到今天的金融与财政领域中去的方式是相同的。总之，资本总是试图缩短生产和流通的周期，这无疑会使环境主义的实践、健康及安全的实践等方面的情况变得更糟。剩余价值的生产越是加大，资本对其自身的生产性利润的损害（譬如，增加成本和降低资本的灵活性)越是加剧，剩余价值的生产就越是建立在对广义的自然界的破坏性利用的基础之上。因此，资本的重构只会加深而不能解决生态的困境。在资本主义生产目的中，自然界是资本的出发点，但往往不是其归宿点，"自然界对经济来说既是一个水龙头，又是一个污水池。"①不过，这个水龙头里的水是有可能被放干的，这个污水池也是有可能被填满的。自然界作为一个水龙头已经被资本化了。而作为污水池则被非资本化了，于是，水龙头成了私人财产，污水池则成了公共之物。

通过调整产业结构能否走出这种恶性循环呢？奥康纳通过分析生产的第Ⅰ部类和第Ⅱ部类的关系，提出了与主流经济学家相反的观点，对此做了否定回答。我们知道，在马克思分析资本主义再生产的理论模式中，把生产性资本(能生产剩余价值的资本)分成两大部类。第Ⅰ部类是生产生产资料或资本货物的，第Ⅱ部类是为最终的消费而生产消费品的生产部门。在消费品市场上，第Ⅱ部类中的个体资本是卖方，工人及终极产品的其他消费者是买方。在资本货物和原料市场上，第Ⅰ部类中的个体资本是卖方，而第Ⅰ部类和第Ⅱ部类中的资本则是买方。第Ⅱ部类的市场是由消费需求所支配的，而原料、燃料、机械、生产技术等第Ⅰ部类的市场则是由两个部类中的个体资本对利润的需求度所支配的。主流经济学家把第Ⅱ部类的资本对第Ⅰ部类的产品的需求称为"派生性需求"，其意思是说，这种需求是由对终极产品的消费需求的增长决定的。可在现实生活中，不少情况恰恰与此相反：对消费品的需求是由对资本

---

① [美]詹姆斯·奥康纳：《自然的理由》，唐正东、臧佩洪译，296 页，南京，南京大学出版社，2003。

货物的需求或者对利润的需求"派生"出来的。简而言之，第Ⅰ部类为其自身以及第Ⅱ部类的剩余价值及利润的扩大再生产提供资料。生产率以及经济增长的秘密在于拥有一个在经济上具有革新性、灵活性，并且具有成本意识以及不受限制的资本货物的生产部门（尤其是"知识密集型"的工业部门）。之所以必须是革新性的、灵活性的以及具有成本意识的，是因为技术进步、利润以及经济增长这三者作为一个总体，是建立在第Ⅰ部类的基础之上的；之所以必须是不受限制的，是因为固守成规以及由环境、消费及其他方面的限制所强加的那种高成本，会妨碍技术的革新以及新的生产技术在整个经济活动中的推广。可见，第Ⅱ部类的资本对第Ⅰ部类产品的需求对资本积累来说是第一性的，只要经济增长，第Ⅰ部类生产就必然向自然加大索取力度，这必然带来资源的耗费和能源的衰竭；同时，第Ⅰ部类既是资本积累的源泉，也是生态环境恶化的源泉，在1987—1988年，美国的石油和煤炭产品、化学产品、金属、纸张和纸浆产品占全部工业产值的22%，提供了13%的就业机会，消耗了78%的能源，排放的有害物占总有害物的88%"，其中，仅化学工业就占据了58%的有害污染量。全球变暖、生物多样性及臭氧的消失、酸雨、海洋污染、森林减少、能源及金属矿藏的衰竭、土壤流失以及其他的生态变化，都是近两个或者更多的世纪以来工业资本主义经济快速增长的结果，反过来，这种快速增长很大程度上又是第Ⅰ部类工业发展与扩张的结果。

资本主义的经济危机与生态危机是互为因果、相互影响的。一方面，经济危机导致生态危机。从总体上说，经济危机总是与过度竞争、效率迷恋以及成本削减联系在一起的，由此，也是与对工人的经济上和生理上的压榨的增强、成本外化力度的加大以及由此而来的环境恶化程度的加剧联系在一起的。成本削减既会刺激那些先前已被禁止的对环境具有危害性的技术的复活，也会刺激那些更新的现代技术的出现，从而导致生态恶化的旧形式和新的形式（如高科技污染）并存。再者，经济危机还与降低资本流通时间的努力联系在一起，这反过来会使得企业更加不关注工人的健康、所出售商品的环境及卫生影响、城市条件及基础设施的可持续性存在等。另一方面，生态危机有可能引发经济危机。由资本自身所导致的生态问题——由"规范化的"市场力量、高额的地租、为交通拥挤所付出的成本以及能源成本的加大等因素所导致的原材料的短缺——会带来对利润的损害以及（或者）通货膨胀的危险，环境运动（以及劳工、城市及其他类型的社会运动）有可能会导致提高成本以及减少资本的灵活性或自由性等，从而危及或损害资本主义的积累，加重经济危机的程度。奥康纳将经济危机与生态危机的关系图示如下：

A. 仅限于资本积累的内在障碍

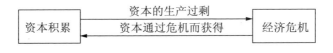

B. 仅限于资本积累的外在障碍

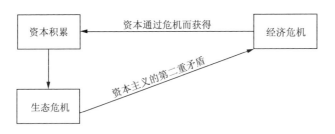

C. 完整的模型

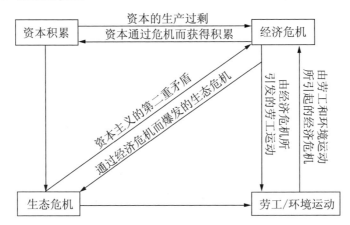

最后是资本主义的矛盾运动与资本主义政治危机和社会危机理论。资本主义的双重矛盾不仅会造成经济危机和生态危机，而且会引起政治危机和社会危机，形成资本主义的全面危机。第一，资本主义"生产条件的政治化"使得资本主义矛盾的解决会造成资本主义国家的合法性危机，即政治危机。在现代资本主义社会，无论是资本生产的物质条件、劳动力条件还是社会条件，都是在一定的财产制度、法律规范及社会关系中被生产和再生产或使之变得可以让资本得到的，同时，生产条件的生产和分配是不受市场（或价值规律）制约的，是资本主义国家本身创造出了这些条件，并且（或者）控制了对劳动力、土地及原材料的获得和使用的权利，以及参与和退出被马克思称为"生产条件"的那些虚拟商品的交易活动的权力。因此，可以这样说，"资本主义生产的一般条件就是劳动力、都市的基础设施和空间以及环境条件的存在能够在政治上获得保证"。① 如果这些生产

---

① ［美］詹姆斯·奥康纳：《自然的理由》，唐正东、臧佩洪译，237 页，南京，南京大学出版社，2003。

条件被忽视或供应中断，或生产条件的生产能力遭到破坏，那么，将会出现的就不仅是经济危机了，政府的合法性就会受到质疑，从而出现国家的"立法危机"或者执政党和政府的"政治危机"。同时，奥康纳反复提醒人们注意，由于资本主义国家权力与资本的特殊关系，环境破坏的问题不应该仅仅放在资本的维度上加以审视，国家与自然界的危机之间存在着非常深刻的内在联系。他为此批评正统的马克思主义者低估了国家政策在保证生产条件以商品的形式而存在，以及确保这些条件不断地以这种方式被生产出来的过程中的重要性。其实，正是"国家——如果能处在市民社会的民主化控制之下——将会成为重建自然界，以及重建我们人类与自然界之间的关系的基础"①。第二，资本主义的经济危机、生态危机也伴随着社会危机。资本对劳动的剥削一再导致劳动者的维权运动；资本对自然的掠夺性利用（包括对人类生物体本身的利用）一再导致环境运动（环境主义、公共健康运动、职业健康和安全运动以及围绕着性别政治而组织起来的妇女运动等）；等等。② 由经济危机和生态危机引起的政治危机、社会危机，包括经济危机的特殊表现形式金融危机，形成了资本主义社会的全面危机，这表明，资本主义制度存在总体性弊端和基因性缺陷。

（三）资本主义的危机依赖性及其自残性

奥康纳对资本主义第一重矛盾的分析得出的结论是"资本的生产过

---

① ［美］詹姆斯·奥康纳：《自然的理由》，唐正东、臧佩洪译，248 页，南京，南京大学出版社，2003。

② 参见同上书，273 页。

剩"，对第二重矛盾的分析得出结论的是"资本的生产不足"，"资本的生产过剩"和"资本的生产不足"在资本主义同一生产过程中并存，从逻辑上说，不就因此而"中和""抵消"了吗？这是奥康纳理论的逻辑矛盾，还是资本主义的现实特征？奥康纳认为："资本的生产过剩与资本的生产不足这两个过程并不是相互排斥的，它们可以相互弥补或相互补偿，并以此而给资本主义的发展创造出一种相对稳定的**外表**。"①产生这一现象的根本原因在于：资本主义既是一个充满危机的制度，又是危机依赖性的制度。

奥康纳认为："不管是马克思本人，还是其他的马克思主义者，都没有能够发展出一种理论，来解释由危机所导致的资本主义生产条件方面的变化，与生态学社会主义的条件建立起关系的问题。"②在传统马克思主义理论中，由危机所导致的生产力和生产关系方面的变化，是由削减成本、增加劳动强度、对资本结构进行重组等方面的需要所决定的。生产力和生产关系有着向更具社会性的形式转型的趋势。在生态学马克思主义中，资本主义不仅是充满危机的（就像在传统马克思主义理论中一样），也是具有危机依赖性的。由危机所导致的生产条件方面的变化同样也是由削减成本、降低地租、增加灵活性等，以及对条件本身的重组的需要决定的。但是，生态社会主义揭示出：资本主义正是在对危机的依赖性中自我否定的，资本主义国家、企业和资本家在应对危机中一次又一次地缓解矛盾、度过危机，从而积累着更大的危机，使资本

---

① ［美］詹姆斯·奥康纳：《自然的理由》，唐正东、臧佩洪译，253 页，南京，南京大学出版社，2003。

② 同上书，268 页。

主义制度最终走向自我灭亡。①

资本主义是一个充满危机的制度已如上述，如何理解资本主义制度是一种危机依赖性的制度呢？奥康纳提出，资本主义"这种体制需要一种周期性的危机的存在"，其原因在于，经济危机是一种强有力的、必不可少的惩戒性机制。危机给资本提供了一个机会，使它能够对自身进行重新整合，使自身理性化，以便能重新获得剥削劳动以及资本积累的能力。面对危机，资本会通过重构自身来利用危机，获得发展，度过危机。资本重构自身通常会采用两种一般性的同时也是相互依赖的方式。

资本重构自身的第一种形式，是对作为生产条件的生产力的调整，其目的是维持和恢复利润水平，因此，资本主义的危机依赖性的实质是利润依赖。对作为生产条件的生产力的调整，主要是通过技术革新来降低人口拥挤所付出的代价、在原材料利用方面增加灵活性等。这些改进

---

① 奥康纳同时指出，在非马克思主义的学术圈中，生产条件的不足所导致的危机会带来更为社会化的生产形式及生产关系形式的观念却不鲜见。施奈伯格（Schnaiberg）把经济的快速增长与对资源的加大利用和不断增长的环境问题联系在一起，这些问题反过来又会对经济的增长起限制作用，从而使在资源的使用、污染水平的控制等方面的计划性变得非常的重要。他把 20 世纪 70 年代的环境立法及控制政策视为环境的计划性的开端，由不利的生产条件（如成本）所导致的危机会带来更为社会化的生产力以及生产关系的观点，在如下的一些著作中就以萌芽的形式存在着，如威尔金森（R. G. Wilkinson）：《贫困与进步：经济发展的一种生态学分析》（纽约：普雷格，1973 年版），该书认为，划时代性的技术变化往往是由生态稀缺性所导致的；桑克尔和利尔（O. Sunkel and J. Leal）：《发展视域中的经济学与环境》（《国际社会科学学报》，413 页，1986 年第 109 期），该文认为，由于资源的自然生产率的下降，因此，资源的衰竭与稀缺会增加经济发展的成本，由此便需要新的能源资源以及技术方面的帮助，要求增强有效的计划性。（［美］詹姆斯·奥康纳：《自然的理由》，唐正东、臧佩洪译，281—282 页，南京，南京大学出版社，2003 年。注 27。）

对于降低劳动力再生产的成本、降低原材料的费用并使之更容易得到、提高原材料的利用效率、缩短生产和流通的周期和其他增加灵活性的措施等，都能起到系统性的作用。不管导致危机的直接原因是什么，以增加利润为目的对生产力因素进行重新调整是其必然措施和结果。同时，奥康纳提醒我们注意，由危机所引发的对作为生产条件的生产力的调整，是以生产条件再生产的更加社会化的社会关系形式为前提的，譬如，生产过程中的更为直接的协作方式。最为典型的例子是对农作物害虫的综合性防治模式，这种模式不仅以农民之间的更为有效的协作为前提，而且以培训及教育计划之间的更为密切的人类的协作为前提。协作无疑是最大的生产力。科学事业，或者说理论及实践知识的社会生产过程，几乎已经完全地变成了一种协作性的事业，奥康纳认为，在一定程度上，自觉的或不得已而进行的协作，都是历史过程中不断出现的经济、社会、政治、生态危机所导致的结果。

资本重构自身的第二种形式，是对由危机导致的生产条件的再生产的社会关系的调整，这种调整以对生产条件实施更有效的控制，使之增加计划性为目的，这表明利己资本的社会依赖性。为了应对危机，就要调整资本内部、资本之间、国家内部、国家与资本之间的关系，通过设置规划性更强的机构，实施对生产关系的规划增强对生产、投资、市场等过程的控制。从历史上看，有财政政策的调控、预示性的计划发布；有政治维度上的意识形态调控，像民族主义、法西斯主义、新理想主义和社会民主主义等；对城市及区域性的交通进行规划，制定全民健康规划、自然资源管理规划等，都是生产关系调整的形式。一个典型的例子是对付城市的烟雾，通过各种协会和组织的

联合来共同完成，而且首先要以降低烟雾排放的各种措施获得合法性
为前提。不管导致危机的直接原因是什么，以增强对生产条件的控制
为目的的这种社会关系的重构同样也是其必然的结果，由危机所导致
的生产条件的再生产的社会关系方面的变化，预示着或者说是以作为
生产力的生产条件的更为社会化的形式为前提的。可见，正像对生产
力的重构意味着更为社会化的生产关系形式一样，对生产条件的重构
意味着一种双向的作用——更为社会化的生产力维度上的生产条件形
式，以及更为社会化的社会关系形式，生产条件就是在这种多向度的
社会关系中被再生产出来的。

资本重构不管采取哪种形式，有一点是确定的，这就是国家总是以
有利于资本利益的形式来解决危机，正是在这个意义上，资本对经济危
机又有依赖性，依赖的实质是资本的利己性。通过国家行政干预、完善
计划体制、制定财政政策和各种法规、组织资本协作，使有利于资本的
社会关系得以建立或改善。在经济全球化的今天，"通过危机来完成的
全球资本积累"，已经使整个世界经济成为"过度资本主义化的世界经
济"。①

"经济危机"意味着经济发展的某种"转折点"，使资本主义到了一个
"做决定的时刻"。"危机会促进可变动性的计划以及有计划的变动性的
新形式的出现，这些新形式将加大一种更具变动性的资本主义与一种更
具计划性的资本主义之间的张力"，由此带来更多的国家控制、大型资

①　参见［美］詹姆斯·奥康纳：《自然的理由》，唐正东、臧佩洪译，前言 2 页，南
京，南京大学出版社，2003。

本集团内部的更多的计划性，使社会呈现为"在管理或组织方面更具社会性和政治性的资本主义"，一个"更少具有似自然性的资本主义"。①更为社会化的生产关系形式、生产力形式以及其他生产条件形式总合在一起，内含着一种转向社会主义形态的可能性。②但是，奥康纳强调，使生产力维度上的生产条件适合更为社会化的形式，绝不意味着资本主义存在一种向社会主义发生自我转变的"自然"趋势，因为社会关系与生产条件的再生产力量之间的"一致性"是非常松散的和易变的，"任何一种既定的作为生产条件的技术和劳动关系，都是与不止一种的把这些条件再生产出来的社会关系相一致的，同样，这些社会关系中的任何一种既定形式，也都是与不止一种的作为生产条件的技术和劳动关系形式相一致的"。当然，生产条件供应的更为社会化的形式，也许可以说是在一定的政治条件下向社会主义所迈出的一步，危机迫使资本及国家面对其自身的基本矛盾，这些矛盾后来被移置到政治的、意识形态的以及环境的维度之中，"当资本主义通过政治和意识形态而转向生产条件的供应方面的更为社会化的形式时，它是自我解构或者说自我颠覆的"，因为，它至少使社会主义变得更加让人能够理解。③

资本主义在危机中转变为更为社会化的生产力和生产关系形式，是由工人运动推动的。对劳动的剥削导致了工人的维权运动，对自然的利用（包括对人类生物体本身的利用）导致了环境运动，主要有环境

①　参见［美］詹姆斯·奥康纳：《自然的理由》，唐正东、臧佩洪译，274 页，南京，南京大学出版社，2003。

②　参见同上书，275 页。

③　参见同上书，271 页。

主义、公共健康运动、职业健康和安全运动以及围绕着性别政治而组织起来的妇女运动等，当今的女权主义、环境运动以及其他的新社会运动，正在"推动"着更为社会化的生产条件的再生产形式的不断产生。

资本主义对危机的依赖拯救不了资本主义。其实，资本主义的这种依赖过程也许像一个吸毒者，他将在对毒品的依赖性吸食带来的兴奋中走向死亡。这正是奥康纳《积累的危机》所要表达的重要寓意。他使用"资本的生产过剩"和"资本的生产不足"给资本主义带来了相对稳定的外表来表达这一趋势的原因。

(四)"生态可持续的资本主义"之不可能性

面对经济危机和生态危机这两道资本主义的生命大限，有人提出了"可持续性的资本主义""生态资本主义"或"生态可持续性的资本主义"的发展模式。奥康纳经过深入研究，对此做出了否定的回答。他写道："关于某种生态性的资本主义或某种可持续性的资本主义的理念，在理论上至今仍未得到过清晰的表述，更不必说它可以在某种制度化的基础设施中得到体现了。"①

"持续(sustain)"这个词的最早含义是"支持""维护某种进程"或"保持一种状态"。奥康纳提出，不同的人对"持续"有不同的理解和意见，那些担负着保存资本并扩大其积累重责的团体首脑、财政部长或者国际

---

① ［美］詹姆斯·奥康纳：《自然的理由》，唐正东、臧佩洪译，395 页，南京，南京大学出版社，2003。

性组织的公务员，都把这一层含义奉为圭臬。"持续"的第二层含义是
"提供食物和饮水，或生活必需品"。第三个含义是"忍受而不放弃或屈
服"。就以往的情况看，"持续"这个词被用在上述全部意义上：在全球
化的资本主义积累"过程中起维护"作用；为这个世界上的各民族"提供
生活必需品"；对于那些生活方式正受工资和日常消费形式戕害的人来
说，则是"忍受而不屈服"。除此之外，"持续"还有第四种含义，即"生
态可持续性"。其实，在奥康纳看来，"可持续性是按生态学的观点来加
以定义的"①。在上述几种含义上，"生态可持续性的资本主义"为什么
不可能呢？

　　奥康纳对先前关于"资本主义可持续性"研究缺乏系统的生态学视角
持批评态度。他提出，在生态经济学兴起以前，经济学家们一直是纯粹
用经济学的术语来讨论资本主义的可持续性问题，如金融资本、投资与
消费、利润与工资、成本与价格等。这种研究所涉及的自然的或物质的
因素主要以两种样式出现在经济增长模式中：第一，以租赁理论的形式
出现，自然物是有价格的，以付费的方式使用自然资源；第二，体现在
"加速器"这个概念中，或者新生产力可预期生产出的物质产品的总量，
讨论的是自然界对于提高生产率的价值。② 奥康纳的这一批评是符合学
术研究的实际的。按照这种思路论证资本主义生产发展，"可持续的资
本主义"是不可能的。对资本主义发展的可持续性思路是"自然的资本
化"，不可持续性的论据是"资源有限论"。例如，罗马俱乐部的学者们

---

　　①　［美］詹姆斯·奥康纳：《自然的理由》，唐正东、臧佩洪译，395 页，南京，南
京大学出版社，2003。

　　②　参见同上书，383 页。

的论证方式是最激进的，他们主张"零发展"，即"维持"目前的发展水平。奥康纳认为这是不可能的。只要走"自然的资本化"道路，只能提高自然的资源化水平，抬高资源价格，最终把价格负担转嫁到消费者头上，既对企业无损，也对自然界无益，它丝毫降低不了资本对自然的开发掠夺速度；"资源有限论"确实对人们具有警示意义和作用，但是，这种理论的作用靠的不是制度而是良知，而资本只在乎利润，不要说良知，甚至是连风险都不顾的；"零发展"按说是一种可行的思路，对于缓和人与自然的矛盾是有益的，但是，这是不符合资本的本性的，因为"零发展"对于资本主义企业"几乎没有利润可言"，这既不符合资本主义的生产目的，也是无法继续的，因为按照前面我们已经论述过的理由，由于资本主义生产要素成本、条件成本的成本上升趋势理论，"零发展"是任何资本主义企业都无法为继的，为剩余价值而生产的资本发展只能走扩张主义道路。还有一条重要的理由是奥康纳没有注意到的：在一个发展极不平衡的世界里，对于不同国家而言，"零发展"的"零标准"是什么？是以美国为代表的发达国家，还是中等水平或欠发展国家？如果以美国为"零标准"，首先美国不会同意，其次是地球无法承受；如果以中等水平或欠发展国家为"零标准"，那么，高于"零标准"的国家都必须实行"负增长"，它们更不会同意。如此等等，笔者认为，这些实在都是"资本主义乌托邦"。

再就是最新的发展思路，即"生态资本主义"道路，奥康纳认为，这也是走不通的。他认为，他对资本主义的批判超越前人的地方，就在于他采取的是生态马克思主义的思路。

我们现在所面对的这个世界，奥康纳概括为"过度资本主义化的世界"，它的一个重要特征是"自然界的资本化"。这对于资本主义来说，是一个非常高的发展起点，也是资本主义国家极高的消费水准。资本不再仅仅是占有一些自然物，将其用作不变资本和可变资本的构成成分，然后再把它们变成商品，相反，资本是按照自身形象从生物层面、物理层面、政治层面和意识形态层面上再造了自然及其产物。前资本主义的或半资本主义的自然被改造成了一种特殊的资本主义自然。奥康纳说，也许在未来的某个时候，自然就会变得面目全非了，或者就会变成与大多人的经验完全不同的样子了。到那时，在经济危机的驱使下，物理自然或许就会被当成一个好像受价值规律和资本主义积累过程支配的自然了，如同生产铅笔和快餐食品一样。这是不是就能突破资本主义的发展界限呢？回答也是否定的。

讨论这个问题首先必须明确三个前提：第一，从经济学的观点来看，"可持续性的资本主义必然是一种扩张型的资本主义"；第二，资本主义的可持续性扩张必须依赖于积累和利润，用马克思的话来说，资本主义必然是"要么进行积累要么就死亡"的社会；第三，"利润也是进行扩张的动机"。明确了这三个前提，我们不难得出"生态可持续的资本主义"绝不可能的两个结论。

第一，资本主义的可持续性依赖于积累和利润，但是积累的持续增长并不能带来利润的持续增加。利润也是进行扩张的动机，增加利润要通过扩大积累来实现。一个正数的总体利润率就意味着产品总量的增长，利润增加和产品总量增加互为手段、目的和前提。因此，在头脑简单的人看来，在资本主义的这种最简单的模式中，如果其他条件保持不变，资本的积累率依赖于利润率，利润率越高，资本主义就越具有可持续性。负的利润率反而会招致经济困难，至少会引发经济不景气，普遍性的资本价值缩水、萧条和危机。在这一模式中，任何人或任何事只要妨碍了利润增长、新增投资和市场扩张，都会对这一体系的可持续性构成威胁，这也就是说，最终会造成一场经济危机，同时，也会因此带来经济、社会和政治的未知的和不可知的后果。其实，利润率的持续提高是不可能的，它的发展界限不是"生产界限"，而是"需求界限"。因为如果其他一切条件都不变，生产出来的利润越多，对劳动的剥削程度就越高，市场需求就越小，反过来，影响到利润的实现，即对劳动的剥削程度越高，能够实现了的利润就越少。为了摆脱这一困境，必须依赖"国家凯恩斯主义"：实行并扩大政府预算赤字，制定抵押和消费信贷、商业借贷以及积极的外贸与投资政策等，以至建立全球性的政治经济体系，即"凯恩斯式的全球宏观经济管理"。[1] 在奥康纳的眼里，所谓"全球性的宏观管理"确实是存在的，如西方七国集团的央行行长和财政部长、国际货币基金组织以及国际结算银行所担负的就是这种宏观管理的职责。然而，这种类似于全球资本主义国家的组织形式，从总的方面来说是受制于大资本的，从具体的方面来说是受制于金融资本的。只要我们认真思考排查就不难发现，至今也没有一个"全球性的议会"来制定关于最低工资标准的法律和保护条款，也没有什么世界性的劳工部、社会福利部、环境署以及其他合法力量来传播凯恩斯主义的见解，保护劳动者和发展中国家的利益。其实，奥康纳没有注意到，发达资本主

---

① 参见[美]詹姆斯·奥康纳：《自然的理由》，唐正东、臧佩洪译，385—386 页，南京，南京大学出版社，2003。

义国家的发展，是以其他众多发展中国家有所发展又发展不足为条件的，因此，其他国家的快速发展，特别是像中国这样的不断成为独立的世界强国的发展，是资本主义国家所不愿看到的，也是不能容许的。

第二，资本主义持续发展需要不断发展生产条件，但是，生产条件的资本化——尤其是环境和自然的资本化——具有加大资本成本并降低其适应能力的倾向。[①] 生产的社会条件的创造又受到资本主义制度的限制。制造社会性生产条件，或者调节资本获取它们的方式，是一种国家行为。可是，在资本主义国家中，"每种国家行为，几乎包括所有的国家机构和预算项目，都与帮助资本获取劳动力、自然或市政空间和基础设施等有关"[②]。同时，"多元主义的与妥协性的政治逻辑常常阻碍了那种总体性的环保、市政和社会规划的发展"。一方面，国家的行政部门或官僚机构的逻辑是非民主的，环保动机以及其他一些问题只可能源于下层；另一方面，"资本的自我扩张逻辑是反生态的、反城市规划的与反社会的。"[③]就目前的情况看，在所有发达资本主义国家中，那种致力于生态、市政和社会的总体规划的国家机构或社团型的环境规划机制是不存在的。因此，关于"一个生态上具有可持续性的资本主义是否可能？"这个问题的完整答案是："除非等到资本改变了自身面貌以后，到那时，银行家、短期资本经营者、风险资本家以及 CEO（执行总裁）们

---

①　参见［美］詹姆斯·奥康纳：《自然的理由》，唐正东、臧佩洪译，391 页，南京，南京大学出版社，2003。

②　同上书，392 页。

③　同上书，394 页。

在镜子中看到的将不再是他们现在的这副尊容，舍此而外，这种生态上具有可持续性的资本主义绝无可能。"①这种设想，从基本理念的清晰表述到基本制度、基础设施都没有兑现，也难以兑现。

可持续发展是可能的，也是必需的，但"可持续性的资本主义"是不可能的；生态文明是应该的，但"生态资本主义"是不可能的。只有生态社会主义才是可能、可行、应当之路。

（五）奥康纳资本主义生态批判理论的贡献

由上述我们对奥康纳的资本主义生态批判理论所做的较为系统的叙述可以看出，这些理论是对马克思主义资本主义批判理论的重要补充，同时也把马克思的资本主义批判理论时代化了，既具有重要的理论意义，也具有重大的实践价值，在马克思主义学脉中产生了重要影响，具有一定的历史地位。

奥康纳资本主义生态批判理论的贡献可以概括为如下三点：

第一，奥康纳关于资本主义的双重矛盾理论，是对马克思主义资本主义批判理论的重要补充。马克思的确揭示了资本主义的生产力与生产关系的矛盾，并由这个矛盾分析了资本主义经济危机的必然性，指出了资本主义这一矛盾在资本主义制度构架内的不可调和性。这一矛盾的揭示，是马克思主义的资本主义批判理论的基础和核心。可以这样说，这对矛盾是与资本主义共存亡的，任何一个资本主义国家，解决了这一矛

---

① ［美］詹姆斯·奥康纳：《自然的理由》，唐正东、臧佩洪译，382—383 页，南京，南京大学出版社，2003。

盾，就意味着它放弃了资本主义基本制度。但是，作为马克思主义资本主义批判理论根基的这一重要理论，却被当今的一些马克思主义者所放弃。加拿大著名生态马克思主义学者本·阿格尔就是这一主张的代表。他在《西方马克思主义概论》中提出，马克思主义关于工业资本主义生产领域的危机理论已经失去效用，资本主义的危机已经由生产领域转移到消费领域，因此，生态危机取代了经济危机。奥康纳却不是这样，而是以资本主义的第一重矛盾为基础，分析这一矛盾的解决出路，由此揭示了资本主义的第二重矛盾，即资本主义的生产力和生产关系与生产条件的矛盾，或者表述为资本主义再生产与生产条件的矛盾。当资本主义的生产力与生产关系之间产生矛盾，特别是造成经济危机时，资本家和资本主义国家，必然要努力寻找生产复苏和经济发展的社会条件。对于资本主义解决矛盾的目的和思路，奥康纳指出，一方面，资本主义国家对生产条件的创造，其目的取向必然是为了资本的利益而不是为了劳动的利益；另一方面，有利于解决资本整体的条件一定是越来越具有社会性的条件。可是，再生产条件的社会性的增加恰恰是有悖于资本的私有本性的。资本主义制度正是在创造资本再生产的社会条件中发展出自我否定的趋势。可见，这与第一重矛盾一样，也是资本主义无法摆脱的矛盾，要想彻底解决这一矛盾，只有一条可能性道路：走向社会主义。

第二，奥康纳基于资本主义的双重矛盾理论，揭露了资本主义的经济危机、生态危机以及由此引发的资本主义国家的合法性危机（政治危机）和社会危机，把马克思主义对资本主义的资本批判逻辑与生态批判逻辑有机结合起来，这是对马克思主义资本主义危机理论的重要拓展。由于资本主义的双重矛盾，资本主义必然出现经济危机和生态危机，并伴随或引起政治危机和社会危机。经济危机是生态危机的根源，生态危机同样会引起或加重经济危机。在经济危机和生态危机出现及摆脱危机的过程中，人们普遍对资本主义的政府和执政党不满，于是，政府和执政党会因此面临合法性危机（政治危机）；同时，当危机带来社会不公、生活质量下降、环境污染等问题时，工人运动和各种社会的反抗活动就会出现，必然形成社会危机。概而言之，奥康纳的重要判断是：根据马克思的资本批判逻辑，资本主义具有反生态性。这是当代资本主义批判的最具时代性的重要贡献，对生态学马克思主义产生了重要影响，对于批判当代资本主义的卫道士们提出的"可持续的资本主义""生态资本主义"具有重要价值。奥康纳关于资本主义对近代"'自然'概念意识形态化""自然界的资本化""过度资本主义化的自然界""健康的自然界"等范畴的制定，对于人们认识当代自然界、认识人与自然的关系、揭露资本主义生态卫道士的面纱，具有重要的认识工具意义。

第三，奥康纳把资本主义的生态批判与改造资本主义的社会运动结合起来，鲜明体现了马克思主义改造世界的理论特质和理论服务实践的马克思主义学风。我们在他的书中，随处都可以看到每谈生态危机总是将其与"新社会运动"联系起来。他主张，劳动者与新社会运动之间的密切关系不仅是能够而且是必然要建立起来，他在一定的程度上支持"红色的绿色计划"（red green project），认为它并不是一种简单的乌托邦，其中有许多理想主义的成分有待于付诸实施。他甚至赞同激进的生态学，认为它"正在变成一种大家都认可的并且正为之努力工作的重要力量，大家都在捍卫着这种力量并努力使之不断发展下去"①。这种学风是 20 世纪 90 年代以来西方生态学马克思主义的重要特征，从亚当·高兹的《作为政治的生态学》《资本主义、社会主义、生态学》到大卫·帕珀的《生态学马克思主义：从深生态学到社会正义》，都把生态马克思主义研究与生态社会主义运动的探索结合起来，奥康纳则把这一传统推向了一个新的理论高度。

三、分配性正义之后：生态学社会主义何以可能

奥康纳对资本主义的批判，把资本主义矛盾的解决、生产条件的创造中的社会性的增加，与社会主义的可能性结合起来，鲜明指出了分配性正义的严重缺陷，提出了实现生产性正义的新主张，有力论证了资本主义发展的社会主义未来前景。当然，奥康纳是用"一个必然、一个可能性"——资本主义的必然灭亡、社会主义选择的可能性，代替了马克思主义的"两个必然"——资本主义的必然灭亡、社会主义必然胜利——的结论。当然，这也是西方马克思主义的普遍思维方式和基本理论特征。

(一)生态学与社会主义结合可能性的论证

奥康纳首先分析了西方的社会主义者的历史性探索及其存在的问

---

① ［美］詹姆斯·奥康纳：《自然的理由》，唐正东、臧佩洪译，25 页，南京，南京大学出版社，2003。

题。西方的社会主义者为解决资本主义生产所造成的经济危机通常采取两种举措：一是主张"分配性正义"，要求社会更为平等地分配财富和收入。二是提高生产率和生产水平，扩大劳动规模，为更高的平等创造经济条件。事实证明这些解决办法不可能取得成功，原因在于以下两点：第一，在资本主义社会中，无论如何进行改革，对财富和收入进行某种平等的分配必定会挫伤劳动积极性，而且还会加剧来自右翼的政治攻击，从而又会削弱生产率和生产规模；第二，在资本主义制度下，生产率和生产的扩张又是以对劳动更高而不是更低程度的剥削为前提的。正因为如此，历史证明这两种举措都是不成功的。这些想法其实就是 20 世纪七八十年代的社会主义者、社会民主党人和工党的大体相同的做法。①

　　奥康纳还对绿色主义者的探索及其存在的问题进行了分析。绿色主义者在人与自然的关系中，把地球看作第一位，把保护星球生态统一性作为首要问题。这种基本认识使他们面对资本主义生产导致的自然条件退化通常主张两种补救方法：其一，与社会主义者提倡的办法一样，主张对财富和收入进行更为公平的分配，他们认为，有了公平分配，即使贫困也不会导致生产者为了物质需要而去破坏自然，从而降低对自然的开发速度；其二，与许多社会主义者、劳工运动的主张不同，他们主张保持经济的零增长、慢增长或可持续性的增长。这样就能从根本上降低资源损耗，减缓对自然的开发，同时也能减少污染。实际上，这后一种良好愿望与资本主义的本性是格格不入的，平等分配财富和收入不是资本主义的内在要求，不

---

① 参见［美］詹姆斯·奥康纳：《自然的理由》，唐正东、臧佩洪译，424 页，南京，南京大学出版社，2003。

平等分配才是资本主义制度设计的"动力源泉"和本质属性，在资本主义制度中，对财富和收入进行平等的分配必然会损害资本利益；零增长、慢增长更是与资本主义本性相矛盾的，且不说资本主义生产的本质是为剩余价值而生产，资本主义生产遵循的是一种"扩张性逻辑"，就是经济运行本身，零增长、慢增长在资本主义制度下也会造成经济危机，在经济危机中，个别资本争相降低成本，反过来又会导致更严重的生态破坏。

绿色主义者和社会主义者事实上都关注对方探索的问题，而且也有不少相通、相同之处，遗憾的是，在过去相当长的时间里却相互指责。绿色主义者认为，许多西方马克思主义者，当代的劳工运动、社区运动和环保运动者以历史唯物主义为哲学基础的社会主义是导向"生产主义"的，是一种"无限制地或盲目促进增长的意识形态"，因而是危险的，他们因此主张抛弃社会主义；而在社会主义者看来，绿色主义坚持"反生产主义"立场，是一种同经济短缺和"禁欲主义"联系在一起的意识形态。[①] 在这种对立思维和完全异质的主张中，生态学与社会主义的结合有无可能、何以可能呢？对此，奥康纳做出了肯定性的回答。

通过对生态问题的深入分析，奥康纳认为，生态学与社会主义结合的可能性、必然性存在于世界资本主义矛盾本身和生态问题的世界性。第一，经济全球化的背景是生态学社会主义理论产生的现实土壤。在刚刚过去的 20 世纪，人类社会的生产力正以前所未有的速度迅猛发展，世界资本主义矛盾在经济全球化的过程中日益加剧，与此同时，地球的

---

① 参见［美］詹姆斯·奥康纳：《自然的理由》，唐正东、臧佩洪译，425—426 页，南京，南京大学出版社，2003。

生态环境也在以前所未有的速度急剧恶化。奥康纳认为，在这种形势下，"通过危机实现积累"的资本主义生产模式导致了"社会经济重构"的双重效应。一方面，当资本主义遭遇需求不足的经济危机时，资本家主要通过扩大出口和削减成本来维持利润。由于利润的驱动，绝大多数资本家都会选择外化社会成本和环境成本来降低生产成本，而极少考虑环境污染、资源破坏以及工人的健康等问题。于是，资本家为了摆脱经济危机却导致了生态危机。另一方面，这种非理性的成本外化，从长远来看实际上会提高生产成本，从而引发经济危机。毫无疑问，经济危机和生态危机已经表现为同一历史过程的两个侧面，它们相互交织，互为因果，形成恶性循环。就世界范围来看，这使得更多的劳动者因为不堪忍受日益严重的经济和生态的双重剥削之苦而逐渐投身到反对资本主义的新社会运动中去。奥康纳据此断言："备受危机折磨又依赖于危机的资本主义已把社会主义维度上的那些传统问题和生态学维度上的那些相对较新的问题（'新'是根据大众意识来说的），逼到政治议程的前台来了。资本主义已证明自己就是社会主义与生态学能达成某种婚姻关系的媒人，或者更谨慎地来讲，如果说这种婚姻关系的前景还遥不可及，那么至少可以说，某种婚约关系已开始了。"①第二，从理论上看，无论是生态学，还是（传统）社会主义，由于它们各自的理论特性与局限性，使得它们无法单独解决资本主义的危机。奥康纳指出，生态学与地方主义相联系，强调地方和区域生态系统的整体性；社会主义则与国家

---

① ［美］詹姆斯·奥康纳：《自然的理由》，唐正东、臧佩洪译，432 页，南京，南京大学出版社，2003。

性、国际性相联系，强调的是经济"分配正义"和人与人之间的和谐关系。然而，在全球化时代，地方性不仅相互联系在一起，而且它是与国际经济的总体性联系在一起的，生态问题不仅是经济问题、社会问题和地区问题，更是政治问题和世界性问题。他明确提出，"大部分的世界性生态问题是不能在地方性的（生态/地理）层面上获得恰当阐释的"[①]。因此，生态学必须把各种地方性的策略定位于普遍性的、国家的以及国际的大前提之下，将地方性扬弃为民主的社会经济和政治的新形式。根据上述理由，奥康纳得出结论："社会主义需要生态学，因为后者强调地方特色和交互性，并且它还赋予了自然内部以及社会和自然之间的物质交换以特别重要的地位。生态学需要社会主义，因为后者强调民主计划以及人类相互间的社会交换的关键作用。"[②]

（二）生态学社会主义理论的重新规制

在论证生态学与社会学必然结合的基础上，奥康纳进一步对生态学社会主义进行了具体的探讨。

20 世纪 70 年代以后，随着世界资本主义矛盾的不断激化，西方资本主义国家兴起了形形色色的新社会运动（如女权运动、环保运动、社区运动等），它们种类繁多，形式各异。但就内容来说，由于它们都反对过度生产，主张对自然奉行"保护第一"，因而常常被不加区分地统称

---

① ［美］詹姆斯·奥康纳：《自然的理由》，唐正东、臧佩洪译，432 页，南京，南京大学出版社，2003。

② 同上书，434—435 页。

为生态学社会主义流派。奥康纳一方面肯定了这些新社会运动对减缓生态问题所起到的积极作用，另一方面又一针见血地指出，"保护第一"是不可能在资本主义制度内部取得成功的。在他看来，这些新社会运动既没有一个正确的理论基础，也没有一个共同的政治目标，仅仅用一些零散的社会集会直接抵制生态恶果，不可能在各种"进步力量"之间达成持久的统一。究其原因，还在于它们仅仅停留在具体的社会现象层面，并没有深入考察危机的真正根源，因此，这类运动必然很难触及变革社会制度的层面。

与此不同，奥康纳对生态学社会主义的独特阐释是建立在马克思主义理论基础上的，无论是其理论目标，还是分析方法都与马克思主义有着根本的一致性。奥康纳开宗明义地指出："生态学社会主义所寻求的正是使传统社会主义本身的批判性理想得以实现。"①因此，在具体阐明生态学社会主义理论之前，我们有必要先对"传统社会主义"本身做一番考察。奥康纳指出，马克思揭示了资本主义生产的目的是为了追求利润或剩余价值，而不是满足需要。因此，可以说，在资本主义社会，数量重于质量。一直以来，社会主义者都将此奉为自己的第一原理。然而，在奥康纳看来，社会主义者虽然在理论上对资本主义的生产进行了定性的批判，实践上却一直围绕着"更多、更好"的内容（例如，要求提高工资、缩短工作时间等）努力追求一种社会民主的"分配性正义"；"从逻辑上来讲，传统社会主义对资本主义的批判应该导向'生产性正义'。但事

---

① ［美］詹姆斯·奥康纳：《自然的理由》，唐正东、臧佩洪译，526 页，南京，南京大学出版社，2003。

实上，它却导向了分配性正义的要求。社会主义者对资本主义生产关系进行了批判，但后来致力于改革资本主义的交换关系"①。

由此，奥康纳判定，社会主义否认了自己的第一原理。在此基础上，他进一步指出，某些东方国家的"真正的社会主义"实践的失败，南方国家的带有社会主义特征的民族主义模式的破产，以及西方国家的社会民主主义式的凯恩斯主义福利国家制度的合法性丧失，这三种"古典管理模式"失败的原因在于"它们在经济上都是自我—毁灭性的，因为它们在经济上的成功都带来了一些问题，而这些问题是无法在这些模式各自的范围内获得合理解决的。而且，它们在意识形态上也都是自我—毁灭性的，因为所有这三种模式都把社会主义和社会民主等同于民族国家和民族主义，而且通常还将其等同于各种形式的国家主义"。在奥康纳看来，要想批判以上三种失败的社会主义实践模式并不困难，但问题在于，正是这些失败的实践，常常被错误地等同于"社会主义"理念的死亡，以至于使这个词汇从各种激进运动的字典中被删除。随之而来的是，各种各样的非国家主义或反国家主义的意识形态和实践（诸如，新自由主义、民粹主义、社群主义、各种各样的分离主义等）层出不穷，试图填补社会主义这个巨大的政治空洞。社会主义的合法性也因此遭到质疑，甚至连一些马克思主义者本身也开始怀疑，社会主义理念本身到底可能吗？对此，奥康纳的回答是斩钉截铁的。他认为，社会主义理念不仅是可能的，而且是必要的。社会主义理念必须被复活，同时还要，

---

①　[美]詹姆斯·奥康纳：《自然的理由》，唐正东、臧佩洪译，514—515 页，南京，南京大学出版社，2003。

"第一，把它从对定量性改革实践和分配性正义的迷恋中拯救出来，代之以（或补充进）定性的改革实践和生产性正义；第二，从意识形态上斩断它与民族主义和国家主义的关联"①。在此基础上，奥康纳用"生态学社会主义"这个术语来界定这样一些理论和实践："它们希求使交换价值从属于使用价值，使抽象劳动从属于具体劳动，按照需要（包括工人的自我发展的需要）而不是利润来组织生产"②。

奥康纳分析道，上述定义体现出以下两层意思：第一，从理论上来说，生态学社会主义重视定性的理论批判，主要体现在对使用价值、具体劳动以及定性斗争的重视。根据马克思的研究结论，奥康纳指出，资本主义的财富表现为"庞大的商品堆积"，每个商品都有交换价值和使用价值，交换价值是以劳动时间来度量的，因此是一个量的概念，而使用价值是指一种物品能够满足人们某种需要的属性，因而可以被看作一个质的概念。使用价值又可以分为两种类型：一是用来生产别的商品的商品，即"作为生产性投入的那些使用价值因素"；二是直接用来满足人的需求的商品，也就是"用来再生产劳动力的作为使用价值的消费品"。与商品的二重属性相对应，商品生产的过程既是生产交换价值的抽象劳动过程，也是生产使用价值的具体劳动过程。在奥康纳看来，由于马克思的危机理论主要是想证明资本主义生产关系从本质上来说是充满危机（并依赖于危机积累）的，因此，"马克思的危机理论重点关注的是货币资本、生产资本以及商品资本的周转过程之间及其内部（以及危机的不

---

① ［美］詹姆斯·奥康纳：《自然的理由》，唐正东、臧佩洪译，515—516 页，南京，南京大学出版社，2003。

② 同上书，525—526 页。

同形式之间)在数量上所发生的断裂或中断。它既不关注资本与劳动在阶级力量对比上的变化，也不关注作为生产性投入的那些使用价值因素（劳动力、能源、原材料及空间等）的稀缺性"①。并且，"虽然马克思及其追随者强调了社会关系的质的方面（工人运动、社区、互助论等），但是他们既没有从理论上系统地研究生产力（机器、劳动技能等），也没有研究'再生产力'（用来再生产劳动力的作为使用价值的消费品）"②。这使得他们也很少关注那些根源于劳动过程的社会与政治斗争（如对污染、危机的和不卫生的劳动条件的抗议）。简而言之，奥康纳认为传统社会主义只重视"量"的分析，轻视了"质"的研究。生态学社会主义则试图弥补这一缺憾，在定量分析的基础上，加强对使用价值和具体劳动的定性研究。在奥康纳看来，使用价值（最终产品）理论必须以某种需求理论为前提条件。但是，这种需求理论并不是根据个人对某种商品的主观评价来判断，而要根据使用价值再生产劳动力（更普遍地说，再生产整个社会）的方式来研究需求。他深刻地指出，在资本主义社会中，商品交换关系的明显特点，就在于使用价值是服从于交换价值的。因此，外在的交换价值被人们错误地视为所追求的对象，这种需求显然是异化的，究其实质，还是由资本主义生产方式在我们背后生产出来的。与此相反，生态学社会主义主张交换价值服从使用价值，抽象劳动从属于具体劳动，按照需要（包括工人的自我发展的需要）而不是利润来组织生产。同时，还要引起对（源于劳动过程的）定性斗争的重视。客观地说，与大多

---

① ［美］詹姆斯·奥康纳：《自然的理由》，唐正东、臧佩洪译，521页，南京，南京大学出版社，2003。

② 同上书，522页。

数站在消费领域批判资本主义、用消费与生产的矛盾置换生产的本质性矛盾的西方马克思主义学者相比，奥康纳从商品的使用价值和交换价值展开他对资本主义批判的做法无疑是进步的。但是，我们也应该注意到，奥康纳对这对范畴的运用并不严谨，在使用"交换价值"范畴的时候忽略了对"价值"范畴本身的研究。马克思在《1857—1858年经济学哲学手稿》中说过，"价值"是现代经济学的范畴，正是价值概念泄露了资本的秘密。在马克思的政治经济学中，只有价值和使用价值才是商品的二重属性。价值的实体就是无差别的一般人类劳动，交换价值是价值的外在表现。有使用价值而没有价值的物品，是产品而不是商品，价值是商品的最本质因素。马克思正是通过价值范畴，才推导出剩余价值的存在，从根本上揭露了资本家剥削工人的本质。奥康纳不加区分地用交换价值直接取代价值，这说明，他并没有领会到马克思区分价值与交换价值的理论意义，这使他的理论批判力度在一定程度上受到削弱。

第二，与定性的理论批判相对应，生态学社会主义在实践上追求一种定性的改革，具体来说，就是主张一种超越"分配性正义"的"生产性正义"。奥康纳认为，"在资产阶级思想中，'正义'是指事物的平等分配，而不是指事物的**平等**生产，例如，法律面前人人平等，并不是指人人都平等地制定法律（事实上，法律是由精英制定出来的）。因此，资产阶级的正义是'分配性正义'，不是'生产性正义'"①。从目前的情况看，人们至少使用三种类型的"社会分配性正义"：第一，经济的正义；第

① ［美］詹姆斯·奥康纳：《自然的理由》，唐正东、臧佩洪译，535页，南京，南京大学出版社，2003。

二，生态的或环境的正义；第三，社区的或公共的正义。这三种正义的思路都建立在这样的同一前提之上："任何东西，不论是正面的还是负面的（积极的还是消极的外化物），都可以用一个最小公分母即金钱来进行衡量。"①因此，资本所欠下的经济债务、生态债务与社区债务都可以通过金钱来偿还。在奥康纳看来，这种所谓"正义"正如马克思在《共产党宣言》中对资产者所说的："你们的观念本身是资产阶级的生产关系和所有制关系的产物，正像你们的法不过是被奉为法律的你们这个阶级的意志一样，而这种意志的内容是由你们这个阶级的物质生活条件来决定的。"②因此，这样的"正义"只是在资本主义体系中追求分配的平等，就生态维度而言，实质上关涉的是生产和积累的正面因素和负面因素的平等分配，或者说关涉交换关系，因而也可以称作"社会民主的分配性正义"。相反，"'生态学社会主义'则关涉生产和积累的正面因素和负面因素的**生产**，或者说，关涉包括劳动关系在内的社会**生产**关系。生产性正义强调能够使消极外化物最小化、使积极外化物最大化的劳动过程和劳动产品（具体劳动和使用价值）"③。奥康纳的具体逻辑思路是：资本的积累必然遇到"外在性的障碍"，包括自然性障碍和"社会性障碍"。消除这些障碍必须为资本生产创造社会条件，资本主义生产条件的供应不是资本家能够完成的，如公路、铁路、航空等设施，要跨越地区、国家，

①　［美］詹姆斯·奥康纳：《自然的理由》，唐正东、臧佩洪译，536 页，南京，南京大学出版社，2003。

②　《马克思恩格斯选集》第 1 卷，289 页，北京，人民出版社，1995。

③　［美］詹姆斯·奥康纳：《自然的理由》，唐正东、臧佩洪译，538 页，南京，南京大学出版社，2003。

必须由国家来完成。再比如，环境污染、生态破坏，也不是任何一个资本家愿意且能够解决的，它必须依靠国家甚至国际这些超资本力量。当然，其中也伴随着资本的"社会障碍物"——社会运动、社会斗争、政治斗争，迫使国家不能不如此。奥康纳由此认为，资本生产条件的供应导致了生产条件的社会化和政治化。"我们必须认识到广义的关系不仅存在于劳动力与资本之间，也存在于资本与国家之间。"①可以说，"由国家行政机关组织生产是一系列政治要求的结果"②。但是，奥康纳同时强调，为了防止出现传统社会主义实践中的国家极权，生产资料不能归国家所有，而应采取社会化的形式。国家仅仅是作为宏观调控的中介，担负维护"生产性正义"的责任。并且，生态学社会主义是具有明显的国际主义特征的。为了避免狭隘的地方性的"生产性正义"导致危机的地区转移，奥康纳提出了"全球性地思考，全球性地运动"口号来代替绿色主义者"全球性地思考，地方性地运动"口号，从而主张发起一种国际性的激进绿色运动。因此，奥康纳特别强调，"这里所谓的'国家'也指像国际货币基金组织（IMF）这样的国际性的国家组织"③。

基于以上阐述，我以为，奥康纳对生态学社会主义的阐释，其理论实质是一种社会主义制度下的"国家"调节主义。追根溯源，这种思想是在他早期的"国家危机理论"基础上发展起来的。在《国家的财政危机》

---

① James O'Connor, *The Fiscal Crisis of the State*, New York: ST. MARTIN'S PRESS, 1973, p. 64.

② Ibid. , p. 64.

③ ［美］詹姆斯·奥康纳：《自然的理由》，唐正东、臧佩洪译，492 页，南京，南京大学出版社，2003。

(*The Fiscal Crisis of the State*)中，奥康纳指出，资本主义国家实质上是维护统治阶级即资本家的利益的，因此，国家具有维持资本积累(accumulation)的职能，即积累性职能。同时，为了维护社会的和谐，国家必须承担合法性(legitimization)的职能。与此相应，国家的财政支出也可以分为"社会资本"(social capital)和"社会支出"(social expense)两部分。为了维护自身统治的合法性，国家必须在财政支出的分配上同时获得资本家和人民的认可。但是由于"每一个经济和社会的阶层都希望政府尽可能多地把社会支出用于自己身上，却不愿意承担更多的赋税……当财政支出增长的速度快于整个社会生产的增长时，国家的财政危机就出现了"。[1] 由于资本主义国家的合法性职能必须依赖国家扩大财政支出，以维持社会和谐，特别是各阶级之间的和谐，因此当财政危机恶化到一定程度，国家也将遭遇合法性危机。在奥康纳看来，造成这一状况的原因在于资本主义生产本身的非法性，究其实质，"财政危机的根源是资本主义生产自身的矛盾——生产是社会的，然而生产资料被私人占有的事实[2]。在此基础上，奥康纳断定："资本主义国家的财政危机是国家支出与财政收入之间的结构性缺口所产生的不可避免的结果，其根源仍然是资本主义制度本身，因此，只有社会主义才能恒久地解决危机。"[3]

　　奥康纳认为，他的生态学社会主义与传统社会主义在社会主义实现

---

[1]　James O'Connor, *The Fiscal Crisis of the State*, New York: ST. MARTIN'S PRESS, 1973, p. 1.

[2]　Ibid. , p. 40.

[3]　Ibid. , p. 221.

的可能性论证上有着重大差别。传统社会主义转型的理论是建立在传统的马克思主义的经济危机理论上的，其出发点是资本主义的生产力与生产关系之间的矛盾，这种矛盾的一个特定形式是价值与剩余价值的生产与实现之间的矛盾，资本主义向社会主义转变的革命动力来自于工人阶级，改变资本主义的生产关系是社会转型的最直接目标，社会转型具体体现政治制度、国家及生产和交换过程的转变。与此不同，生态学马克思主义的社会主义转型理论，是建立在资本主义的经济危机、生态危机和政治危机、社会危机上的，其理论分析的出发点则是资本主义生产力和生产关系与生产条件之间的矛盾，或者说"社会再生产的资本主义关系及力量"之间的矛盾。生产条件的再生产的社会关系构成了社会转型的最直接目的，这种转型最直接地体现在生产条件的生产与再生产的客观过程和生产过程本身的关系转变上，让各种生产条件在内容和形式上都呈现更为社会化的特征，譬如，可持续性生产的森林、垦荒、对区域性土地的使用和资源的规划、人口政策、健康政策、劳动力市场的规范化、有毒废弃物排放的管理等。奥康纳认为，尽管生态学马克思主义的社会主义理论和传统的社会主义理论一样，把生产力和生产关系的更为社会化的发展形式，视为资本主义向社会主义转型的必要条件，而不是充分条件，但生态学社会主义与传统马克思主义对转型模式的想象在内容上是有很大不同的，主要表现在两个方面：第一，从生产条件的角度来看，大多数生态学社会主义的斗争具有很强烈的、独特的有时也是"浪漫主义的反对资本主义的"维度，因而，它们在本质上是"防御性的"，而不是"进攻性的"；第二，在生态社会主义者看来，一个非常明显的事实是，资本主义的很多技术、劳动形式以及物质发展过程本身的意识形态，已经演变成一种"问题"，而不再是解决问题的"方法"，① 言下之意，意识形态斗争将是社会主义者的重要任务。概而言之，通往社会主义的道路就不再像传统的社会主义理论那样只有一条，而是可能有两条，或者更为准确地说，有两种趋势都能够导致生产力、生产关系、生产条件以及这些条件的生产和再生产的社会关系的社会化程度的增加。

(三)奥康纳生态学社会主义理论的贡献与不足

毋庸置疑，在整个生态学马克思主义的理论谱系中，奥康纳的地位是十分显赫的。绝大多数的生态学马克思主义者都片面地用生态危机取代了经济危机，单纯从生态角度批判资本主义，这种思路使他们只能游离在制度改革之外，因而往往都寄希望于道德调节。例如，莱易斯主张一种"稳态经济"，"这种经济要求缩减资本主义的生产能力和扩大资本主义国家的调节作用。此外，还必须重新评价人的物质需求，并大大削减这种需求。面对能源短缺、地球自然界的'不断萎缩'和生态支持系统日益相互依存，也许还需要实行一种新的禁欲主义"②。本·阿格尔则提出用"期望破灭了的辩证法"来取代马克思主义的社会主义变革模式，"这种辩证法指的是这样一种情况：即在工业繁荣和物质相对丰裕的时期，本以为可以真的源源不断提供商品的情况发生了危机，而这不管愿

---

① 参见[美]詹姆斯·奥康纳：《自然的理由》，唐正东、臧佩洪译，259 页，南京，南京大学出版社，2003。

② [加]本·阿格尔：《西方马克思主义概论》，474 页，北京，中国人民大学出版社，1991。

意与否无疑将引起人们对满足方式从根本上重新进行评价。人们对发达工业社会可以源源不断提供商品的能力的期望破灭，最终会走向自己的对立面，即对人们在一个基本上不完全丰裕的世界上的满足前景进行正确的评价"①。显而易见，这两种思路都是建立在空洞的需求理论上，把社会变革的动力植根于人的需求与商品的相互作用之中，这种对生态危机表象的分析注定了他们探寻不到危机背后的真正矛盾，从而也不可能找到科学社会主义的出路。另一位生态学马克思主义者高兹则借用后工业社会和生态学理论提出了一种"后工业的社会主义"，在生态危机的具体出路上，他寄希望于改变生活方式、限制消费以及发展能源技术。毋庸讳言，这种在消费领域成长起来的"社会主义"从一出生起就注定是乌托邦的。事实上，无论是鲍德里亚的"消费社会"，还是德波的"景观社会"，在消费领域中分析、解决资本主义矛盾的理论路径几乎已经成为整个西方马克思主义的通病。这就使得他们就像卡夫卡笔下的土地测绘员，只是围绕着城堡转圈，而从来没有进入城堡的内部。一言以蔽之，造成这一现象的原因在于他们放弃了对历史本质规律的信仰，因而必然只能走向"现代世界的日常生活"，从而得出或"节制消费"，或"节日狂欢"，或"商谈"等乌托邦的解放路径。

与他们不同，奥康纳虽然也注重对现实社会"具体历史"经验层面的研究，但他从来没有抛弃过"具体历史"背后的本质和规律，因此他就始终不会停留在日常经验层面。在 20 世纪 70—90 年代，奥康纳分别考察

----

① ［加］本·阿格尔：《西方马克思主义概论》，490—491 页，北京，中国人民大学出版社，1991。

了财政危机、国家危机、生态危机、社会危机等，在分析这些危机的时候，他从来没有直接用任何一条线索来取代生产逻辑的线索，而是把对生产逻辑的分析应用在相应的具体领域中，譬如，他对生态危机的分析就是通过对生产的分析来反观生态问题的。正因为如此，他才能认识到，这些危机虽然形式不同，但实质都是经济危机在不同历史条件下的不同表现，究其根源，还在于资本主义的双重矛盾。客观地说，奥康纳把马克思的历史本质论运用到对当下资本主义现实分析上所做的努力值得我们借鉴，换而言之，这也是他对马克思主义具体化、时代化所做的可贵理论贡献。

　　然而，不可否认，奥康纳对生产逻辑的分析确实仍存在一些值得商榷的地方。他对资本主义批判和社会主义选择的理论是他的资本主义双重矛盾理论，其理论创新的核心范畴是"生产条件"，这一范畴具体可以分为三类：劳动力、自然环境和市政基础设施与空间。他的新理论思想都是围绕着生产条件的再生产叙述的，应该说，这种"再生产的思路"是符合马克思的分析路径的。但不同的是，马克思所述的再生产包含三个层面：物质的再生产、生产关系的再生产以及劳动力的再生产。在这里，细心的读者应该能发现，奥康纳只谈到物质和劳动力的再生产，而忽略了资本主义生产关系的再生产，可这恰恰是马克思更看重的部分。马克思曾说过："生产过程和价值增殖过程的结果，首先表现为**资本和劳动的关系本身**的，**资本家和工人的关系本身**的再生产和新生产。这种社会关系，生产关系，实际上是这个过程的比其他物质结果更为重要的结果。这就是说，在这个过程中工人把他本身作为劳动能力生产出来，也生产出同他相对立的资本，同样另一方面，资本家把他本身作为资本生产出来，也生产出同他相对立的活劳动能力。每一方面都由于再生产对方，再生产自己的否定而再生产自己本身。资本家生产的劳动是他人的劳动；劳动生产的产品是他人的产品。资本家生产工人，而工人生产资本家，等等"①。我以为，奥康纳抛开了资本主义生产关系的再生产来谈论再生产必然会滑向一种生产过程的外在批判，这也使他的"定性斗争理论"蒙上了一层人本主义的薄雾。

　　总体来说，对于资本主义经济、政治体制和社会体制，奥康纳可谓是批判得最坚决、最彻底、最系统的西方理论家之一。可是，由于在奥康纳对资本主义、传统社会主义以及生态学社会主义的阐释中，有时没有廓清理论边界，于是，就有一些学者把他的生态学社会主义解释成"生态资本主义"，甚至认为奥康纳对资本主义的批判最终落入了资本主义意识形态的陷阱，是在为资本主义的合法性做辩护。这实在是对奥康纳莫大的误解。我们应该承认：尽管奥康纳对生态学社会主义的阐释并没有描述出一幅详细的未来社会蓝图，但是，对资本主义的生态学批判必须先行，只有让大众认识到资本主义制度的不可持续性、非正义性，才能有更多的人投入到社会主义运动中去。尽管这种生态学社会主义并没有从实践上直接触及资本主义私有制这一根本问题，但它清楚地阐明了生产社会化的趋势以及与此相应的生产条件社会化要求，并主张把使用价值从资本主义的交换价值中解放出来，把劳动从资本中解放出来，这种改革正逐渐瓦解着资本主义的力量，其趋势预示着资本主义的根本性变革。最后，我想指出，正如马克思所说："共产党人的理论原理，

---

　　① 《马克思恩格斯全集》第30卷，450—451页，北京，人民出版社，1995。

决不是以这个或那个世界改革家所发明或发现的思想、原则为根据的。这些原理不过是现存的阶级斗争、我们眼前的历史运动的真实关系的一般表述。"①奥康纳关于生态学社会主义的理念不仅在于指出具体劳动（劳动与土地）以及使用价值/需求**应该受到**批判，而且还在于他认为它们正在受到各种社会运动的批判。从这个意义上来说，生态学社会主义严格说来并不是一种规范性的主张，而是对社会经济条件和日益逼近的危机的一种实证分析。② 我们可以看到，"生态学社会主义已经来临，它们形式迥异，并且丰富多彩"③。

总之，我们应该明确，学术探讨的意义在于通过研究当代资本主义的危机来透视中国如何科学发展、世界如何科学发展。通过研读奥康纳，我们会获得这样一种认识，即"生态学社会主义在多大程度上构成为对资本主义的一种批判，那么它也就在多大程度上构成为对传统社会主义的一种批判"④。他对生态学社会主义阐释的新思路，也值得我们在中国特色社会主义建设中重视和借鉴。

---

① 《马克思恩格斯选集》第 1 卷，285 页，北京，人民出版社，1995。
② 参见［美］詹姆斯·奥康纳：《自然的理由》，唐正东、臧佩洪译，527 页，南京，南京大学出版社，2003。
③ 同上书，529 页。
④ 同上书，529 页。

第四章 | 批判与超越：社会制度视域中的
生态问题研究

20世纪六七十年代，面对日益严重的环境、资源和生态问题，绿色经济学、深生态学、社会生态学纷纷出现，生态学马克思主义异军突起。学者们对问题本身的关注经历了一个由外在"环境问题"到"资源问题"再到"生态问题"的研究过程，并趋于将其统称为"生态问题"或其极端形式"生态危机"。就其性质而言，该项研究经历了一个从表面上的"一般生态问题"到"资本主义生态问题"的深化过程。生态、环境问题的存在早在工业革命时期就已经存在，伦敦变成雾都，就是第一次工业革命酿下的苦果。但直到1962年蕾切尔·卡逊出版《寂静的春天》，对人类控制和管理自然对生物造成的毁灭性影响发出凄婉的控诉，才第一次向人类敲响了生态环境问题的警钟：我们不要轻言控制我们不甚了解的自然，否则将是拿自己和别的有机体的性命去冒险。

学者们从一开始就专注于探讨西方文化与生态问题的关系，虽然"西方文化"与"资本主义"有着内在的深层关联，但在开始检讨生态问题时，并没有将其明确地与资本主义制度联系起来。"西方文化"，以形而上学为其哲学思维基础，以科学技术为其主干内容①，以强烈的工具理性为其功用目的。这种文化的特征和缺憾主要是：其一，重实证思维轻批判思维，扬工具理性抑价值理性。20世纪30年代末，艾德蒙德·胡塞尔对欧洲科学的危机发出了强烈警告，他认为，19世纪后半叶，实证科学开始支配现代人的世界观，人们被其造就的"繁荣"所迷惑，而"实证科学在原则上排斥了一个在我们的不幸的时代中，人面对命运攸关的根本变革所必须立即作出回答的问题：探究整个人生有无意义"②。随后，在20世纪40年代，法兰克福学派的重要代表人物霍克海默、阿多诺以"批判理论"对"传统理论"的差异，揭露了西方资本主义社会由于科学在西方精神文化传统中的真理性地位和在工业社会物质生活中所取得的实用性成效，成了一种具有很大欺骗性的肯定文化，从而使整个社会缺乏批判性。在马克思主义学脉中，从生态学视角对西方文化理念做了最系统深刻检讨的当首推加拿大马克思主义哲学家威廉·莱斯。莱斯在1972年出版的《自然的控制》一书中提出，随着17世纪以后科学技术的日益发展，特别是以笛卡尔为代表的理性主义思维方式的影响，"控

---

① 海德格尔认为技术时代标志着"西方形而上学实现和完成"。

② ［德］艾德蒙德·胡塞尔：《欧洲科学危机和超验现象学》，张庆熊译，6页，上海，上海译文出版社，1988。

制自然"的观念从宗教哲学层面上升到科学主义层面，使"自然的统治及其代理者已经成为现代社会强有力的意识形态的标记"①。质言之，西方文化缺乏对自己存在价值的合理性反思。其二，单向度的人对万物的主宰，而无人与自然和谐共生的观念。从资产阶级启蒙时代确立的"科学""理性"这些所谓人类启蒙的工具，到 20 世纪初哲学人类学的开创者德国哲学家马克斯·舍勒提出"科学本质上是控制学"，西方文化牢固确立的恰恰是人对万物生命的绝对主宰的理念。在这一理念的支配下，科学技术的进步和劳动生产率的提高非但没有减缓开发自然的强度，反而不断突破自然的界限，形成了对自然界的"疯狂掠夺"，资源、环境、生态问题逐渐积累演变为生态危机。受生态学马克思主义和其他生态学派的影响，1977 年美国科学史学家唐纳德·沃斯特出版《自然的经济体系——生态思想史》对科学处理人与自然关系的模式进行了总结。他提出，就英美国家而言，自 18 世纪以来，对待自然的生态思想其实有两大传统：一是"阿卡狄亚式态度"，一是"帝国"式态度。前者以生命为中心，后者仅仅以人类为中心，这两种对立的传统在现代环境保护运动中形成不同的价值观和政策，指导人们以不同的态度和道德标准对待自然，前者把自然看作需要尊重和保护的对象，后者把自然视为供人类索取和利用的资源。② 但事实上，后者始终在人们的观念和政府决策中占主导地位。其三，追求无限发展，忽视"自然界限"和"无增长的极限"。

---

① ［加］威廉·莱斯：《自然的控制》，岳长龄、李建华译，147 页，重庆，重庆出版社，1993。

② 参见［美］唐纳德·沃斯特：《自然的经济体系——生态思想史》，3、19 页，北京，商务印书馆，1999。

20 世纪 70 年代，美国学者保罗·埃利希出版了《人口爆炸》[①]一书，对人口增长方式提出了警告。接着，罗马俱乐部发表《增长的极限》，对人类形成的"高增长，高消费"的"黄金时代"观念进行严正警示，认为人口问题、粮食问题、工业化问题、不可再生资源问题、环境污染问题已经成了"全球问题"，随着人口、工农业生产的增长，总有一天会突破自然界可以提供的资源的极限，那将带来灾难性后果。如果现在全世界都拥有和美国一样高的国民生产总值，环境污染将是目前的 10 倍。1981 年美国学者杰米里·里夫金和特德·霍华德出版了《熵：一种新世界观》一书，对西方近代以来形成的机械论世界观（即数学与科学技术的世界观）进行了颠覆性批判，以科学的呈现形式把人类的资源问题推向极端。他认为，培根、笛卡尔、牛顿、洛克和斯密为欧洲人建构了机械论世界观，在他们眼里，人类社会和宇宙一样是个大机器，我们积累的物质财富越多，个人利益越能得到满足，世界就越有秩序，社会就越文明进步。[②] 但是，热力学第二定律揭示出"能量总是在不可挽回地从有用形式单向地发展到无用形式"，这就告诉我们任何增长和发展同时也是熵——无用能量——的增加过程，都必然会导致能源的耗尽和世界的热寂状态，"熵定律打破了我们的物质进步观念"，因此人类历史必然是一个衰亡过程的历史观。[③] 总体上说，学者们把一般生态问题的原因归结为三个方面：支配自然的西方文化、工业主义生产方式、人口

---

① Paul Ehrlich，*The Population Bomb*，New York，1970.

② 参见［美］杰米里·里夫金、特德·霍华德：《熵：一种新世界观》，14—26 页，上海，上海译文出版社，1987。

③ 参见同上书，218—219 页。

增长。

生态学马克思主义与其他绿色思潮最大的区别在于他们主要从社会制度属性特别是经济制度上研究生态问题，其根本观点是：西方文化、科学技术、工业体系都是当代生态问题的表层原因，资本主义私有制才是生态问题的根源。总体来说，国内外半个多世纪的研究成绩斐然，但也存在一些薄弱之处：第一，西方一些学者敏锐地注意到苏联等社会主义国家的生态问题，并对其做了比较深入的探讨和反思，然而，或许是对这一现实问题的考察确实太过复杂，或许只是为了急于证明社会主义制度本身与生态危机并无根本联系，总之，我们看到的是，绝大多数生态学马克思主义者在批判现实社会主义国家中的生态问题时都或轻或重地采取了简单否定其社会主义性质的理论态度，更有甚者根本就不承认世界上曾出现过社会主义国家，这样的批判方式显然有些简单粗暴；第二，与上个问题相关或者说在一定程度上是由上述这种研究思路带来的另一个问题就是，鲜有学者自觉地从制度视角区分和比较社会主义生态问题、资本主义生态问题、一般生态问题的同与异；第三，对于如何在全球环境治理中掌握我国的话语权还缺乏理论自觉，使得理论研究的现实指向性不够突出。本章对以萨卡、奥康纳为代表的一批国外生态学马克思主义者关于苏联社会主义国家生态问题的理论成果进行总结和批判性反思，试图阐释当前生态问题认识上存在的三大偏差，并进一步对全球性生态危机的成因、结构进行科学分析，在此基础上从社会制度视域对生态问题的类型进行合理划分并揭示其重要意义，以期为我国参与全球治理争取话语权，为新形势下推动中国特色社会主义生态文明建设提供有益的理论参考。

一、生态学马克思主义视域中的苏联病因

(一)社会主义国家中的生态问题

社会主义国家也有生态问题吗？不管你愿不愿意承认，答案都是肯定的。社会主义国家中也存在生态问题，这是不争的事实。正如奥康纳所言："社会主义国家跟资本主义社会同样迅速地(或者更快地)耗尽了他们的不可再生资源，它们对空气、水源和土地等所造成的污染即便不比其对手资本主义多，至少也与后者一样。"[①]问题是：如果说西方资本主义国家生态运动的失败是因为资本主义的内在逻辑与生态经济从本质上是矛盾的，那么，社会主义国家在这方面为什么也失败了呢？社会主义国家的生态问题与资本主义国家的生态问题一样吗？社会主义国家的生态问题是由社会主义制度造成的吗？如果这些问题的答案是肯定的，那我们还能把生态问题的解决寄希望于社会主义制度吗？随着1989年柏林墙的轰然倒塌，这一问题变得更加突出，从而吸引了很多环境主义者的关注和研究。在这些理论探讨中，马克思主义者和非马克思主义者的一个重要界限就在于：马克思主义坚持生态社会主义，而非马克思主义者坚持生态资本主义。在很多绿色环保主义者看

①　[美]詹姆斯·奥康纳：《自然的理由》，唐正东、臧佩洪译，407页，南京，南京大学出版社，2003。

来，既然资本主义社会和社会主义社会都没能有效地避免生态问题，那就足以表明生态问题是人类社会面临的一般问题，生态问题的根源与社会制度并无直接、本质的关联。很多原本激进的左翼绿党也因此转而把目光投向生态资本主义，以此作为他们努力的目标。然而，生态社会主义学者明确反对上述观点，他们仍坚持生态问题的根源在于资本主义制度，人类未来的出路只能是社会主义。既然如此，要想继续坚持自己的理论主张，就必须直面苏联模式社会主义国家的生态问题，并对其失败的原因做出合理的解释。诚如近年在生态学马克思主义领域刚刚开始崭露头角的印裔学者萨拉·萨卡所言："'社会主义'是灭亡了，但并非社会主义灭亡了。社会主义仍有前途，但它必须首先学好生态这门课。"①"分析苏联的经验非常重要，因为它不仅可以帮助我们发现'社会主义'失败的原因，还可以帮助我们预见未来的社会主义社会。"②对此，奥康纳、科威尔、福斯特、高兹等很多生态社会主义理论家都做出了重要贡献。其中，对这一问题的研究之深、分析之细当推萨卡和奥康纳二人。

(二)社会主义、资本主义与自然：奥康纳的视角

资本主义为何必然失败，社会主义为何必将胜利始终是奥康纳理论的核心议题，亦是他所面临的基本难题。为了证明生态社会主义之可能

---

① ［印］萨拉·萨卡：《生态社会主义还是生态资本主义》，张淑兰译，5页，济南，山东大学出版社，2012。需要特别指出的是，在萨卡看来，苏联模式的社会主义并不是真正的社会主义，因而在提及时，他一律用(加引号的)"社会主义"或直接用实际存在的社会主义区别于真正的社会主义。

② 同上书，7页。引文略有改动。

性，他必须首先正视现实社会主义国家中存在的生态问题，并且从理论上予以合理的解释和说明。客观地说，奥康纳用以阐释这一问题的理论篇幅并不算多，却是极为深刻的。他没有像很多学者那样简单地通过否定现实社会主义国家的社会主义性质来维护社会主义制度在生态维度的合法性，而是力图通过从生态危机形成的原因上深入细致地比较资本主义国家和社会主义国家在这一问题上的区别和联系，从而为生态社会主义的主张寻求理论支撑。

在很多环保主义者看来，既然社会主义国家与资本主义国家同样存在生态问题已是不争的事实，那么，就不应该把生态问题的罪责归在资本主义经济体制上，而应该去寻找资本主义和社会主义这两种经济体系的共同点，他们的结论是"工业化""城市化""技术""官僚机构"以及"不惜一切代价进行生产"的发展观才是生态问题的罪魁祸首。毫无疑问，这种观点掩盖了生态问题的社会制度属性，这显然不能令奥康纳感到满意，因此他对现实社会主义国家生态问题的研究正是从批判这种在西方占据主流地位的权威观点开始的。在他看来："这种观点一方面没能在一个社会的生产力及其生产关系，即该社会的技术基础、劳动过程和生产体制之间作出区分，另一方面也没能在该社会的财产、法律及政治关系之间作出区分。"①他主张要从财产关系、政治体系出发去考察生态问题的原因和后果。奥康纳的这一认识无疑是比较深刻的，这一理论前提也决定了他在该问题的研究上会超越很多同时期的理论家。与此同时，

---

① ［美］詹姆斯·奥康纳：《自然的理由》，唐正东、臧佩洪译，409页，南京，南京大学出版社，2003。

他也明确反对把资本主义和社会主义看作实验室中两种完全相互独立存在的模式的观点。

在上述观点的基础上，奥康纳对社会主义国家和资本主义国家的生态问题的成因和后果做了详细比较，既指出了它们之间的相似之处，又揭示了其本质区别。

社会主义国家和资本主义国家的生态问题到底有何相似之处呢？奥康纳做出三点阐释：其一，从技术基础、劳动过程和生产体制等方面来看，由于社会主义国家发展水平的相对落后，很多技术、生产管理模式、关于生产的核心观念等本身就是从西方发达国家引进的，因此上述因素带来的生态后果必然具有一致性。其二，从发展理念来看，无论在社会主义阵营，还是资本主义阵营，经济的增长和发展都具有压倒一切的优先权。其三，从现实历史背景来看，社会主义国家已经无法避免地融入到资本主义建构起的世界市场中去。

尽管两种经济体系具有上述种种相似性，奥康纳还是指出二者是有本质不同的，必须要科学认识这种由不同的生产关系和政治体系所带来的本质区别。其一，两种生产资料所有制的不同决定了其生产目的、消费方式以及支配社会政治和经济决策的原则不同。从理论上来说，与资本主义以追求利润为目的的生产方式所导致的"不是积累就是死亡"不同的是，在社会主义经济模式中，生产不是为了利润，而是为了满足需求，因此无论是增长还是扩张都只是手段而不是目的。这种经济主张集体消费，如公共交通、集体性的娱乐和休闲设施以及公寓式住宅等。这种资源消耗和个人消费显然比资本主义要少。① 与生产目的直接相关的是由此产生的消费方式。为了维持资本的不断扩张，资本家必须想尽一切办法通过所谓产品的升级换代不断创造新的商品，建造出琳琅满目的商品景观，再通过铺天盖地的各种广告宣传制造虚假的消费需求，进而兜售商品，保持这一经济体系的顺利运转。这种无节制的生产和消费势必会严重损耗资源、污染环境。很明显，以满足需求为目的的社会主义在这方面问题就小很多了。最后，从支配社会政治和经济决策的原则来说，平等正义是社会主义的根本原则，自由竞争、优胜劣汰是资本主义的基本法则。在资本主义社会中，企业之间始终要通过激烈的斗争来抢夺市场份额，以至于一些被国际资本排挤到边缘地带的小企业不得不选择依靠破坏环境使成本外化。其二，两种政治体系的差别在生态保护及对已经出现的生态问题的修复上所起到的作用也不一样。在社会主义国家，主要生产资料虽然不是社会化的但都是国有化的，这就意味着社会主义国家具有中央计划和政治统治的特征。首先，这种特征最直接的好处就是同样在遭遇生态危机的时候，社会主义国家更容易通过政治指令，通过调配巨额人力物力或迁移工业来较为快速地实现对生态环境的修复，例如勃列日涅夫时代的苏联为减轻贝加尔湖污染所做的决策，而资本主义国家只能依靠市场的自发调节，这一过程显然要滞后许多。此外，这种中央计划的经济模式将充分就业和工作保障作为一项基本准则，虽然会产生一些弊端，但也在一定程度上避免了完全市场条件下由企业间相互竞争所造成的资源浪费和环境破坏。

---

① 奥康纳自己也指出这只是理论上的，在现实中由于种种原因这并不是事实。

最后，奥康纳指出必须要把对社会主义国家环境问题的考察置于自20世纪早期以来主要西方国家对社会主义国家发动的一系列政治—经济—军事—意识形态斗争的语境之中，同时，还必须考虑到第二次世界大战结束以后的冷战的语境。由于绝大多数社会主义国家是在生产力、科技水平等相对落后的情况下建立的，在面临资本主义国家的包围和威胁时，迫不得已只能选择一种发展优先的理念，这是出于防御西方的国家安全需要。因此，几乎所有社会主义国家都经历了一个粗放型的发展时期。而在上述阐释中，社会主义国家表现出来的理论与现实的差距也正因为如此。在这一意义上，奥康纳得出结论："社会主义国家的资源损耗和污染更多是政治而非经济问题"，社会主义国家"大规模的环境退化可能并非是社会主义的内在本质"。[①]

而这些前社会主义国家为了给经济发展创造"宽松"环境所进行的改革同样值得我们慎重对待，这也是未来生态社会主义运动中必须认真加以反思的部分。

(三)批判与启示

关于苏联模式的社会主义国家的生态问题剖析，福斯特、科威尔、高兹等人也做出过积极探讨。福斯特认为，苏联模式社会主义由于生产主义导致了生态破坏。科威尔指出，现实存在的社会主义形成于工业化时代，变革的动力仍然在于工业化地控制自然，奉行的仍然是技术乐观

---

① [美]詹姆斯·奥康纳：《自然的理由》，唐正东、臧佩洪译，418页，南京，南京大学出版社，2003。

主义和生产主义逻辑，另外，由于生态中心主义价值观的缺失，造成其对增长的狂热追求。在高兹看来，资本主义的经济理性与生态的矛盾是不可调和的，苏联社会主义生态问题和资本主义国家一样，都是经济理性和官僚制的结果。

客观地说，他们对现实社会主义国家生态问题的考察都极大推进了生态社会主义的理论发展，并给社会主义生态文明的未来发展提供了诸多有益借鉴。然而，笔者以为，他们虽然都揭示出了"生产主义""经济主义"的发展观与生产条件之间的矛盾，也都不同程度地提到了国际环境因素，比如在提到南斯拉夫、匈牙利、捷克斯洛伐克和苏联时，萨卡说道："鉴于它们在实践中面临的政治局限，它们的社会主义试验不可能走得太远。"[①]高兹也指出过，由于现实社会主义在落后的国家诞生，外部压力太大，受社会主义国家的境遇影响，这使得他们想通过加速工业化生产、大力发展经济等手段竭力赶上西方发达国家，在科学技术水平较低的情况下，只能以消耗大量自然资源、牺牲环境为代价来同发达资本主义国家相互竞争并求得生存。但是，他们都没有把这一因素作为现实社会主义国家被迫奉行生产主义的重要原因去做进一步的深度考察。这就导致他们在分析问题的时候，并没有能够真正区分资本主义的生态问题、社会主义的生态问题和社会主义国家的生态问题，而是用诸如"增长的极限""工业社会"之类根本不具有制度属性的一般原因去解释现实社会主义国家的特殊难题。正因为

---

① ［印］萨拉·萨卡：《生态社会主义还是生态资本主义》，张淑兰译，190 页，济南，山东大学出版社，2012。

如此，他们只能通过简单地否定现实社会主义国家的社会主义性质来表明他们对社会主义本身的肯定与支持，实质上已经偏离了马克思主义的方法路径，在寻求人类未来出路时虽然指出了生态社会主义，但仍寄希望于"伦理道德""生态命令""技术革新""缩小规模"等，这无疑使他们的理论又蒙上一层乌托邦色彩。甚至他们自己也难以完全信服自己的理论，从而对人类未来陷入悲观。萨卡、福斯特、高兹、科威尔莫不如此。在这一点上，奥康纳显然比他们深刻和高明。笔者基本赞同奥康纳的观点，当然，在一些具体理论观点的阐释上还存在一些问题，而这些有待进一步深入更正、发掘之处也构成了笔者在接下来两节中讨论的理论问题。正如奥康纳所认为的那样，这些现实社会主义国家的环境问题从本质上来说并不内在于社会主义制度本身，而主要在于其复杂的政治原因导致其逐渐偏离社会主义，最终抛弃马克思主义。我们应该认识到，这些现实社会主义国家之所以表现出强烈的经济增长愿望，客观地说，是因为这些国家在社会主义制度建设时本身"先天不足"，却要面对杀气腾腾的强大对手，其快速发展政策在很大程度上确实是出于共产党防御西方对手的国家安全需要，我们可以将其看作资本主义对社会主义国家的一种强制。这种与西方"竞赛"的客观需要决定了"生产主义"的发展目的。反过来，生产目的又规约了社会的制度属性。同时，"不战而屈人之兵"是美国历届总统和西方资本主义政要的共同诉求，杜鲁门政府的外交政策顾问杜勒斯曾声明"必须用一切可以利用的手段来同共产主义作斗争"，要对苏联和东欧国家"进行一场思想战争"，西方长期的和平演变严重渗透、侵蚀了新生的社会主义政权下生活的民众。① 总之，苏联和东欧各国社会主义垮台的原因是极其复杂的，我们应该用历史的眼光去看待这一问题，不能抽象地议论，更不能简单粗暴地否定其社会主义性质。我们必须警惕利用苏联和东欧社会主义国家在生态方面遇到的问题来否定社会主义制度在解决生态问题上的有效性，从而进一步否定马克思主义的当代价值的学术观点。在社会主义生态文明建设中，我们必须深刻反思前社会主义国家生态失败的原因，始终坚持马克思主义为指导，坚定社会主义信念，才有希望破解生态难题。这也是我们今天做这项理论工作的重要意义。

通过对生态问题的制度属性的比较研究，至少可以得到以下四点启示：

启示一：马克思主义的生命力根源于其创造力。虽然一些学者对生态学马克思主义的"马克思主义性"提出了质疑，不主张把生态学马克思主义视为马克思主义发展的新阶段。但无论如何，我们都不能否认，生态学马克思主义与马克思主义有着千丝万缕的联系，无论是对马克思主义的批判也好、修正也好，都不是为了否定和放弃马克思主义，而是为了提高马克思主义对现实世界的解释力、对新社会运动的指导力。这些生态学马克思主义者虽然并不是对马克思主义的所有原理、论断、范式都有全面、系统、深刻的理解，但他们坚持了马克思主义的基本立场和方法。拓展了马克思主义的理论视野，创新了马克思主义的理论范式，

---

① 参见陈学明、黄力之、吴新文：《中国为什么还需要马克思主义》，31页，天津，天津出版传媒集团，2013。

彰显了马克思主义的当代价值。他们的理论研究之路启示我们，马克思主义只有创造才有生命力，马克思主义者只有与时俱进才能永远守住马克思主义的理论阵地。

启示二：生态问题的解决有赖于生态社会主义。我在这里使用生态社会主义的概念，并不是为了体现生态学马克思主义对传统社会主义的理论改造，而是想强调重视生态问题的社会主义。原本被寄予厚望的《京都议定书》的失败，备受瞩目的"里约热内卢峰会""约翰内斯堡""哥本哈根峰会"等一系列为解决人类环境问题的国际会议的草草收场、不了了之，都说明要想在资本主义框架下通过局部改良来解决生态问题只是妄想，"生态资本主义"早已被证明是行不通的。尽管这些生态学马克思主义者的"生态社会主义"构想仍有值得商榷的地方，但它清楚地阐明了人类社会的未来走向。这对于我们认识资本主义、发展社会主义、坚定社会主义信念都具有重要的意义。

启示三：学术探讨的意义在于通过研究这些新理论来透视中国如何科学发展、世界如何科学发展。中国特色社会主义建设目前所面临的最大难题仍然是与资本主义并存且处于劣势的残酷现实。资本的扩张本性决定了资本主义在自我扩张的过程中，必然对社会主义制度以及他国利益具有排他性。当今世界几乎所有国家都被资本主义绑架在资本逻辑的"踏轮磨坊"（福斯特语）式的全球生产体系中，对于被资本包围的社会主义中国来说，不发展就意味着灭亡。但是，无论如何，我们都必须为最终消灭私有制、消灭剥削、实现共同富裕创造条件，应该树立起与社会主义本质和生态要求相适应的价值观、人生观、科技观、消费观，大力推进社会主义生态文明建设，实现可持续发展。

启示四：今天中国的生态文明建设是中国特色社会主义建设的有机部分，我们必须坚持马克思主义的指导。离开了马克思主义的理论指导，中国的生态文明建设将如无舵之舟，不可能扬帆济海，实现我们的目的。在建设社会主义生态文明时，我们既不能脱离人类文明的发展轨道，也不能脱离自身现代化建设的发展实际。一方面，对于苏联所犯的错误，我们必须引以为鉴，毕竟中国在社会主义建设之初，很多方面几乎都是照抄苏联，二者在诸多方面存在高度的相似。另一方面，我们也应该认识到，在经济全球化的当今世界，中国作为世界经济体系的重要组成部分，当资本主义发生危机时，我们也绝不可能独善其身。作为当今世界的社会主义大国，我们面临的严峻国际环境仍然没有改变，现实依然迫使我们要在经济和军事上努力追赶西方发达国家，发展仍是执政兴国的第一要务。但同时，我们发展到今天，不能再以牺牲环境资源为代价，如何破解环境问题，实现社会的公平正义，从而真正实现社会的可持续发展，是我们要深入思考的重大问题。

二、生态危机问题认识上的三大偏差

生态危机的全球性影响，既折损着人类的健康，也折磨着人类的心智。各个学科都在关注生态问题的表现，也在探求生态问题的成因，摸索破解生态难题的举措。纵观近百年的生态问题的研究历史，笔者以为，中外学界虽然从经济、政治、军事、文化等多层次分析批判了资本主义制度，也指出了社会主义国家存在的严重生态问题及其原因，然而，却没有从社会制度视域对生态问题的类型做出清晰科学的划分，反而把不同性质的生态问题有意无意地混淆起来，从而成为探索解决生态问题之道时的认识障碍或意识形态烟幕。这主要反映在以下三个方面：

第一，把"资本主义生态问题"不加分析地当作"全球问题"，在凸显"责任共担"的观念下去意识形态化，掩盖了发达资本主义国家的生态帝国主义或生态殖民主义。

生态问题，无论是空气、水、生物圈，还是资源，问题可能源发于一域，但影响是全球的，尤其是经济全球化时代，生态问题最终一定都是全球问题，也需要全球治理，责任共担。但是，就其产生的根本原因和治理的可能性而言，我们绝不能回避和否定全球性生态危机的资本主义根源。笔者把根源于资本主义经济形态的生态问题，称为资本主义生态问题。

生态问题从被视为"全球问题"伊始，就同时被一些人"去意识形态化"，这也就回避它与资本主义制度的内在关联。1972年6月5日，国际社会就环境问题召开了第一次世界性会议——联合国人类环境大会，受其会议秘书长莫里斯·斯特朗委托，由美国著名经济学家芭芭拉·沃德、生物学家勒内·杜博斯组织撰写的非官方报告的题目就用了"只有一个地球"①，以警示世人注意环境问题的全球性。同年，世界观察研究所所长莱斯特·布朗又出版了《没有边界的世界》一书，2000年世界

---

① ［美］芭芭拉·沃德、勒内·杜博斯：《只有一个地球》，《国外公害丛书》编委会译校，长春，吉林人民出版社，1997。

观察学会的希拉里·弗伦奇出版了《消失的边界》①一书，可以说生态问题的全球性意识越来越强烈，无论是学者还是政治家，都逐渐接受了"只有一个地球""地球村""经济全球化""全球问题"等概念。20世纪70年代，美国学者保罗·埃利希出版的《人口爆炸》②一书，从人口上寻找生态问题的原因，指出了人口增长方式的自然界限。尔后，罗马俱乐部发表《增长的极限》③，认为人口问题、粮食问题、工业化问题、不可再生资源问题、环境污染问题已经成了"全球问题"，对人类形成的"高增长，高消费"的"黄金时代"观念进行严正警示。后来，一些学者将生态问题去意识形态化，他们抛开资本主义制度，仅仅从人口、经济与资源关系上，先是把生态问题说成是"全球问题"，进而把这些祸水泼向人口众多、科学技术落后的发展中国家。莱斯特·布朗在1994年出版的《谁来养活中国》一书中推算，到2030年中国人口将达到16亿，粮食总需求将增加70%，而粮食生产还将下降20%，那时中国的粮食缺口将达到2.16~3.78亿吨，这势必造成世界的粮食危机，他据此提出一个耸人听闻的论断：既然"中国无法养活自己"，那势必成为世界的灾难之源。由于人口问题、发展问题主要出现在经济落后的第三世界，而大规模挥霍资源的却主要是发达国家，于是人口、经济与资源关系问题成为发达国家和发展中国家的政治问题。从罗马俱乐部到里斯本小组，人们逐渐认识到"增长的极限"和"竞争的极限"④，对新自由主义造成的全球

---

① ［美］希拉里·弗伦奇：《消失的边界》，李丹译，上海，上海译文出版社，2002。

② Paul Ehrlich, *The Population Bomb*, New York, 1970.

③ D. H. Meadows et al., *The Limits to Growth*, New York, 1972.

④ ［美］里斯本小组：《竞争的极限》，张世鹏译，北京，中央编译出版社，2000。

性恶果也有了清晰认识；从《京都议定书》《巴厘路线图》到《联合国气候变化公约》，近 200 个缔约国几乎所有国家都意识到在环境问题上应当"责任共担"，为此进行了数十轮艰苦的谈判，但在发达国家的温室气体排放的中期减排目标和用于发展中国家减排的资金这两个关键性问题上，发达国家与发展中国家存在着严重分歧，谈判几乎没有实质性进展。可以说，当今世界的主要努力都集中在能否实现可持续发展和如何实现可持续发展上，然而，正如格雷姆·泰勒所指出的，"可持续发展这一词条早已被误解成可持续的物质增长，而不是发展生态方面的可持续性"①。于是，即使是"弱可持续性"发展模式也是在算计自然资源的供给潜能，在这个意义上，全球生态环境治理的现实谋划充其量都不过是给资本的市场这匹烈马"套上笼头"而已。

应该说，关于生态问题产生的根源，大多数人都能认识到它与我们的生活方式、生产方式相关，但是，许多人仅仅把它归结于物质主义世界观、消费主义生活方式和工业体系，而回避这种世界观、生活方式和工业体系与生产资料私有制的因果关系。其实，物质主义世界观是资本主义私有制的必然结果，人类生存离不开物质条件和物质产品，但资本主义造就的物质主义实质上是商品化生产。人类社会从漫长的只是交换"生产超过消费的过剩品"，发展到"整个工业活动都处在商业范围之内，当时一切生产完全取决于交换"，一直到资本主义的商品化生产时期，在资本主义社会，"人们一向认为不能出让的一切东西，这时都成了交换和买卖的对象，都能出让了。这个时期，甚至像德行、爱情、信仰、

---

① ［美］格雷姆·泰勒：《地球危机》，赵娟娟译，海口，海南出版社，2010。

知识和良心等最后也成了买卖的对象"。① 人与人的关系全面异化为物与物的关系。资本主义的商品化生产，本质上是资本向社会各个领域的全面殖民化。消费主义生活方式是资本逐利性的必然。资本推动了科学技术的发展和劳动生产率的大幅度提高，为了销售堆积如山的商品，资本主义文化成功培塑了物质主义世界观，商品化的物成了财富的唯一形式，物的占有和消费水平成了一个人确证自己的生活品味、文化格调和社会身份的主要尺度。它一方面自然衍生出享乐主义人生观，把人成功改造成消费机器；另一方面使贫富两极分化成了资本主义社会成功者彰显自身价值的社会体制保证，"金钱取代其他价值成为资产阶级社会唯一的衡量尺度"②。因此，酿造生态苦酒的不是一般意义上的工业体系，而是资本主义工业体系。笔者以为，自从人类的第一间手工作坊产生以后，工业也就产生了。但是，资本主义工业生产体系与一般工业生产的区别既不在于规模的大与小、水平的高与低，也不在于程度的强与弱，而在于资本主义工业生产体系是一种"创造性摧毁的浪费机制"，而社会主义工业生产体系则应该是为了满足他人的真实需要而生产交换的制造体系。资本为了实现利益的最大化，通过文化不断制造与商品销路相适应的土与洋、雅与俗、保守与新潮甚至野蛮与文明的意识形态标准，制造人们的"虚假需要"，让"人们在他们的商品中识别出自身"，"找到自己的灵魂"③。社会上一群享有特权的少数精英成了"接二连三的各种风

---

① 《马克思恩格斯全集》第 27 卷，483 页，北京，人民出版社，1972。

② Andre Gorz, *Critique of Economic Reason*, Verso, 1989, p.46.

③ ［美］马赫伯特·马尔库塞：《单向度的人——发达工业社会意识形态研究》，张峰等译，9 页，重庆，重庆出版社，1988。

格的实验场"，形成物的"模范—系列"①。资本市场通过时尚文化不断
定义消费潮流与格调的标准，转换和升级人们的"虚假需要"，使商品短
命化，一个新品种的出现就把另一种、另一类商品变成"无用"物甚至累
赘，IT 产业中的"安迪比尔定理"就是如此，这样的市场是一个"朝生暮
死的物世界"（鲍德里亚语）；制造强大虚假需要的同时也制造了人不裕
需的贫困感，于是，社会成为"消费社会"，人都成了"西西弗神话"的苦
役者或"自愿奴役者"。这就是资本主义工业体系的根本不道德，然而人
们却毫无意识，鲍德里亚因此称资本主义是一桩"无意义的完美的罪
行"②。美国生态作家和思想家艾比称这种观念为"癌细胞的意识形
态"③。

　　全球性生态问题的主要推手是发达资本主义国家的生态殖民主义。
一些发达资本主义国家的著名学者都尖锐地指出过这一点。奥康纳提
出，资本的持续积累，主要是"通过在总体上对南部国家和世界范围内
的穷人欠下一笔'生态债'来完成的"④。马尔库塞认为，"发达资本主义
国家不仅在过去的发展上欠下了生态巨债，而且今天仍以世界人口少数
消耗着 75% 以上商业能源和 80% 以上的原料，并在第三世界推行'生态

---

① ［法］让·鲍德里亚：《物体系》，林志明译，159 页，上海，上海世纪出版社集团，2001。（注：著者鲍德里亚被译为布希亚）

② ［法］让·鲍德里亚：《完美的罪行》，王为民译，13 页，北京，商务印书馆，2000。

③ Edward Abbey, *The Monkey Wrench Gang*, Philadephia：J. B. Lippincott Co.，1975，p. 207.

④ ［美］詹姆斯·奥康纳：《自然的理由》，唐正东、臧佩洪译，312 页，南京，南京大学出版社，2003。

殖民主义'，通过转移污染严重的工业进行新的生态犯罪"①。生态殖民主义造成了全球严重的生态赤字，1995 年，全球出现－0.4 的生态赤字，荷兰的生态赤字已经达到－4.7，美国为－4.2，日本为－3.9，以色列为－3.9，韩国为－3.4，英国为－3.1，希腊为－3.0，德国为－2.9。② 发达国家从欠发达国家输入大量自然资本，来自联合国贸发会议的报告《1992—1997 年世界矿产贸易统计手册》显示，工业化国家进口了世界几乎 100％的镍，90％铝矾土，80％的锌，70％的铜、铁、铅、锰。西方发达国家制定贸易规则，操控市场价格，以"科技附加值"为意识形态借口，低价进口欠发达国家的原材料，高价出口终极产品，比如，1985 年一辆西德的卡车能够换科特迪瓦的 7.6 吨可可，到 1990 年则能换到 29 吨；这些可可经过深加工再出口到科特迪瓦，所得利润可以购买 3～5 辆卡车。最臭名昭著的就是世界银行首席经济学家劳伦斯·萨默斯 1991 年 12 月 12 日递交的《让他们吃下污染》的备忘录，主张以"造福世界"的名义资助污染企业和有毒废料转移到第三世界，理由有三点：第一，污染对健康损害成本最低的国家是工资收入最低的欠发达国家。因此，向低收入国家倾倒大量有毒废料背后的经济逻辑是无可指责的，我们应当勇敢面对。第二，对像非洲这些人烟稀少的欠发达国家而言，空气污染和废料贸易具有"造福世界"的意义。第三，人们对污染有无危害的关注与这个国家的发展程度相联系，欠发达国家的人们主

---

① ［美］赫伯特·马尔库塞：《单向度的人——发达工业社会意识形态研究》，张峰等译，202 页，重庆，重庆出版社，1988。

② 参见［美］希拉里·弗伦奇：《消失的边界：全球化时代如何保护我们的地球》，李丹译，11 页，上海，上海译文出版社，2002。

要关注经济发展和物质生活改善，因此，我们可以改变那些反对向欠发达国家输送污染的意见。[1] 奥康纳指出："北部国家的污染被'出口'到南部国家。在北部国家被禁止的那些危险性的化学物品，在南部国家的工业和农业生产中找到了出路。"[2]最让人不齿的是，西方发达国家把大量有害工业废料倾倒到欠发达国家，1987 年，产自费城的富含对人危害极大的二氧杂苣的工业废渣倾倒在几内亚和海地，1988 年，在尼日利亚发现，来自意大利的 4000 吨含有聚氧联二苯的化工废料，毒液从锈蚀破损的圆桶中溢出，严重污染了当地的土地和地下水。[3]

只要以私有制为基础的资本主义经济制度不改变，全球性的生态问题、生态危机就不可能真正解决。美国 1970 年就成立了美国环境保护署（EPA），这是西方发达国家最早的政府专门环保职能部门，但它很快就被"工业俘获了"，为了防止这种俘获，国会专门制定了《空气清洁法》《水污染控制法》《有毒物质管理法》，规定了环境保护署的职责。专业性资源管理机构和规制性污染控制机构的权威性必须建立在相关学科和专业的专家意见基础上，然而，政府为了保护工业利益则设法躲避这一限制，小布什政府通过科学政治化，将顾问委员会中的科学家换成赞成工业化的人士，有选择地发布一些关于反污染立法的科学研究成果，压制

---

[1] 1992 年 2 月 8 日英国《经济学家》杂志披露了这份备忘录，而这些内容都是被主流经济学广为接受的。参见［美］约翰・贝拉米・福斯特：《生态危机与资本主义》，耿建新、宋兴无译，53—54、55 页，上海，上海译文出版社，2006。

[2] ［美］詹姆斯・奥康纳：《自然的理由》，唐正东、臧佩洪译，316 页，南京，南京大学出版社，2003。

[3] John Bellamy Foster, *The Imperilled Plane*, Cambridge MA：MIT Press，1990，p. 147.

环境保护署出版物中关于全球变暖的讨论，以及不利于工业界的提案。① 我们可以预言，支配着当今全球意识形态的"生态资本主义""自然资本主义""可持续发展的资本主义"的所有举措，都只不过是饮鸩止渴而已。当今炒作火热的欧洲"绿色新政"，更多的是一种"绿色商机"，或者如有的研究机构所指出的，是欧洲"身份政治"②的一张意识形态牌而已。

　　第二，模糊社会主义国家的生态问题与社会主义生态问题的界限，否定现实的社会主义制度。

　　我们首先需要指出的是，社会主义制度无法避免生态问题，但它与生态危机没有内在必然性。从理论上说，社会主义、共产主义都是建立在生产力高度发达的基础上的，但是，在这种制度中，由于私有制的铲除，阶级的消亡，人们不再以财富占有多少与消费格调来确证和彰显自己的社会身份地位。马克思认为，"一旦社会占有了生产资料，商品生产就将被消除，而产品对生产者的统治也将随之消除。社会生产内部的无政府状态将为有计划的自觉的组织所代替。个体生存斗争停止了。于是，人在一定意义上才最终地脱离了动物界，从动物的生存条件进入真正人的生存条件"③，"社会化的人，联合起来的生产者，将合理地调节他们与自然之间的物质交换，把它置于他们的控制之下，而不让它作为盲目的力量来统治自己；靠消耗最小的力量，在最无愧于和最适合于他

---

　　① 参见［澳］约翰·德赖泽克：《地球政治学》，蔺雪春、郭晨星译，77—78 页，济南，山东大学出版社，2012 年第 2 版。

　　② 参见郇庆治：《当代西方生态资本主义理论》，12—13 页，北京，北京大学出版社，2015。

　　③ 《马克思恩格斯文集》第 9 卷，300 页，北京，人民出版社，2009。

们人类本性的条件下来进行这种物质交换"①。在这种条件下，"需要和享乐失去了自己的利己主义性质，而自然界失去了自己的纯粹的有用性"②。因此，"生产资料由社会占有，不仅会消除生产的现存的人为障碍，而且还会消除生产力和商品的有形的浪费和破坏，这种浪费和破坏在目前是生产的无法摆脱的伴侣，并且在危机时期达到顶点。此外，这种占有还由于消除了现在的统治阶级及其政治代表的穷奢极欲的挥霍而为全社会节省出大量的生产资料和产品"③。消除了私有制和市场对人的"虚假需要"的操纵和人们对财富的贪婪攫取，人与自然的和谐最终才是可能的。

第一个社会主义国家苏联建立后，西方列强发誓"要把新生的共产主义婴儿掐死在摇篮里"，对其发起一次又一次的军事围剿，列宁十分清楚要想最终战胜资本主义一定要有高于资本主义的劳动生产率，但是，布尔什维克还是领导人民在人类历史上破天荒以国家意志开展了声势浩大的环境保护运动，召开了全俄自然保护大会④，吸收生态学家参加五年规划制定，计划目标及其执行接受环保组织评估，"自然保护区"建设力度惊人，到 1929 年总面积就达到 15000 平方英里（1 英里≈1.6 公里），苏联历史上最高时曾达到 48000 平方英里，1968 年，苏联公共卫生部部长彼德罗夫斯基曾经自豪地说："苏联一直是世界上第一个对居住区的空气中含有的有害物质规定了最大容许浓度的国家"⑤，著名

①　《马克思恩格斯全集》第 25 卷，926—927 页，北京，人民出版社，1974。
②　《马克思恩格斯全集》第 42 卷，120 页，北京，人民出版社，1979。
③　《马克思恩格斯文集》第 9 卷，299 页，北京，人民出版社，2009。
④　首届会议召开时间是 1929 年 9 月。
⑤　转引自［印］萨拉·萨卡：《生态社会主义还是生态资本主义》，张淑兰译，45 页，济南，山东大学出版社，2008。

生态思想史学者阿伦·加尔认为，当时"苏联在生态学上已毫不夸张地说领先于全世界"①。

　　社会主义国家出现生态问题，是发达资本主义国家侵略颠覆威胁和意识形态渗透与经济文化相对落后的历史条件共同作用的结果。苏联、东欧、中国等社会主义国家大都在经济文化相对落后的国家建立起来的，这些国家自诞生起就遭遇西方发达国家政治、军事、经济、文化的颠覆和渗透，生存成为急迫任务，发展不能不成为第一要务。这就使得社会主义国家的马克思主义政党，逐渐确定了与资本主义一样的经济发展目标：成为一个超级大国、赶上美国和西方发达国家的生活水平、获得较高的民族威望等。"它们自身衡量进步的尺码，就是富裕的资本主义国家的生活水平。"②一些生态马克思主义者认为，苏联、东欧社会主义国家的这种发展标准、目标定位本身就决定了它们失败的命运。苏联从 1933 年第二个五年计划开始大规模工业化，工业以年均 18% 的速度扩张，甚至为了经济而不顾生态。萨卡在分析苏联出现严重生态问题时指出："'社会主义'不是在 1989 年失败，而只是在那一年发生崩溃。事实上，它在很早之前就已明显失败了。"③原因就在于它们确定的目标。首先，一个经济落后的国家要通过自己的努力去跨越巨大的经济、科技、军事的鸿沟，如果没有培养出具有社会主义道德和享有民主权利的

---

　　①　［英］特德·本顿主编：《生态马克思主义》，曹荣湘、李继龙译，117 页，北京，社会科学出版社，2013。

　　②　［印］萨拉·萨卡：《生态社会主义还是生态资本主义》，张淑兰译，28、30 页，济南，山东大学出版社，2008。

　　③　同上书，28 页。

新阶级，一旦人民不能从经济上看到社会主义制度的优越性，理想信念的动摇是必然的。经过 70 年的追赶后，戈尔巴乔夫的首席经济顾问亚伯·亚干别戈扬院士为纪念十月革命胜利 70 周年发文指出，在生产力方面，苏联落后于美国 2.5～3 倍，落后于其他发达国家 2 到 2.5 倍，农业生产力则落后于美国 5 倍。当基本经济制度的优越性被怀疑时，他们不是"向社会主义要求自由、平等和博爱"，而是"向资本主义要求资产阶级的自由和更加繁荣的生活"，并努力成为西方的重要伙伴，结果，在与西方资产阶级的亲密交往中，社会主义国家的人们成了资本主义意识形态的俘虏，从而"为转向资本主义做了准备"。[①] 再者，"经济战胜生态"的经济决策所带来的恶果也是人民难以接受的。斯大林时期，苏联确定了优先发展重工业的强国战略，生态急剧恶化，自然保护区的面积从顶峰时的 48000 平方英里减少到 5700 平方英里。20 世纪 80 年代末，戈尔巴乔夫的首席生态顾问阿列克谢·雅波罗克夫告诉人民：在贝加尔湖，所有的动植物品种都以前所未有的速度消失，1987 年 104 个大城市的空气中有害物质含量是最大容许浓度的 10 倍多，七分之一的河流污染物浓度超过最大容许浓度的 10 倍，1985 年的人均寿命低于 1958年……1989 年苏联政府关闭 240 家工厂，包括许多生产基本药品和稀有纸张的工厂，导致大量工人失业，民怨沸腾。当社会经济发展和物质生活上在与资本主义比较中让人民失望，生态环境也令人感到不能忍受时，持不同政见者让人们抛弃社会主义的政治目的也就水到渠成了。萨

---

① ［印］萨拉·萨卡：《生态社会主义还是生态资本主义》，张淑兰译，64 页，济南，山东大学出版社，2008。

卡十分中肯地说，苏联、东欧社会主义的经济失败只是"相对的失败"，在他看来，社会主义发展经济没有错，错的是没有始终如一地按照社会主义的本质要求处理好经济建设与自然保护的关系，没有培养出新阶级的社会主义道德，没有抵挡住资本主义生活方式和价值观的渗透和侵蚀，因而，社会主义的"最大的失败是在意识形态领域"[①]。

质言之，社会主义生态问题只具有历史的必然性，不具有制度的必然性；社会主义生态问题不是公有制的结果，而是在落后的经济文化条件下面对西方发达资本主义军事、经济、政治、文化的威胁时，选择了"经济高于生态"的发展模式的结果。正如奥康纳所说，"社会主义国家的财产关系和法律关系是不同于资本主义世界的，所以，对于它们来说，环境破坏的原因和影响又是不一样的"[②]。主要表现在：整个社会主义阵营中，虽然社会制度实现了根本变革，但经济制度并没有摆脱经济理性，经济发展具有压倒一切的优先权，选择了粗放式增长模式，结果同资本主义国家一样迅速地（或者更快地）消耗着不可再生的资源，对空气、水源、土地所造成的污染即便不比其对手资本主义多，至少也同后者一样。[③] 从理论上说，社会主义生态问题与资本主义生态问题的本质区别在于：资本主义生态问题是资本主义经济形态的必然结果，社会主义生态问题只是社会主义国家发展理念出现偏差的结果；资本主义生

[①]　[印]萨拉·萨卡：《生态社会主义还是生态资本主义》，张淑兰译，30 页，济南，山东大学出版社，2008。

[②]　[美]詹姆斯·奥康纳：《自然的理由》，唐正东、臧佩洪译，409 页，南京，南京大学出版社，2003。

[③]　参见同上书，407 页。

态危机在资本主义制度构架内是无法解决的，而社会主义生态问题的解决则没有制度障碍，是可以通过调整发展理念及其方式予以解决的。

可是，有一些生态学马克思主义者因为社会主义国家存在生态问题而否定现实的社会主义国家的社会主义性质，其实，他们没有认识清楚，"社会主义国家存在的生态问题"并不全是"社会主义生态问题"。因为一方面，正如奥康纳所指出的，整个 20 世纪，"造成环境破坏的首要原因是战争，而那些破坏性最大的战争（第一次世界大战和第二次世界大战）或是由资本主义国家发起的，或者就是发生于帝国主义列强和第三世界解放运动或新兴国家之间"[①]。几乎所有现实的社会主义国家或前或后都遭受了西方发达资本主义强加的战争和战争威胁，再说，发达资本主义向社会主义国家的大量资本、技术输出，不仅消耗社会主义国家的资源、使用其廉价劳动力，还垄断社会主义国家的市场，他们实施着规则霸权，一些社会主义国家"从西方引入技术、生产系统和劳动控制（甚至还有关于技术和生产的核心观念）"[②]，加剧着生态危机。所有这些，本质上都是资本主义生态危机。另一方面，西方资本主义享乐主义、消费主义意识形态对的侵蚀，影响甚至扭曲了社会主义国家的生产目的、发展模式和人民的价值观念、生活方式，由此造成的生态问题虽然与社会主义生态问题难解难分，我们不能不说，这是资本主义生态问题的衍生性后果。然而，科威尔批评"第一代社会主义"的生产主义错误，他甚至宣称"历史上一切现实的社会主义都不符合《共产党宣言》中

---

①　［美］詹姆斯·奥康纳：《自然的理由》，唐正东、臧佩洪译，408 页，南京，南京大学出版社，2003。

②　同上书，409 页。

所阐释的社会主义的本质和内容"①，萨卡在《生态社会主义还是生态资本主义》一书中，凡提到现实的社会主义国家都加了引号，他认为社会主义的优越性，"在很大程度上，这不是因为社会主义社会现在或过去能够比资本主义的效率高，而是因为社会主义的价值观比资本主义的更胜一筹"②。笔者以为，生产主义有错，但脱离生产力发展谈论社会主义更错；确立与资本主义一样的发展经济标准和目标有错，但无视资本主义对社会主义的经济、军事优势和霸权威胁而空谈理想的社会主义实为错上加错。

第三，把一般生态问题与人类生存和发展的需要极端对立起来，以生态中心主义全面否定人类中心主义，陷入生态乌托邦。

面对生态问题和生态危机，无论是马克思主义还是非马克思主义，都对西方近代科学技术、文化、工业主义生产方式、人口增长等持批判态度，这种分析批判对于反思西方文化、检讨工业主义的局限起了重要作用。但是，缺乏辩证分析，从批判"人类中心主义"而走向"生物中心主义""环境主义""生态中心主义"，不能不说是另一偏颇。

有思想家认为，人类竭泽而渔地对待自然界根源于人类中心主义，有学者将这种人类中心主义一直追溯到《圣经》。美国生态思想家卡森认为，犹太—基督教教义错误地把人当作自然的中心，"人类将自己视为万物的主宰，认为地球上的一切——有生命的和无生命的，动物、植物

---

① Joel Kovel，"What Is Ecosocialism?" *Canadian Dimension*，Vol. 41，Issue 6，(Nov/Dec 2007) pp. 22-26.

② ［印］萨拉·萨卡：《生态社会主义还是生态资本主义》，张淑兰译，174 页，济南，山东大学出版社，2008。

和矿物——连同地球本身都是特意为人类创造的"①。美国史学家林恩·怀特指出，犹太—基督教可谓世界所有宗教中的人类中心主义之最，它"构成我们一切信念和价值观的基础"，是"生态危机的思想文化根源"②。社会学家威尔森认为，"没有任何一种丑恶的意识形态能比得上人类中心主义这种与自然对立的、自我放纵的意识形态给自然带来的危害"③。卡森甚至提出，人是自然的一部分，征服自然的最终代价就是毁灭人类自己，在这个意义上，人类改造自然能力的提高，恰恰是我们的不幸，很可能是我们终极的悲剧。批判人类中心主义合乎逻辑地反对人类征服和控制自然，批判科学技术，彻底否定发轫于弗兰西斯·培根的知识世界观。舍勒提出，17 世纪以来的"科学本质上是控制学"，它的影响使西方文化牢固确立了人对万物生命的绝对主宰的理念。胡塞尔在《欧洲科学的危机与先验现象学》（1936 年）中对欧洲科学的危机发出了强烈信号，他认为，从 19 世纪后半叶开始支配现代人的世界观的实证科学，在原则上排斥了一个在我们的不幸的时代中，人面对命运攸关的根本变革所必须立即做出回答的问题：探究整个人生有无意义，于是人类被科学造就的"繁荣"所迷惑。威廉·莱斯提出，西方文化从宗教哲学到科学主义，使"自然的统治及其代理者已经成为现代社会强有力

---

① Carol B. Gartnar, *Rachel Carson*, New York: Frederick Ungar Publishing, 1983, p. 120.

② Lynn White, "The Historical Roots of Our Ecologic Crisis," Cheryll Glotfelty & Harold Fromm (ed.): *The Ecocriticism Reader*; *Landmarks in Literary Ecology*, Athens: The University of Georgia Press, 1996, p. 6

③ Edward O. Wilson, *On Human Nature*, Cambridge: Harvard University Press, 1978, p. 17.

的意识形态的标记"①。法兰克福学派以"批判理论"对"传统理论"的差异，揭露了由于科学在精神文化中确立了真理性地位，以及它在工业社会物质生活中所取得的实用性成效，西方国家形成了一种具有欺骗性的肯定文化，从而使整个社会缺乏批判性，马尔库塞将此概括为"单面人"和"单面社会"。

对人类中心主义的批判使部分学者走向生态中心主义。生态中心主义是一种深生态学，其理论根基在于坚持自然的内在价值论，在他们看来，地球上的人类和非人类生命的健康与繁荣都具有自身的价值，非人类生命的价值是独立于人类目的的有用性。有的生态中心主义者甚至主张，非人类生命的繁荣不仅需要人类改变物质需要方式，而且需要人口数量的减少。② 卡森甚至提出"无论在什么时候，只要我们毁掉了自然美，而用人造的东西取代了自然物，我们就会在一些方面阻碍人类精神的发展"③。生态中心主义在实践上合乎逻辑的发展，最终在政治上走向利奥波德·科尔的"美丽小世界"的乌托邦。他认为，历史变迁的原因不在于生产方式、领导人的意向或人类的性情，而在于"我们居住于其中的社会规模"④。甚至有人提出，"规模作为一种决定性因素，比社会

---

① ［加］威廉·莱斯：《自然的控制》，岳长龄、李建华译，147 页，重庆，重庆出版社，1993。

② 参见［英］戴维·佩珀：《现代环境主义导论》，宋玉波、朱丹琼译，13 页，上海，世纪出版集团格致出版社、上海人民出版社，2011。

③ Paul Brooks, *The House of Life*；*Rachel Carson at Work*, Boston：Houghton Mifflin，1972，p. 325.

④ ［英］戴维·佩珀：《现代环境主义导论》，宋玉波、朱丹琼译，378 页，上海，世纪出版集团格致出版社、上海人民出版社，2011。

主义与资本主义之间的差异还重要"①。

笔者以为，如下一些界限是至关重要的：

首先，科学没有错，错的是科学主义。人与自然的和谐相处，是以人对自然的认识为前提的，虽然认识自然并不能必然实现人与自然的和谐，但是，没有科学对自然的彻底认识，人类只能生活在愚昧之中，放弃科学，人类将回到蒙昧状态。这些年来无论是学界还是官方，频繁使用"敬畏自然"的说法是不可取的，人类要尊重自然或尊敬自然，本质上说的是尊重自然规律，对自然作为人类生存的条件有感恩之心，但有"敬"而不能"畏"，人类必然认识自然，才能成为自然的朋友，科学始终是人类文明进步的重要标志，也是实现人与自然和谐的重要条件。但是，科学主义却是错误的。科学主义把自然科学意识形态化，认为现代自然科学是解决一切生存和发展问题的充分而有效的工具，是一切知识的典范或摹本，是价值的源泉和尺度。这就走向了另一个极端。事实上，无论现代科学如何发展，都不能独自解决科学自身的价值取向、发展方向、作用边界以及人类生存和发展目的、意义、伦理等本体论问题，所有这些人文问题都必须由人文学科来探索和回答。

其次，技术没有错，错的是资本导致的技术异化。技术是人类体力和智力借助外物而实现的放大和扩展，没有技术，人类只能停留在肢体能力的水平上。技术存在的价值是通过改造自然、提高效率来解放人，实现人与自然的和谐，把人从繁重的体力劳动和脑力劳动中解放出来，

----

① Martinez-Alier, J. *Ecological Economics：Energy, Environment and Society*, Oxford: Blackwell, 1990, p. 150.

获得全面发展的自由时间。人对自然的改造没有错，自然从来不会主动满足人的需要，不改造自然、开发自然，人类就无法存在，自然灾难会成为人类的灾难，放弃控制自然，人类社会将回到"蛮荒时代"。错的是资本对技术的扭曲式应用。现代科学技术以难以想象的效能提高了人对自然的控制改造、获得物质资料的能力，但是，它却非但没有实现人与自然的和谐，反而造成能源短缺、资源枯竭、环境污染，使人类面临毁灭性灾难，根本原因是技术成了资本谋利的手段；它非但没有解放人，反而让人走进韦伯说的工具理性的"牢笼"。我们不能一味批判技术，而应深刻反思资本的逻辑。

最后，人类中心主义没有错，错的是人无视自然的自我生长、自我修复和自我发展，对自然界完全工具化、功利化。本书所说的人类中心主义是这样一种主张：人是社会历史的主体，在人与自然的关系中，人应当起主动和主导作用，但它也不排斥自然这个非中心，离开自然这个非中心，也无所谓人类的中心，但它坚持认为，离开人类的生存和发展，对任何生态问题的讨论都是无意义的。毋庸讳言，马克思把人作为社会历史发展的主体，也如有学者认为的马克思主义是一种弱人类中心主义，至少有三大要点：第一，马克思主义认为，人源于自然、依靠自然，自然既是人类生存和发展条件的"富源"（第一富源），也是人类的直接生产力或生产力要素的"富源"（第二富源），离开自然界，人是不能生存的。实现人与自然的和谐是人类的终极追求之一。第二，人与自然的和谐不是"发于天然"，自然界从来不会主动与人和谐相处，正如老子所说："天地不仁，以万物为刍狗"，人与自然的和谐是人通过提高认识自然、利用自然、控制自然、建设自然的能力来实现的，所谓生物中心主义、生态中心主义都是一厢情愿的。第三，马克思主义所说的"人类"不是抽象的人类或人的"类本质""类本性"，而是现实的人类；自从告别原始社会以后，人类又是隶属于不同的阶级的；马克思主义认为，任何个别阶级和少数阶级都不可能在谋取本阶级或阶级集团利益过程上实现人与自然的和谐，只有无产阶级的阶级利益才与全人类的利益相一致，所以马克思主义指出，无产阶级只有解放全人类，才能最后解放自己。

三、社会制度视域中的生态问题类型划分及其意义

本节提出建立合理的范式是科学认识生态问题的重要方法，并将"生态问题"区分为三种类型：资本主义国家生态问题、社会主义国家生态问题、一般生态问题。资本主义国家生态问题是由资本主义基本经济制度生成的人与自然的严重对立；社会主义国家生态问题不是社会主义经济制度的必然结果，而是社会主义国家在特殊阶段所秉持的经济至上的发展理念及其粗放的发展方式造成的人与自然的紧张关系；一般生态问题指的是人们在向自然索取必要的生存和发展资料的过程中，由于对自然规律的认识不够、对改造自然行为后果估计不足而引发的人与自然的不和谐，是非制度性非政策性的生态问题。从历史和现实分析，全球性生态危机是资本主义基本经济制度及其生产方式、消费方式、享乐主义意识形态长期肆虐的结果，"生态危机"是资本主义经济危机的完整形态，标志着资本主义的全面危机。当今世界，如果不从根本上动摇私有资本的全球主导地位，生态问题就难以较快得以解决。资本主义国家生

态问题通过变革资本主义生产关系就能够得到解决，而社会主义国家生态问题则可以通过调整经济发展模式来解决，一般生态问题最终要依靠人们对自然认识水平的提高、科学技术的进步、绿色经济的发展、环保理念的加强来解决。

"生态问题""生态危机"就其表现和危害而言，是全球性的，我们要想彻底解决它，就必须认清认识它的成因，根据不同的成因，有针对性地改进制度或制定政策举措。回顾近一个世纪以来的生态问题检讨，尽管学者、政治家指出过许多原因，但对生态问题类型的划分及其不同的缓解方式，缺乏清晰度和科学性。本文试图在现有认识的基础上，继续深化和创新这一问题的研究，以期确立全面科学分析的马克思主义生态理论，并为我国在国际环境治理中争取话语权。

(一)范式与生态问题类型划分的方法论

人与自然的关系是人类生存和发展的基本问题，资源、环境、生态问题一直存在，但生态危机却是工业革命后的事，它由发达资本主义国家的区域性问题扩展为全球性问题。学者们的普遍关注也是 20 世纪 60 年代以来的事，正如美国著名生态思想史家唐纳德·沃斯特所说："在经过两个世纪的准备之后，生态学突然在 20 世纪 60 年代登上了国际舞台。"出现了一个科学关注地球命运的"生态学时代"[1]，出现了生态哲学、生态伦理学、生态经济学、生态政治学、生态文化学、生态社会

---

① [美]唐纳德·沃斯特：《自然的经济体系：生态思想史》，侯文蕙译，339 页，上海，上海译文出版社，1999。

学，甚至还有生态人类学等学科，对生态问题、生态危机的成因进行了多视角、多层次、多种类的研究，从生态角度对资本主义经济、政治、社会、文化进行了尖锐批判，对社会主义国家的生态问题也进行了揭露和批判。但是，纵观半个多世纪生态思想演变历程，却没有形成能够反映生态问题本质的、便于正确把握生态问题复杂性的总体范式，以便给人们提供在当代生态问题的复杂关系中科学认识其本质、根源的思维工具，为制定破解生态危机难题提供原则性指示。

"范式"作为一种"话语"，"一个话语的名称可以是一个浓缩的剧情""构建了意义与关系，从而帮助人们界定常识和合理认识"，成为人们理解世界的共享方式。"每一个基于假设、判断、争论的话语，为分析、辩论、协议与分歧提供了基本术语。如果这种共享的术语不存在，根本无法想象能够解决这一领域中的问题，因为我们必须不停地回到最初的原则。"①塞缪尔·亨廷顿曾把范式的意义和价值归结为五个方面：第一，理顺和总结现实；第二，理解现象之间的因果关系；第三，预期，如果我们幸运的话，预测未来的发展；第四，从不重要的东西中区分出重要的东西；第五，弄清我们应当选择哪条道路来实现我们的目标。他特别提出："对一个范式的有效性和有用性的决定性检验应当达到这样的程度：从这个范式导出的预测结果证明比其他可供选择的范式更精确。"②社会主义和资本主义、东方和西方、西方和非西方、发达国家和

---

① [澳]约翰·德赖泽克：《地球政治学：环境话语》，蔺雪春、郭晨星译，15、8页，济南，山东大学出版社，2012。

② [美]塞缪尔·亨廷顿：《文明的冲突与世界秩序的重建》，周琪、刘绯、张立平、王圆译，10、19页，北京，新华出版社，1998。

发展中国家、南方和北方、冷战、文明冲突等都是观察现代世界的基本理论范式。"一个范式就是一种世界观。"①

生态问题，无论是空气、水资源、食物的污染、生物多样性锐减、资源枯竭、气候变暖，还是核污染、核风险、垃圾污染，虽然表现为自然现象，实则是社会问题。而且诚如罗尼·利普舒茨所说："全球环境既是自然的又是社会的，既是本土性的又是跨越整个世界的。"②生态环境难题处于生态系统和人类社会系统的交集上，反映生态问题的范式必须能够概括自然与社会的关系。一般说来，生态问题是经济、政治、文化、社会、科技等多种原因共同作用于自然的结果。政治、文化、社会、科技对自然生态的影响，都根源于它们与经济的关系，一定社会形态中的政治、文化、社会、科技归根到底都或直接或间接地服务于它的经济基础，所以，生态问题的多种成因之间又是不平衡的，归根到底经济原因在其中一定占有主导地位和支配性作用。因而，生态问题本质上是社会经济形态问题，生态危机本质上是社会经济形态的危机。正因为如此，笔者认为，"生态问题类型"应当是人们认识和破解生态危机的核心范式，以便根据不同生态问题类型采取不同的解决方式；生态问题类型划分必须从其产生的制度特别是经济制度入手，因为制度特别是经济制度决定着人与自然界关系的性质，影响着人作用于自然界的方式、力度和社会效用，只有从制度入手，才能从根源上认识和化解生态危机。

---

① ［挪］乔根·兰德斯：《2052：未来四十年的中国与世界》，秦雪征、谭静、叶硕译，18页，南京，译林出版社，2013。

② ［美］罗尼·利普舒茨：《全球环境政治：权力、观点和实践》，郭志俊、蔺雪春译，6页，济南，山东大学出版社，2012。

恰恰在这一根本性问题上，我国有学者提出了否定性判断，如顾钰民老师认为："西方生态马克思主义者和我国有些学者（也可称为中国"生态马克思主义"者）认为，生态危机的根源就是资本逻辑，是以获取利益为中心的资本主义制度……这一结论不符合马克思主义实事求是的精神。生态危机是一个世界性问题，直接原因是现代生产力发展导致的对自然的巨大的获取和破坏能力，与资本逻辑和社会制度没有必然关系，用资本逻辑和社会制度不同不能解释当代资本主义和社会主义的现实发展。"[1]这些观点混淆了生态问题的现象和本质、根本原因和非根本原因，从而模糊了生态问题的制度类型和非制度类型，也弱化了生态危机与全球私有垄断资本之间的内在联系。

自从 20 世纪 60 年代以来，从加勒特·哈丁的《公地的悲剧》(1968年)、保罗·埃尔利希的《人口炸弹》(1970 年)，到罗马俱乐部的《增长的极限》(1972 年)和《超越极限》(1992 年)、里斯本小组的《超越竞争》，再到生态马克思主义的一系列重要著作，生态问题研究出现过不少基本范式，主要有：增长的极限和可持续发展（包括强可持续发展和弱可持续发展）、人类中心主义和生物中心主义、工业主义和环境主义[2]、红和绿、生态资本主义和生态社会主义、环境民族主义和环境国际主义。应该说，这些范式在人与自然、生产方式与自然、生态与社会制度、生态问题中的地方性与全球性以及发展方式的极限与可持续性等问题，都

---

① 顾钰民：《生态危机根源与治理的马克思主义观》，载《毛泽东邓小平理论研究》2015 年第 1 期。

② 约翰·德赖泽克认为环境主义作为一个整体构成对工业主义的挑战。参见他的《地球政治学：环境话语》，蔺雪春、郭晨星译，20 页，济南，山东大学出版社，2012。

做了较为深刻的研究，特别是生态学马克思主义，对当代世界的生态问题与资本主义经济制度、政治制度以及文化的关系做了深刻的揭示，对社会主义国家存在的生态问题及其产生的原因也进行的创新性研究，许多生态学还深刻反思了西方文化、现代科学技术对生态环境的破坏作用。奥康纳等少数学者也试图对社会主义制度与资本主义制度对生态环境影响的差异做分析。王雨辰老师虽然已经明确地指出现有研究范式的不足，提出转向"历史唯物主义研究范式"的理论要求①，但他只是阐释了这样做的意义，却并没有进一步用具体的概念建构这一范式。总的看来，学术界还没有十分自觉地从生态问题成因的视角对生态问题类型进行清晰划分，更没有令人信服地划分制度原因与非制度原因、不同制度原因造成的生态问题的差异以及由此决定的解决原则、方式上的根本不同。这就是本文提出从制度视域划分、比较生态问题类型的原因。

(二)社会制度视域中的生态问题三大类型

我们根据历史唯物主义基本原则，借鉴马克斯·韦伯的理想类型的分析方法和丹尼尔·贝尔的"轴心结构"建构方法②，通过对各种制度因素对生态影响的强度进行排序，形成的一定是以经济制度为中轴、其他因素向中轴两侧外向辐射的轴心结构。然后，通过对不同社会经济制度对生态影响的方式强度进行比较，区分出社会经济制度与生态问题的相关性程度，

---

① 参见王雨辰：《生态学马克思主义与生态文明研究》，344 页，北京，人民出版社，2015。

② 参见[美]丹尼尔·贝尔：《资本主义文化矛盾》，赵一凡、蒲隆、任晓晋译，25 页，北京，生活·读书·新知三联书店，1989。

根据这一相关性程度，区分出以社会经济制度为核心的生态问题类型。在总结半个多世纪的研究成果的基础上，我们将生态问题区分为如下三种：

第一，资本主义生态问题。所谓资本主义生态问题，就是由资本主义基本经济制度造成的人与自然的严重对立。决定一个社会形态是不是资本主义，不在于这个社会是否有"资本"存在，而在于资本是不是决定性的社会关系；反过来，一个社会中资本的性质、作用又是与整个社会制度联系在一起的。资本主义社会的根本特征是资本关系或直接或间接地支配全部社会关系，使人与人的关系转化为物与物的关系，造成了人与物关系的颠倒、人与自然的尖锐对立。美国学者丹尼尔·贝尔做了这样的概括："资本主义是这样一个社会经济系统：它同建立在成本核算基础上的商品生产挂钩，依靠资本的持续积累来扩大再投资。然而，这种独特的新式运转模式牵涉着一套独特文化和一种品格构造。""正是这种经济系统与文化、品格构造的交融关系组成了资产阶级文明。"他用了三个词来表达资本主义的"经济冲动力"："毫无局限。无所神圣。变化就是常规。"①资本主义经济制度的文化品格有四个特性：一是丹尼尔·贝尔闪烁其词的生产资料私有制，这是资本主义社会的根本经济制度；二是以剩余价值为目的的商品生产以及商品生产中精于算计的会计制度；三是以物取人的价值观，即马克思主义指出的资本主义制度对人与物关系的颠倒，人成了物的工具，人的价值要由所占有的物质财富来确证；四是由上述三个方面决定的资本主义经济的极度贪婪性和扩张性。

---

① ［美］丹尼尔·贝尔：《资本主义文化矛盾》，赵一凡、蒲隆、任晓晋译，25、30页，北京，生活·读书·新知三联书店，1989。

生态危机与资本主义制度具有内在必然性。其一，资本主义塑造了"越多越好"的财富观，使经济发展建立在"现代贫穷"之上。"现代资本主义社会不论多么富裕，总要让自己置于短缺之境"，贫穷不是东西少，也不是无法实现目标，它首先是"人与人之间的关系"，"是一种社会地位"的贫富差异。① 高兹认为，资本主义把经济理性扩展为社会理性，将人的对象化的"劳动"（labor）变成为了工资报酬的"工作"（work），把"就业"（employment）变为个人融入社会的唯一形式，"挣取工资成为工作的首要目的，人们不会从事任何没有经济补偿的活动。金钱取代其他价值成为资产阶级社会唯一的衡量尺度"②。于是，富裕不在于自己的占有能否满足自己的实际需要，而在于"别人有的我都有，别人没有的我也有"。"自然资源的有限性构成了经济合理性的障碍"③，使资本主义经济理性的狭隘的合理性导致生态环境上的绝对不合理性。其二，资本主义制度通过塑造享乐主义人生观而制造异化消费，为商品开辟销路。莱斯、马尔库塞、阿格尔等学者深入研究了生态问题与资本主义社会异化消费关系。资本主义作为一种满足需要的社会组织形式，是"高度集约的市场布局"，它通过经济利益的诱惑和意识形态的合理化，以人性、人权为哲学旗帜，以享乐主义人生观和奢华惊艳为美学，编织消费至上的生活方式以保证生产的无限增长，导致对自然资源和生态环境更加严酷的控制和盘剥。④ 在商

---

① 参见［美］马歇尔·萨林斯：《石器时代的经济学》，张经伟等译，45 页，北京，生活·读书·新知三联书店，2009。

② Andre Gorz, *Critique of Economic Reason*, Verso, 1989, p. 46.

③ Ibid., p. 111.

④ William Leiss, *The Limits to Satisfaction*, Kingston and Montreal: McGill-Queen's University Press, 1988, pp. 6-7.

品市场中，通过广告文化的影响，制造"异化需要"，操纵人们的消费，形成"异化消费"，甚至奉行"娱乐至死"，"毁于我们所热爱的东西"。[①] 这种无止境的异化消费，成了个人在异化劳动失去自由后的自我安慰，成了逃避现实痛苦和精神郁闷的私密空间，从而增强了人们对资本主义制度的依赖感。对社会来说，消费则成了统治者控制人的新的政治工具。正如马尔库塞所说："人们在他们的商品中识别出自身"，"找到自己的灵魂"。[②] 其三，为了资本利益构建"创造性破坏"的反价值生产机制。[③] 当今世界，所有关于"美"的解释权和传播权都牢牢地被掌握资本的"精英"们所垄断。资本为了利益最大化，通过制造城与乡、土与洋、先进与落后、文明与愚昧的对立，不断定义时尚、品味、格调、个性，制造消费幻象，用"新产品"否定和取代已有产品，繁荣的市场成了"朝生暮死的物世界"（鲍德里亚语），造成物用上的极大浪费、资源上的紧张和环境上的重负。其四，作为全球问题的生态危机说到底是资本主义生态殖民主义、生态帝国主义的必然结果。私有制为了剩余价值而生产的至上目的，必然要突破自然资源界限，使资本的无限扩张主义与自然有限性处于整体对立状态。[④] 文化、科学技术、工业体系、人口增长都

①　[美]尼尔·波兹曼：《娱乐至死》，章艳译，2 页，桂林，广西师范大学出版社，2004。

②　[美]赫伯特·马尔库塞：《单向度的人——发达工业社会意识形态研究》，张峰等译，9 页，重庆，重庆出版社，1988。

③　参见何怀远：《发展观的价值维度——"生产主义"的批判与超越》，172 页，北京，社会科学文献出版社，2005。

④　参见[美]约翰·贝拉米·福斯特：《生态危机与资本主义》，耿建新、宋兴无译，29—30 页，上海，上海译文出版社，2006。

是生态问题的表层原因，而不是根本原因、终极原因，文化意识形态是资本主义经济理性高歌猛进的狡计，它将资本的自利目的内化为消费者的内在需求，把市场竞争的残酷性包装成文化式的温柔，资本主义经济制度才是生态问题的根源，生产资料私有制决定的资本的趋利性、扩张性，必然造成的资源、环境、生态关系方面的问题、危机或灾难。正如奥康纳所说，自然界对资本来说，"既是一个水龙头，又是一个污水池"①。资本主义经济制度与生态危机的内在必然性表明，资本主义生态问题本质上是资本主义经济形态问题，资本主义生态危机本质上是资本主义经济形态危机，不是阿格尔所说的"生态危机取代了经济危机"，而是经济危机延展到生态领域，形成资本主义经济危机的完整形态，标志着资本主义的全面危机，这表明资本主义的绝路不仅在资本积累造成的贫富分化的社会界限上，还在无限扩张造成的自然界限上，资本主义的发展最终必然会形成天人共诛的大限，哪怕资本主义的享乐主义人生观和消费主义生活方式影响全世界（这当然是不可能的），自然界也会把它逼向绝路。这就是马克思说的"资本主义生产的真正限制是资本本身"②。有学者认为，一些发达国家的美好环境足以说明生态危机与资本的逻辑、资本主义制度没有直接关系，从而证明生态问题的解决并不需要通过社会制度的变革。诚然，我们应该学习他们先进的环保技术，较为完善的环保法规。然而，我们也应该意识到资本逻辑下的科学技术与社会制度之间的关系。在资本主义制度下，科学技术的发现发明，主

①　[美]詹姆斯·奥康纳：《自然的理由》，唐正东、臧佩洪译，296 页，南京，南京大学出版社，2003。

②　《马克思恩格斯全集》第 23 卷，278 页，北京，人民出版社，1975。

要服从三大目的：一是为了提高劳动生产率，提高资本收益率；二是为了提高产品科技附加值，占领产业价值链的上游高位，提高资本收益率；三是使技术本身资本化，形成越来越高的环保技术高门槛，通过制造"环保代沟"谋取巨大资本收益率。这就不难明白为什么发达国家一面说着"同呼吸共命运"，要求发展中国家节能减排，提高环保标准，一面却又不愿意降低价格提供先进环保技术，而仅仅用其进一步牟取利润。因而，寄希望在不改变资本逻辑的前提下，用科学技术的进步来根除生态问题只能是美好的想象。我们必须清醒地认识到，发达国家的蓝天白云、绿水青山往往都是建立在对欠发达国家的生态剥削、生态殖民之上的。他们在向欠发达国家大量索取自然资源、转移高污染产业，甚至直接倾倒有毒害垃圾的时候解决的仅仅是他们本国的生态问题。与其说是解决问题，不如说是转移危机。因此，我们绝不能割断和否定资本主义制度与生态危机的内在必然性。只有某国和全球人民与私有垄断资本进行博弈，生态危机才有可能改变，否则，一切将自然财富资本化、市场化的所谓"环保"举措，都不过是饮鸩止渴而已。

第二，社会主义生态问题。我们需要首先声明的是，"社会主义生态问题"不同于"社会主义国家的生态问题"，后者不只是社会主义生态问题，还包括其他类型的生态问题（下文将做深入分析）。近些年来，包括生态马克思主义者在内的许多学者，指出了苏联、中国、越南等社会主义国家的资源、环境、生态问题，特别对苏联的生态问题的成因进行了深入探讨。苏联为了与以美国为首的西方帝国主义国家争夺世界霸权大搞核竞赛，频繁地、大规模地进行核试验，一方面核武器的大量生产和贮存给世界留下了无穷的隐患，另一方面，核泄漏成了严重危害，切尔诺贝利核电站反应堆机组爆炸，大量放射性物质造成欧洲和亚洲部分地区受到污染，其危害程度及其后果至今难以确切估计；为了在工业上特别是重工业生产上赶超西方发达国家，粗放式的开采、冶炼和利用矿产资源，大量的矿场和工业废物严重污染了所在地区的土壤、空气和水源，特别是苏联的有色金属、矿业开采和冶炼集中的中亚地区，还造成大量迁移人口，形成一定规模的"生态难民"；为了发展农业，在赫鲁晓夫执政时期，机械地借鉴美国大面积种植玉米的经验，在今天的哈萨克斯坦境内大面积开荒种植麦子，大面积土壤表面土层遭到严重破坏，1963 年 5 月的一场大风暴卷走了几百万吨沃土，600 万公顷的耕地沙石吞没。如此等等。需要指出的是，生态问题从其表现、危害和自然特征上说，社会主义生态问题与资本主义生态问题没有任何区别，但是，从其产生的原因、必然性和治理原则上看，二者有本质区别。从理论上讲，人与人的和谐是人与自然的和谐的最终条件。根据科学社会主义原则，社会主义社会是建立在生产资料公有制基础上的，这是社会主义全部制度的基础和根本，生产的根本目的是为了满足广大人民群众的物质文化需要，实行按劳分配并向按需分配过渡。这种制度追求的是通过消除经济上的贫富分化实现人与人之间的经济平等，依靠经济平等实现政治、文化、社会、生态等全面平等。没有经济上的贫富分化，就没有人与人之间的不平等，不以物质财富的占有多少来确证人的尊卑贵贱，也就从根本上消解了人对财富的过多占有欲望，使企业除了努力满足人们的需要外，不再有谋利的动机和动力。没有资本的驱使，不是为了剩余价值，科学技术的发展方向将不再积聚于提高生产率和资本收益率，它自身也不再资本化，而是真正成为人与自然和谐相处的手段。因而，社会主义经济制度从根本上说，与生态危机没有内在必然联系。为什么现实的社会主义国家生态问题不仅存在而且还如此严重呢？正如萨卡等生态马克思主义者指出的，一方面，社会主义国家的无产阶级政党坚持了一种不完全正确的社会主义观，认为社会主义制度的优越性集中体现为能够创造出比资本主义更高的劳动生产效率。于是，创造高于资本主义的劳动生产率，尽可能扩大生产规模，让人民拥有比资本主义国家更高的物质生活水平，成了社会主义的理想和奋斗目标。历史上苏联、中国的"超英赶美"战略虽然有主观上的急躁冒进、客观上的被逼无奈，但奉行上述社会主义观也是一个重要原因。奥康纳指出，在整个社会主义阵营中，虽然社会制度实现了根本变革，但经济制度并没有摆脱"经济理性"，经济的增长和发展具有压倒一切的优先权，结果同资本主义国家一样迅速地（或者更快地）消耗着不可再生的资源，对空气、水源、土地所造成的污染即便不比其对手资本主义多，至少也同后者一样。① 萨卡还分析了社会主义国家如此看重经济和经济关系的历史观原因。他指出，社会主义国家的无产阶级政党普遍相信，人类行为的客观动因是社会经济关系，于是，只在社会经济关系中寻找权利的客观基础，而不去扼制人类要为自己的、眼前的利益优先考虑的内在本性②，结果，人们的思想道德、公私观念、消费方式并没有随着社会主义公有制的建立而自然形成，在全球性的资本主义倡导的个人主义价值观、享乐主义人生

---

① 参见[美]詹姆斯·奥康纳：《自然的理由》，唐正东、臧佩洪译，407 页，南京，南京大学出版社，2003。

② 参见[印]萨拉·萨卡：《生态社会主义还是生态资本主义》，张淑兰译，104 页，济南，山东大学出版社，2008。

观和消费主义生活方式风潮的侵蚀渗透下，非但缺乏战胜资本主义经济意识形态的先进意识，反而出现了与资本主义一样的消费文化、物欲观念、异化消费和生产扩张，致使生态环境遭受严重破坏。[1] 当然，正如许多生态学马克思主义者所指出的，现实的社会主义之所以把发展经济作为头等任务，一个重要的历史原因是资本主义国家对社会主义国家的扼制与围剿，刺激了社会主义国家的生存紧迫性。但是，我们绝不能因为社会主义国家生态问题的严重程度而模糊社会主义生态问题与资本主义生态问题的界限，笔者以为，社会主义生态问题与资本主义生态问题的根本区别在于：资本主义生态问题是资本主义基本经济制度的必然结果，而社会主义生态问题不是社会主义经济制度的必然结果，而是社会主义国家的无产阶级政党在特定阶段所秉持的经济至上的发展理念及其粗放式发展方式造成的人与自然的紧张关系。我们同时需要指出的是，社会主义国家出现的生态问题也与国际资本有关，社会主义国家从发达资本主义国家引进资本、技术、生产系统和管理制度，参与经济全球化进程，把自己融入世界性的资本主义市场，也可以说，使得资本这"同一种系统化的力量在东方就像在西方一样有效"[2]。笔者认为，由这种原因造成的生态问题，虽然存在于社会主义国家，与社会主义生态问题难解难分，它却不是社会主义生态问题，而是资本主义向社会主义国家的衍生性影响，其本质仍然是资

---

[1]　参见［印］萨拉·萨卡：《生态社会主义还是生态资本主义》，张淑兰译，104 页，济南，山东大学出版社，2008。

[2]　［美］詹姆斯·奥康纳：《自然的理由》，唐正东、臧佩洪译，409 页，南京，南京大学出版社，2003。

本主义生态问题。

第三，一般生态问题。人与自然的关系是一种对立统一关系，人生于自然、取之于自然、也只能在自然中发展，但是，自然也不会让人饭来张口、衣来伸手，风雪雷电、洪水地震、毒蛇猛兽都对人的生存造成威胁，人们不能不认识自然、利用自然、改造自然，索取所需，美化环境。所谓"一般生态问题"，指的是人们在向自然索取必要的生存和发展资料的过程中，由于对自然规律的认识不够、对改造自然行为后果估计不足而引发的自然对人的报复。人们在一定的科学技术水平和生产力水平下，即使纯粹是为了满足自身生存和发展的需要，如果对自然的开发、控制严重超出自然界自我恢复的能力，或者对一定的改造自然的方式可能引起的后果缺乏科学的预判，造成自然界对人的生存条件与环境的负面影响，就会出现我们所说的"一般生态问题"。正如恩格斯所指出的，"我们不要过分陶醉于我们人类对自然界的胜利。对于每一次这样的胜利，自然界都对我们进行报复。每一次胜利，起初确实取得了我们预期的结果，但是往后和再往后却发生完全不同的、出乎预料的影响，常常把最初的结果又消除了"①。换句话说，这种生态问题是在任何制度下都必然发生的人对自然的改造和索取关系中产生的，只要人类要生存、要发展，它就必然产生，它的产生不可能外在于社会制度但却不是社会制度的必然产物。1981 年美国学者杰米里·里夫金和特德·霍华德出版的《熵：一种新世界观》一书，对西方近代以来形成的机械论世界观(即数学与科学技术的世界观)进行了颠覆性批判，把人类的资源问题

---

① 《马克思恩格斯选集》第 3 卷，998 页，北京，人民出版社，2012。

推向极端。他认为，热力学第二定律揭示出"能量总是在不可挽回地从有用形式单向地发展到无用形式"，这就告诉我们任何增长和发展同时也是熵——无用能量——的增加过程，都必然会导致能源的耗尽和世界的热寂状态，"熵定律打破了我们的物质进步观念"，因此人类历史必然是一个衰亡过程。[①] 笔者以为，这种熵世界观揭示的其实是一般生态问题，按照这种观点，我们每消耗一分自然资源，哪怕是抽一支香烟、划一根火柴，都在向人类的墓地走近一步。其实，它没有把一般生态问题与资本主义生态问题区别开来。如果按照这种观点，不要说人类历史的任何进步是荒诞的，就连人类的生存也是自然的累赘，甚至是宇宙进化史上的错误。笔者认为，顾钰民的观点是在于用非制度生态问题模糊和否定制度性生态问题。

(三)区分三大生态问题类型的实践意义

我们从理论上区分生态问题的三种类型，其意义在于如下三个方面：

第一，在全球环境治理中揭露西方发达资本主义国家的生态帝国主义，争取发展中国家和社会主义国家的话语权。生态问题的全球治理既与国家利益紧密相连，也与意识形态密不可分。以保罗·埃尔利希的《人口炸弹》(1970 年)和美国世界观察研究所所长莱斯特·布朗的《谁来养活中国》(1994 年)为代表，把生态问题归结为人口问题，由于人口问

---

① 参见［美］杰米里·里夫金、特德·霍华德：《熵：一种新的世界观》，218—219页，上海，上海译文出版社，1987。

题又与欠发展相联系，于是生态危机又成为发达国家和发展中国家的政治问题。除生态学马克思主义之外，所有生态学派最终都把问题集中到"生态极限"上，于是可持续性发展成了理论和实践的压倒性主题，"可持续的资本主义"或"生态资本主义"成了他们的新的理想。① 但问题在于，只要资本主义存在，它能尊重、遵守这个极限吗？表面看来，以欧美为代表的西方发达国家成了全球环境治理的积极推动者，这种努力不能说没有意义，但必须看到，欧盟不过是以此来确立其"政治身份"，占领环境道义的制高点，通过环境道义制高点遏制发展中国家，进而占领经济制高点。德国《明镜》网站 2015 年 1 月 3 日发表的《2016 年是个好年份的五个理由》一文，道出了其中的秘密："气候政策带来新的投资机会。"发达国家在工业化过程中排放了大量温室气体，导致了今天脆弱的环境现状，即使发展中国家停止生产，也要受到气候变化的影响。然而，时至今日，发达国家仍然处处以自己的利益最大化为取向，一旦影响到某些大资本的利益，他们就会不顾国际基本共识。"《京都议定书》对市场机制的采用，就是美国的偏好及其国内实践的直接结果"②，但美国还是退出了《京都议定书》，因为代表石化能源集团利益的共和党坚决反对。美国学者罗尼·利普舒茨指出："我们已经拥有一些信念、实践以及技术来促使我们减少能源使用、降低污染物排放、减少鱼类捕

---

① 有学者认为，可持续性时代开始的标志是 1987 年布伦特兰报告的出版。参见［澳］约翰·德赖泽克：《地球政治学：环境话语》，蔺雪春、郭晨星译，14 页，济南，山东大学出版社，2012。

② ［美］罗尼·利普舒茨：《全球环境政治：权力、观点和实践》，郭志俊、蔺雪春译，191 页，济南，山东大学出版社，2012。

获、减少树木砍伐、减少汽车和计算机的生产以及降低婴儿出生率，但我们却不能这么做，因为我们所面临的这些问题是政治性的。"①其实，他只说出了一个方面，更根本还是经济考量。最让人啼笑皆非的是，英国位于爱尔兰海的温斯凯尔（Windscale）和塞拉菲尔德（Sellafield）的核电站，用一条管道将核废料输送到爱尔兰海底。1990 年，一个绿色和平组织潜水员小组在这根管道的末端放置了一个象征性的塞子，结果，绿色和平组织被罚款 5 万英镑，法官还以"他们十分傲慢地将其特殊利益置于法律之上"予以警告。2002 年，绿色和平组织强行登上装有非法从巴西热带雨林砍伐的红木并将其运往迈阿密的货船，美国检察当局最后竟以"贩卖水手"罪起诉他们，而这一法律的最近一次使用是在 1890 年用以阻止妓院主诱拐醉酒的水手。②

在全球环境治理实践中，无论现实实践遇到多大的意识形态阻力，我们都必须旗帜鲜明地指出："正是发达国家而不是贫穷国家，对世界生态系统施加了更多压力"③，正是资本主义制度而不是社会主义制度与生态危机具有内在必然性，走出生态危机必须坚持社会主义道路。尽管存在一般生态问题和社会主义生态问题，但生态危机的主要根源是全球性的资本主义经济制度。今天，资本仍然"迫使一切民族——如果它们不想灭亡的话——采用资产阶级的生产方式；它迫使它们在自己那里

---

① ［美］罗尼·利普舒茨：《全球环境政治：权力、观点和实践》，郭志俊、蔺雪春译，前言第 2 页，济南，山东大学出版社，2012。

② 参见［澳］约翰·德赖泽克：《地球政治学：环境话语》，蔺雪春、郭晨星译，6 页，济南，山东大学出版社，2012。

③ 同上书，33 页。

推行所谓的文明，即变成资产者。一句话，它按照自己的面貌为自己创造出一个世界"①。英国著名马克思主义史专家埃里克·霍布斯鲍姆认为，"马克思主张的不是资本主义已经达到它推动生产力发展能力的极限，而是资本主义增长的不均衡运动产生了周期性的生产过剩危机，这种生产过剩危机迟早会证明生产与资本主义管理经济的方式不相容，造成推翻资本主义的社会冲突。资本主义就其本质来说不可能适合随之而来的社会化生产经济"②。当前，资本主义隐性的掠夺性思维在穷国与富国、强国与弱国之间建立了一个虚假的利益链，形成福斯特概括的"有组织的不负责任"和"结构性不道德"。③ 那些完全把生态问题归结于消费者的购买习惯、婴儿出生率和工业化、城市化的绿党或绿色环保主义者，自以为能够"超越阶级和阶级斗争"的传统政治立场④，其实，无论他们的运动多么轰轰烈烈，都不能从根本上摆脱全球生态危机。正如佩珀所说："一个避免与资本对抗的绿色'革命'——实际上，是一种历史上从未导致革命的乌托邦立场。"⑤根除资本主义基本经济制度是解决全球生态危机问题的根本出路。

第二，必须正确对待社会主义生态问题，反思我们的社会主义观。

---

① 《马克思恩格斯选集》第 1 卷，404 页，北京，人民出版社，2012。

② ［英］埃里克·霍布斯鲍姆：《如何改变世界：马克思和马克思主义的传奇》，7 页，北京，中央编译出版社，2014。

③ 参见［美］约翰·贝拉米·福斯特：《生态危机与资本主义》，耿建新、宋兴无译，38、39 页，上海，上海译文出版社，2006。

④ 参见同上书，97 页。

⑤ ［英］大卫·佩珀：《生态社会主义：从深生态学到社会正义》，349 页，济南，山东大学出版社，2005。

社会主义社会与资本主义社会的根本区别是人与物关系的颠倒。马克思恩格斯指出："我们本身的产物聚合为一种统治我们的、不受我们控制的、与我们愿望背道而驰的并抹煞我们的打算的物质力量，这是过去历史发展的主要因素之一。"①未来共产主义社会必须以"生产力的普遍发展"和与此相联系的"世界交往"为前提，但这只是"必要的基础"，"它推翻一切旧的生产关系和交往关系的基础"——生产资料私有制，使人类创造的生产资料不再奴役人、强制人，而是使它们"受联合起来的个人的支配"，从而"把现在的条件变成联合的条件"。②随着资本主义社会的瓦解，"以财富为唯一的最终目的的那个历程的终结……这（即更高的社会制度）将是古代氏族自由、平等和博爱的复活"③。衡量这个社会财富的不再是物质财富，而是"自由时间"。可是，几乎所有的社会主义国家都是在经济文化十分落后的起点上开始社会主义建设的，列宁针对这一实现，并在西方资本主义国家对新生社会主义扼杀的历史情境下提出"社会主义就是要创造高于资本主义的劳动生产率"。任何社会制度的发展都不能无视"自然的界限"和"增长的极限"，社会主义也不例外。未来社会，是通过"人终于成为自己的社会结合的主人，从而也成为自然界的主人，成为自身的主人——自由的人"④。高兹认为，"社会主义运动的含义及目标过去是，现在仍然是使个人从市场逻辑、竞争和利益斗争

---

① 《马克思恩格斯全集》第 3 卷，37 页，北京，人民出版社，1960。
② 《马克思恩格斯选集》第 1 卷，202 页，北京，人民出版社，2012。
③ 马克思：《古代社会史笔记》，192 页，北京，人民出版社，1996。
④ 《马克思恩格斯选集》第 3 卷，817 页，北京，人民出版社，2012。

等阻碍人们获得独立和自我实现的领域中解放出来"①。因此，解决社会主义生态问题，需要在坚持社会主义公有制的前提下，协调经济理性与生态理性的关系，摒弃以物质占有的多少衡量尊卑贵贱的资产阶级社会价值观。

中国特色社会主义建设面临三个界限：一是国家主权安全界限，我国最大的外部环境仍然是与资本主义并存且处于劣势的残酷现实，我们比任何时候都更接近世界舞台的中心，但是，我们越发展，遇到的阻力就将越大，以制度安全为核心的主权安全是我们的重要任务。二是自然界限，资源、环境、生态状况要求我们刻不容缓地处理好社会与自然的关系，"为子孙后代留下天蓝、地绿、水清的生产生活环境"，是中国梦的重要内容。三是社会界限，贫富差距已经到了社会容忍的极限，如果不能逐渐缩小人与人之间的财富差距，社会主义信仰、信念的消解也是中国社会无法承受的，所以习近平总书记要求改革必须"让人民群众有更多获得感"②。这三个界限决定着我们党能否跨越意识形态的历史关节点，这就是：到新中国成立一百年建成"富强民主文明和谐的社会主义现代化国家"。如果不出意外，经济建设目标的实现不会有问题，可是，贫富差距意义上的"获得感"和生态状况中的"环境感知"，对中国特色社会主义信仰将是一个生死考验。俄罗斯著名军事专家瓦西里·卡申2016 年 3 月 1 日在卫星网发表文章指出："几十年来中国对经济外交的作用估计过高，低估了政治、意识形态和军事等因素的影响。长期以来

---

① Andre Gorz, *Capitalism. Socialism. Ecology*, London：Verso，1994，p. 38.

② 习近平：在中央全面深化改革领导小组第十次会议上的讲话（2015 年 2 月 27日）。

中国人很天真地以为，只要增加贸易和投资规模，就能在地区影响力上与美国一比高低。"他认为，"没有诱人的意识形态，没有与邻国民众个别阶层直接对话的能力，要想做到这一点是不可能的"。然而，环视国际社会，全球经济被资本逻辑的"踏轮磨坊"绑架（福斯特语），对于社会主义国家来说，一方面，不在硬实力上赶上资本主义国家，将主权不保；另一方面，如果不能逐渐走向共同富裕，树立与社会主义本质和生态要求相适应的价值观、人生观、财富观、消费观，我们就很难成为有全面影响的世界大国。应当说，我们的经济、军事和党的思想理论创新，已经具备给世界以新的价值观的说服力，关键是我们要把"中国故事"中的思想性阐释给世界。回顾冷战后的世界，可以说，整个资本主义世界不断联合起来，而社会主义国家之间却放逐了国际主义，原因都在于发展观和价值观上。我们相信，人类在资源、环境、生态的压力下，出路只有一条：走社会主义道路，因为自然界能够养活人类，但无法承载资本的贪婪；人类已经创造了足够的财富，世界本不应该存在饥饿和穷困，饥饿和穷困是世界缺乏公正的生产方式特别是公正的分配制度造成的。笔者以为，无论对中国还是对世界，坚定的社会主义理想、真正的社会主义经济制度、广泛的人民民主、健全的生态科学技术，是保证人与自然和谐的不可或缺的条件。

第三，正视"一般生态问题"，防止生态浪漫主义，将索取自然与建设自然统一起来。在人与自然的关系中，强调人类中心主义是片面的，生态中心主义、生物中心主义是错误的。马克思主义认为，人与自然的和谐，只有通过人的主动实践，发展科学技术，才能实现人与自然的相互促进。人类生于自然、取之自然，也要建设自然；自然存在人类之需，自然也有人类之害；人认识自然、改造自然，又受限于自然，马克思主义主张尊重自然，但反对那种建立在迷信基础上的所谓"敬畏自然"，不赞同逆来顺受的"天人合一"，也不赞同所谓后工业世界的"非物质社会"①。马克思主义同时强调，人与人的社会和谐是人与自然和谐的根本条件，在人类共同占有自然界和生产资料的基础上，人们才会自觉地为"公地"负责，一方面，在向自然索取的同时，建设自然、美化自然，帮助自然界增强自我修复、自我发展、自我平衡能力；另一方面，推动绿色发展、循环发展、低碳发展，崇尚绿色生活，走向社会主义生态文明新时代。

面对生态难题，生态浪漫主义虽然言之凿凿、情之切切，实则为生态乌托邦。人与自然之间，人无论何时都无法改变对自然的利用和索取，在这个意义上，虽然生态危机并非必然，但生态问题将不可避免。这同时也是由人的认识的历史局限性和社会与自然之间关系的复杂性决定的，古今中外概莫能外。实事求是地说，由于我国的社会主义诞生于经济文化十分落后的历史条件中，生存压力巨大，发展的国际条件极为恶劣。为赢得社会主义的生存空间、实现十几亿人的温饱、小康和富裕，在落后的科学技术条件下，高投入、高成本、高污染有其必然性。这里当然有发展模式选择上的偏差，更有客观的无奈。然而，按照西方政治家的逻辑，由于世界的资源有限，十几亿中国人压根就不能过富裕日子，用美国总统奥巴马面对澳大利亚人时所说的话就是："如果十多

---

① 参见［法］马克·第亚尼：《非物质社会》，滕守尧译，成都，四川人民出版社，1998。

亿中国人也过上与美国和澳大利亚同样的生活，那将是人类的悲剧和灾难，地球根本承受不了，全世界将陷入非常悲惨的境地。"①美国不到全球的 5％的人口，却消耗了全球 20％的能源、16％的淡水、15％的木材，生产 10％的垃圾和 25％的二氧化碳。

我国的生态问题正在被一些别有用心的人用来做政治文章。2009年以来，我国已经成为世界清洁能源装机容量和绿色投资第一大国。2014 年年底，我国节能量占全球总节能量的 52％，碳强度累计下降33.8％。2015 年巴黎会议前，我国在"国家自主贡献"中就承诺：到2030 年前后我国二氧化碳排放尽早达到峰值，届时碳强度在 2005 年的基础上下降60％～65％。我国的努力和成就受到联合国和国际社会的广泛赞许。然而，2008 年的世界环境大会召开前，英国《卫报》大肆报道，中国的温室气体排放已经超过美国。2015 年《巴黎协定》签订前，国际能源署公布，以 2013 年化石能源排放数据为依据，中国成为第一排放大国，占比为 27.9％，位居第二的美国占 15.9％，欧盟 28 国占10.4％。2013 年 3 月。接着发生的事情却很少有人去做合理联想：美国国际商用机器公司(IBM)和微软公司竞相研发了污染预测技术，并与中国环保部以及多家地方政府环保部门签署了合作协议，运用它们开发的污染预警系统向国人也向世界发布中国城市的空气污染状况。2016 年 1月 20 日，世界绿色和平组织宣布，2015 年 366 个被监测的中国城市的PM2.5 年平均浓度是世界卫生组织推荐数值的 5 倍以上。法新社在报

---

① 这是 2010 年 4 月 15 日美国总统奥巴马在出访澳大利亚的前夕接受了"澳大利亚电视台"专访时的所言。

道这些数据时还特别指出："中国城市经常遭遇严重空气污染，这成了人们对执政的中国共产党的一大主要不满。"①我国从 2013 年开始建立空气污染预警系统，迄今为止，全世界没有一个国家像中国这样大规模、全天候向社会发布监测数据。当大众谈霾色变之时，西方媒体还在火上浇油："中国的数据造假是一个长期存在的问题。"②

最后，我想说的是，面对生态危机，我们既要做到制度清醒，又要认识到个体的责任，也许这正如生态马克思主义者福斯特所言："我们已看到敌人，这就是我们自己。"③

---

① 《参考消息》2016 年 1 月 21 日。

② 《参考消息》2016 年 1 月 19 日。

③ ［美］约翰·贝拉米·福斯特：《生态危机与资本主义》，耿建新、宋兴无译，97 页，上海，上海译文出版社，2006。

结　语

　　奥康纳的思想理论具有一种开放的总体性，有一个具有相对统一性的理论构架。其中不同时期的文本构成他的资本主义危机理论体系的组成部分。总的来说，奥康纳以马克思主义思想为理论基础，从资产阶级经济学到新马克思主义理论、后马克思主义理论，从社会学到政治学、心理学，许多不同的研究方法、不同的理论观点都被他批判地吸纳进自己的资本主义危机理论中，通过合理的消化融合之后，形成了他独具特色的资本主义危机理论。从资本主义国家的财政危机理论到"总体化"的现代危机理论，最终落脚到生态学马克思主义、生态学社会主义理论，奥康纳的学术发展历程不仅折射出了西方左派从20世纪60年代末至今的理论发展，也见证了资本主义不断遭遇的现实难题。

一、奥康纳资本主义危机理论的实质

　　纵观奥康纳的学术理论轨迹，我们可以把他的资本主义危机理论的发展历程划分为三个阶段：一是 20 世纪 70 年代的以公共条件再生产为核心的财政危机理论；二是 20 世纪 80 年代的以个人条件再生产为核心的"总体化"的现代危机理论；三是 20 世纪 90 年代的以自然条件再生产为核心，包含了上述公共条件和个人条件再生产的生态危机理论。由此我们可以看出，奥康纳在不同时期的危机理论的焦点虽然各有偏重，但关于生产条件的再生产问题始终是他探讨的理论重心。我们知道，在马克思那里，生产条件被划分为以下三种形式：一是由国家提供保障的"社会生产的公共的、一般性的条件"，或"社会生产过程的一般条件，也就是交通及运输方面的条件"；二是由工人提供的劳动力，即"生产的个人条件"；三是由自然界提供的"外在的物质的条件"。细心的读者这时可以发现，奥康纳三个时期的理论主题恰好与此不谋而合。据此，笔者把奥康纳资本主义危机理论的实质概括为**"关于生产条件再生产的资本主义危机理论"**。

　　生产条件缘何会成为奥康纳资本主义危机理论中的核心范畴呢？对于这一问题，奥康纳在《自然的理由》一书中给出了较为详细的解答。他说道："我本人之所以要使用'生产条件'这一范畴，其原因在于，我试图运用马克思本人的术语来重新阐释这一问题，同时也因为我想把讨论的范围限定在资本的生产与流通过程中的危机性趋势的问题上，而不是想把它扩展到整个社会再生产的过程，即整个社会形式的再生产的过程上面。这意味着我将沿着马克思的理论方向，把'生产条件'置放在'客观性'的维度中来加以解读。"①但是，在奥康纳看来，虽然马克思区分了三种不同形式的生产条件，却没有从理论上对它们进行系统的分析研究。在马克思的著作中，"他更多地阐述了劳动力供应的条件，而不是一般的、外在的生产条件"。并且，"马克思对于有关基础设施的供应条件的论述是很少见的，至于对空间、都市及其他一些问题的阐述，则根本没有"。"更进一步，在马克思恩格斯的著作中，除了工人阶级的斗争本身之外，我们很难找到有关围绕着生产条件的供应而组织起来的社会斗争的论述。"②对于马克思的这一理论空场，奥康纳同样做出了解释。他指出，"从根本上说，这种理论空场是有历史原因的。在资本主义早期的粗放型发展阶段，劳动力、土地以及自然资源是十分丰富并且是现成可得的。只是在资本主义晚期的集约型发展阶段，即资本和市场获得了深化、劳动实现了对资本的实质上的从属的阶段，生产条件的问题才成为一种系统性的而不是零散性的问题。不管导致上述理论空场的真实原因是什么，对今天的我们来说，对生产条件问题进行理论阐释无疑是十分重要的，就像资本、国家及社会运动已经在实践中对这些条件进行了阐述一样"③。

---

① ［美］詹姆斯·奥康纳：《自然的理由》，唐正东、臧佩洪译，279 页，南京，南京大学出版社，2003。

② 同上书，235 页。

③ 同上书，235—236 页。

生产条件范畴在奥康纳的生态学马克思主义理论中具有举足轻重的理论地位，也被赋予了独具特色的理论内涵。毫无疑问，奥康纳的这一做法是有意义的。他对生产条件客观性维度的坚持也使得他所取得的理论成果远远超过了那些从消费需求维度出发的学者。并且，奥康纳还进一步指出，"生产条件不仅是指生产力，同时也包括生产关系。生产条件是在一定的财产、法律及社会关系中被生产和再生产出来的（或使之变得可以让人得到的），而这些关系或许可能，但也或许不可能与作为生产力的生产条件的再生产相一致"①。也就是说，奥康纳已经意识到必须把对国家在生产条件再生产中的作用放在生产关系中深入考察，而不是简单地把国家作为一种孤立的政治因素。在此基础上，奥康纳以社会劳动协作为中介，提出了文化的生产力和生产关系与自然的生产力和生产关系两对范畴用以阐释生产条件。由此，"生产条件"概念被主体化并被赋予了一种历史意义。

当然，奥康纳对生产条件的理解和阐释并不是一蹴而就的，它是有一个不断推进、深化的过程。

我们看到，奥康纳最早在国家的财政危机理论中通过论证国家的"积累性"和"合法性"的双重职能表达了一个思想，即国家是资本生产与再生产条件的供应者。事实上，这一看法也构成了其后危机理论的重要理论前提之一。由于奥康纳此时关注的焦点是国家，所以这时奥康纳对

---

① ［美］詹姆斯·奥康纳：《自然的理由》，唐正东、臧佩洪译，236 页，南京，南京大学出版社，2003。

生产条件的研究主要侧重于社会生产的公共的、一般的条件。国家对生产条件的再生产基本上还只是作为经济过程的补充存在的。事实上，我们从"总体化的"危机理论和生态危机理论中看到，这一重要的理论线索在其后的危机理论中得到了充分延续和进一步发挥。在 20 世纪 80 年代对"生产不足"危机的理论研究中，奥康纳明确指出该理论的核心是研究经济和社会再生产的条件以及它们与经济和社会危机趋势的关系。① 在这一阶段，"再生产的个人条件"是奥康纳关注的焦点，他通过对个人主义观念与阶级斗争历史发展的分析，说明了现代阶级斗争将迫使资本生产成本的提高，从而使资本积累遭遇剩余价值生产不足的危机。并且，国家的非生产性支出的不断增多也会导致生产性资本投入不足。这一时期，奥康纳在原有的分析框架中强化了政治斗争和国家因素的重要性。他指出："在新马克思主义及其相关理论阐释中，存在一个理论共识：离开了对社会冲突和社会失衡的考察，对资本主义的生产和积累过程以及工人阶级的再生产过程的前提条件起'建构'作用的经济和社会政策就不可能得到正确认识。另外，对资本主义积累以及社会统治来说，国家行为既能使其'有效'，也能使其'失效'。"②最后，在综合了过去的研究成果的基础上，奥康纳在《自然的理由》中指出，"资本与其生产条件之间的关系是由社会经济及政治领域内的斗争、意识形态以及官僚政治的现实这三种因素共同作用而成的。在市民社会和社会运动内部，以及在这些运动和国家之间所发生的斗争，是在一种非常复杂的社会、政治及

---

① James O'Connor, *Accumulation Crisis*, New York and Oxford: Basil Blackwell, 1984, p. 3.

② Ibid. , p. 194.

意识形态的平台上展开的"①。在生态学马克思主义理论中，奥康纳再次强调了国家的作用，"不管生产条件的创造者是国家、家庭、社区或者资本本身，国家都毫无例外地以直接的或间接的方式对其创造过程进行控制……考虑到与生产条件有直接或间接关系的国家机构和政策在范围方面是很广泛的，我们可以毫不夸张地说，除了（或许）维持法律和秩序以及建立金融、财政政策之外，国家的所有国内功能都以复杂的方式与生产的三种条件中的一种或几种因素联系在一起"②。"国家的职能不多不少正是调控资本对生产条件的获取，而且它还经常参与到这三种生产条件的生产过程中去。"③"总而言之，资本主义生产的一般条件就是劳动力、都市的基础设施和空间以及环境条件的存在能够在政治上获得保证。"④关于国家的线索在这一时期也得到了进一步发展，这体现在奥康纳对国家含义的新认识上，他指出，"这里所谓的'国家'也指像国际货币基金组织（IMF）这样的国际性的国家组织"⑤。但是，尽管如此，奥康纳还是认为不能就此认为所有的生产条件都是由国家来提供的。事实上，"就一般条件而言，'资本本身往往创造了其中的很大一部分'。家庭（以及教育体系）在劳动力再生产的过程中扮演了大部分的十分必要的

---

① ［美］詹姆斯·奥康纳：《自然的理由》，唐正东、臧佩洪译，245—246 页，南京，南京大学出版社，2003。

② 同上书，238 页。

③ 同上书，487 页。

④ 同上书，237 页。

⑤ 同上书，492 页。

角色。'自然体系'再生产出了许多像土壤、植物这样的或外在的条件"①。总而言之,"生态学马克思主义对充满危机的资本主义制度的阐释,主要聚焦在资本主义的生产关系和生产力,通过损害或破坏,而不是再生产其自身的条件(这里的'条件'是从社会的和物质的双重维度上来加以界定的),而具有的自我毁灭的力量的问题上"②。

二、奥康纳思想的批判性反思

我们跟随奥康纳走过了探索资本主义危机的漫漫长路,感受到一个生活在西方资本主义世界中的马克思主义学者的智慧与信仰。尽管奥康纳为马克思主义的现实化、具体化做出了不可磨灭的贡献,但我们也应该正视他的不足之处。关于具体观点的批判反思我们在前面各章已经做过详细阐释,这里就不再赘述。撇除个别的理论观点,就大体上而言,笔者以为,奥康纳的思想存在以下两方面的缺陷:

一方面,客观地说,与大多数西方马克思主义者一样,奥康纳对马克思主义本身的理解还不够深入、系统和准确。首先,这表现在他对传统马克思主义、正统马克思主义以及非正统马克思主义在概念使用上的模糊不清,常常一概而论,有时甚至把第二国际经济决定论的一些观念当作马克思的观点来加以批判。这使得他对马克思主义做出了一些片面、极端的评价。其

①　[美]詹姆斯·奥康纳:《自然的理由》,唐正东、臧佩洪译,237—238 页,南京,南京大学出版社,2003。

②　同上书,265 页。

次，奥康纳对历史唯物主义的理解也不够准确，这突出地表现在他在行文过程中经常用诸如"历史唯物主义的观念""唯物主义的观点""马克思的历史观念"等概念来指称历史唯物主义。这些都是我们在研究中需要格外注意的。

另一方面，从上文中我们已经得知奥康纳的危机理论从本质上来说是关于生产条件的再生产危机理论，虽然强调"生产条件"不仅包含了生产力还包含了生产关系是他独具特色的理论成果之一，但在实际论述中，他对这一问题的阐述仍然不够充分和清晰。尤其是，当论述资本主义双重矛盾的时候，虽然较之于过去的生态学马克思主义者的片面观点来说，奥康纳已经取得了相当大的理论进步。但显而易见，双重矛盾中的第二重矛盾即生产条件与生产力和生产关系的矛盾才是奥康纳的重点。虽然他努力论证了经济危机和生态危机之间的辩证关系，并指明了第一重矛盾是危机的根源，但他始终没能清楚有效地阐明第一重矛盾对第二重矛盾的决定性关系。实际上，在对奥康纳思想的研究过程中，我们也发现，奥康纳十分擅长发现问题，摆出观点，并且他的大部分结论很难"挑刺"，但是在论证观点的逻辑上却并不十分严谨。有时候还会给读者一种用事实去直接证明结论的感觉。

所以在一定程度上，我们可以说奥康纳的危机思想仍未彻底摆脱西方马克思主义的人本主义色彩。

三、奥康纳资本主义危机理论的鲜明主题

卢卡奇曾说："我们姑且假定新的研究完全驳倒了马克思的每一个

个别的论点。即使这点得到证明，每个严肃的'正统'马克思主义者仍然可以毫无保留地接受所有这种新结论，放弃马克思的所有全部论点，而无须片刻放弃他的马克思主义正统。所以，正统马克思主义并不意味着无批判地接受马克思研究的结果。它不是对这个或那个论点的'信仰'，也不是对某本'圣'书的注解。恰恰相反，马克思主义问题中的正统仅仅是指方法。"①虽然这种方法至上的马克思主义观已经受到广泛批判，但它对于我们评价一位学者是不是马克思主义理论家还是有所启发的。对于奥康纳来说，我们既不能因为他与马克思的某些具体观点不同，也不能因为他对马克思主义所做的"修正"，就否认他是一名马克思主义理论家。笔者以为，评价一位学者到底是不是马克思主义理论家至少应当遵循以下三点原则：即是否坚持马克思主义的基本方法，是否对资本主义持批判态度，是否认同社会主义的价值取向。通过研究我们发现，这三条线索始终贯穿着奥康纳危机思想，构成他的资本主义危机理论的鲜明主题。下面我们就围绕这三个问题结合具体语境来阐明奥康纳的资本主义危机理论发展的逻辑递进关系，并试图在此基础上说明奥康纳思想与马克思主义之间的关系。

1. 奥康纳对马克思主义的基本态度——马克思主义何以恒久

"何谓生态学马克思主义？生态学马克思主义何以可能？生态的或者其他类型的马克思主义在今日还有何用武之地？我的回答，如果套用黑格尔的一句非常著名的话，那就是'密纳发的猫头鹰''在天亮的时候却折起了它的翅膀'。这就是说，当世界经济真正凸显出马克思在《资本

---

① ［匈］乔治·卢卡奇：《历史与阶级意识》，47—48 页，北京，商务印书馆，1992。

论》中所阐释的那种模式(**不仅仅**是这种模式)的时候，马克思主义却被当作一种有致命缺陷的理论、一次失败的思想努力、一种类似于苏联的那种并非真实存在的社会主义那样的东西而遭到拒斥。"①这是奥康纳在《自然的理由》一书导言中的一段话，毫无疑问，它明确地表达了奥康纳对马克思主义的基本态度。正因为如此，无论是出于为了克服现代生态危机的目的而建设生态型社会主义，还是为了站在思想的制高点上来重建马克思主义哲学，奥康纳的生态危机思想都无不显示出重要的理论和现实意义。

当然，不仅是在生态学马克思主义中，应该说，在奥康纳全部的资本主义危机理论中，马克思主义的基本理论范式都得到了一定的保留。

首先，在国家财政危机理论中，奥康纳致力于探寻一种能够对资本主义财政危机做出有效解释的危机理论。经过研究，他发现资产阶级经济学中的财政社会学提供了这样一种分析资本主义财政危机的独特视角，并且还开拓了一种结合了经济学、政治学、社会学的综合性的研究方法。但是，要想从本质上解释资本主义的财政危机，奥康纳认为还得依靠马克思主义经济学的理论框架中的基本范畴。在国家的财政危机理论中，奥康纳通过"社会资本"(包括"社会投资"和"社会消费"，分别对应马克思的不变资本和可变资本)和"社会支出"两个核心概念阐明了国家财政危机的观点：由于资本主义福利国家的积累性职能和合法性职能与资本主义的本质是相矛盾的，在这种体制下，财政危机将成为当今资

---

① [美]詹姆斯·奥康纳：《自然的理由》，唐正东、臧佩洪译，1页，南京，南京大学出版社，2003。引文略有修改。

本主义国家经济危机的集中表现，它不仅破坏着经济自身的生产能力，还直接威胁到资本主义国家的政治合法性。

其次，由于当今世界资本主义的高度发展，奥康纳认为文化、政治、经济和社会领域的相互渗透越来越深，而传统的马克思主义比较缺乏对文化的研究。所以，他着力于研究资本主义社会中最深刻的"个人主义"价值观与资本主义生产以及阶级斗争之间的关系，以此来证明资本主义的"生产不足"的危机。"总体化"的危机理论就是奥康纳通过批判反思"资产阶级经济学、新正统马克思主义、新马克思主义、后马克思主义"理论之后，对法兰克福学派的社会批判理论与马克思主义相结合的一种理论成果。毫无疑问，他这样做的目的是通过引入文化批判的线索来充实、完善马克思主义，使其在面对现代资本主义的新特征时更具批判力度。

最后，毋庸置疑，这种为了使马克思主义在面对当下世界仍然有效的学术努力最终在奥康纳的生态学马克思主义理论建构中达到了顶峰，也使奥康纳成为美国生态学马克思主义理论的领军人物。首先应该指明的是，奥康纳并没有否定马克思主义中存在生态学的思想，只是在他看来，生态问题没有在马克思那里获得充分的理论空间。在生态学马克思主义理论中，奥康纳牢牢抓住了生产力和生产关系这两个马克思主义的核心范畴，通过对它们的自然与文化的"修补"重构了历史唯物主义。此外，应当引起我们重视的是，在奥康纳的生态学马克思主义理论中，"生态"范畴摆脱了以往狭义的仅限于自然资源的含义。也就是说，在传统的生态学马克思主义理论中，生态危机仅仅意味着自然资源的有限性，那么，这里面就暗含了一个理论假设，如果假定自然资源是无限的，那么，资本主义似乎就是合理的、可持续的，或者，至少在传统生态学马克思主义的逻辑推论中是可能的。在这方面，奥康纳取得了可喜的进步。奥康纳认为，"生态"不仅包含自然资源，还必须包含人类自身，乃至人类生活环境和劳动场所。奥康纳对资本主义的批判不仅在于资本的盲目扩张造成了生态环境的恶化、自然资源的短缺，还指出资本对劳动者的剥削与损害本身的不正当性。正是这一认识使他的生态学社会主义明显区别于以往的"绿色乌托邦"和道德革命理论，并大大超越了他们，最后才能在科学社会主义的价值立场上毫不动摇。

综上所述，无论是对财政危机的研究，还是"总体化"危机的研究，又或者生态危机的研究，奥康纳都试图通过马克思主义与具体语境的结合，来补充、完善马克思主义，以显示出它在当代资本主义批判中的强大生命力。所以，我们可以说，奥康纳的危机理论是对马克思主义危机理论的应用和改造。

2. 奥康纳对资本主义危机的本质判断——资本主义何以灭亡

我们必须明确，在奥康纳的危机理论思想中，不管是"财政危机""生产不足危机"或者"生态危机"都只是资本主义本质矛盾的不同表现形式。奥康纳坚信资本主义一定会灭亡，所以他的一生也都在不断探索资本主义何以灭亡这一重大理论问题。我们可以通过奥康纳对资本主义危机所做的三点本质判断来弄清这个问题。

第一，**资本主义具有不可克服的根本矛盾**。这是奥康纳对资本主义危机的一个最基本的看法。那么，这种不可克服的根本矛盾究竟是什么？在国家的财政危机理论中，奥康纳通过生产的社会化与利润的私人占有的不合理性来证明国家财政支出的矛盾，最终揭示出资本主义福利国家的财政危机的根源仍在于生产的社会化与生产资料私人占有之间的资本主义固有矛盾。在生态学马克思主义中，虽然奥康纳表示生态学马克思主义理论的出发点是"资本主义生产关系（**及生产力**），与资本主义生产的**条件**，或者说'社会再生产的资本主义关系及力量'之间的矛盾"①，但这一理论出发点仍是以"生产力和生产关系"的矛盾为基础的。

第二，**资本主义的危机是积累性的**。这体现在它不仅是充满危机的，而且还是具有危机依赖性的。在对资本主义根本矛盾认识的基础上，奥康纳认定只要还在资本主义生产方式内，危机就无法被真正消除。所以，在《积累的危机》一书中，奥康纳的目标是通过对危机的历史性研究，来阐明每次危机之间的联系。具体来说，他是想通过研究经济危机中的个人主义、阶级斗争和国家对生产条件的重构以及这种重构的影响，从而证明旧的危机的解决实际上也是新的危机的开端。换句话说，也就是资本主义不仅是充满危机的，而且还是具有危机依赖性的。因此，资本主义的危机是具有历史积累性的，它永远无法在资本主义体制内部被解决。后来在生态学马克思主义理论中，奥康纳进一步深化了这一观点，并以此为基础证明了社会主义转型的必然性。笔者以为，对资本主义危机的积累性的判断是奥康纳危机理论的鲜明特色之一，应该引起我们的充分重视。

第三，**资本主义的危机是总体的危机**。从以上论述我们看出，资本主义中的危机都是资本主义自身危机的不同表现形式。到了生态学马克思主义理论中，奥康纳虽然放弃了"总体的"范畴的使用，但笔者以为，

① ［美］詹姆斯·奥康纳：《自然的理由》，唐正东、臧佩洪译，257 页，南京，南京大学出版社，2003。

这条隐含在国家财政危机理论中，彰显于积累的危机理论中的线索实际上是到了生态危机理论中才真正达成。为什么这样说呢？我们看到，在积累的危机中，危机的"总体的"含义主要表现在两个方面：一是表现在资本主义社会中的方方面面的具体的危机；二是表现在危机在历史积累过程中的总体。然而，在生态学马克思主义中，奥康纳显然不再囿于"资本主义中的危机"，而是致力于"资本主义的危机"，从而为资本主义向社会主义的转型提供一种合理的说明。通过对资本主义生产条件的总体的分析，奥康纳论证了"由危机所导致的生产条件的再生产的社会关系方面的变化，预示着或者说是以作为生产力的生产条件的更为社会化的形式为前提的"①。在这一意义上，奥康纳的结论是："当资本主义通过政治和意识形态而转向生产条件的供应方面的更为社会化的形式时，它是自我解构或者说自我颠覆的。"②由此，危机在本质上提供了一种可能性，它使关于资本主义向社会主义转型的图景显得更为清晰。此所谓资本主义的总体的危机。

3. 奥康纳对科学社会主义的始终坚持——社会主义何以实现

《古巴社会主义的起源》是奥康纳的第一部专著，该书从社会、经济和政治力量的多重角度重新探讨了古巴社会主义革命的原因，提出了"古巴的政治经济学"观点。该书可以被视为奥康纳研究资本主义危机的潜在理论前提，它同时表达了奥康纳对社会主义的初始理论情结。不能否认，在国家的财政危机中，奥康纳对社会主义的阐释并不充分，他只

---

① ［美］詹姆斯·奥康纳：《自然的理由》，唐正东、臧佩洪译，270 页，南京，南京大学出版社，2003。

② 同上书，271 页。

是通过揭示资本主义的本质矛盾，提出要想从根本上解决资本主义的危机，唯一途径就是社会主义。应该说，这时奥康纳对社会主义的坚持应该说还停留在一种"口号式"的层面。到了《积累的危机》中，阶级斗争成为奥康纳研究的重点，对社会主义价值取向的坚持，在这里主要表现为他通过研究阶级斗争的历史发展，论证了现代个人主义阶级斗争的可能性，从而揭示了社会主义革命的可能性。但是，他自己可能也意识到，从个人主义的意识形态层面来完成这一论证不免有些牵强，所以在后来的生态学马克思主义中，奥康纳几乎完全放弃了这一分析路径，取而代之的是强调自然和文化对生产力和生产关系的影响。在阶级斗争方面，奥康纳明确反对为了"更好、更多"的斗争路线，主张从"量"的斗争转向"质"的斗争，要求从分配性正义转向生产性正义。并且，还赋予了为生产条件而斗争的新社会运动一种阶级性的维度，提倡一种"全球性的思考，全球性的行动"，从而实现无产阶级的联合。可以说，在20世纪90年代以前，奥康纳虽然一直坚持社会主义的价值取向，但他那时关于社会主义的论述都是零散的，并没有被理论化。因此我们很难从中看出他对科学社会主义的认识程度。直到《自然的理由》一书，奥康纳在积累的危机理论的基础上，进一步论证了资本主义的"社会化"过程的必然性。他指出，"危机有力地促使了资本与国家对生产条件实施更为有力的控制或更为有效的计划（对资本本身的生产与流通也起同样的作用）"，这将给那些具有国际性计划的机构带来新的发展机遇。同时，"危机会促进可变动性的计划以及有计划的变动性的新形式的出现，这些新形式将加大一种更具变动性的资本主义与一种更具计划性的资本主义之间的张力"。最后，"危机迫使资本及国家面对其自身的基本矛盾，这些矛盾后来被移置到政治的、意识形态的以及环境的维度之中（从直接的生产和流通领域中被移出了两次），在那里，它们被赋予了更为社会化的生产条件形式"①。以此为基础，奥康纳证明了社会主义转型的客观可能性，并围绕着新社会运动详细阐明了生态学社会主义的历史趋势。尤为重要的是，在批判生态危机的时候，奥康纳并没有机械地把责任全都归结为资本主义的生产，而是得出了"生态学社会主义在多大程度上构成为对资本主义的一种批判，那么它也就在多大程度上构成为对传统社会主义的一种批判"②的结论。

四、奥康纳资本主义危机理论的现实启示

奥康纳的资本主义危机理论全面、深刻、务实，对今天中国的马克思主义者也有许多深刻的现实启示。本文着重强调以下两点。

启示一：马克思主义的生命力在于其创造力。奥康纳对马克思主义的信仰没有任何外在的目的，完全是出于自己的真诚信仰而走上研究创新之路的，这样的马克思主义者更是难能可贵。奥康纳信仰马克思主义但从不搞教条主义，他对经典马克思主义的某些结论有批评，对历史唯物主义的不少理论也有修正，可是，他对马克思主义的批评也好、修正也好，不是为了否定和放弃马克思主义，而是为了提高马克思主义对现实世界的解释力、对新社会运动的指导力。正是在这个意义上，不管奥

---

① ［美］詹姆斯·奥康纳：《自然的理由》，唐正东、臧佩洪译，270—271页，南京，南京大学出版社，2003。

② 同上书，529页。

康纳对马克思主义理论提出过多少批评和修正，都不能怀疑他对马克思主义的真诚信仰，都不能否定他是一位马克思主义者。他一生从来没有放弃过这样的信念：马克思主义的现代性仍在，资本主义在危机中走向末路，社会主义在资本主义积累的危机中积累着可能性、现实性。奥康纳以自己务实的研究表明，马克思主义的生命力根源于马克思主义的创造力，而马克思主义的创造力根源于马克思主义的科学方法论。奥康纳并不是对马克思主义的所有原理、论断、范式都有全面、系统、深刻的了解和理解，但他对马克思主义的基本方法了然于胸，运用娴熟，所以，他才能坚信而善用，提出了不少新思想、新范式、新论断。今天，我们同样遇到如何坚持马克思主义的问题。有的人面对改革开放的大变革，拿自己习惯了的马克思主义"本本"，用"本本"上的"条条"说事，用"条条"评价现实、匡套现实，一旦发现现实与"条条"不符，他们不是反思"条条"，而是一味裁剪现实，否定现实道路，同时否定指导这条道路的理论，攻击中国特色社会主义理论的"特色论""阶段论"等。事实不断证明，教条主义者迟早会走向自己信仰的反面。一旦现实让他们觉醒，他们有可能犯费尔巴哈对待黑格尔哲学的同样错误：把婴儿连洗澡水一同泼掉，由教条主义走向反马克思主义。奥康纳拓展了马克思主义的理论视野，创新了马克思主义的理论范式，论证了马克思主义的实践任务，他的理论研究之路启示我们，马克思主义只有创造才能永恒，马克思主义者只有与时俱进才能永远坚守住马克思主义的理论阵地。

启示二："全球问题"的解决有赖于全球社会主义。"二战"之后，伴随着科学技术革命给资本主义经济带来的经济大发展，马克思主义过时论、资本主义持续发展论、社会主义失败论一浪高过一浪。然而，在这一过程中，所谓"全球问题"，许多学者将其与社会制度的关系含而不宣，埋头探索资本主义的解决方式。从《京都议定书》到巴厘岛路线图，一直到今年的哥本哈根，解决问题的资本主义强势状态没有改变。正如福斯特所说：资本主义"是一个自我扩张的价值体系，经济剩余价值的积累由于根植于掠夺性的开发和竞争法则赋予的力量，必然要在越来越大的规模上进行"。然而，"我们经常被告知，在不改变我们人人都置身其中的生产方式的主导特征的情况下，仍然可以实现经济与环境之间的和谐。如此一来，突然不再与环境要求有任何冲突的自由市场体制仍将保持以下显著特征：利润、竞争、不断提高的生产率、经济增长、经济回报不公、高消费以及日常生活中个人自由地追求自身的点滴利益，而对更广领域的社会与自然需求漠不关心"①。这就是资本主义生产方式下的可持续发展图景。奥康纳告诉我们，资本主义让自然界资本化、通过技术提高资源利用效率、提高资源价格，在资本主义制度下，非但不会减轻自然界的任何重负，反而会加剧资本对自然界的殖民性掠夺，只能让穷人、穷国在提高了的资本支付门槛的条件下抑制发展、抑制消费，让富人在享受贫困的同时，也吞下污染的苦果。奥康纳提出要从根本上改造和协调双重生产方式，一是自然界的生产方式，一是社会的生产方式。自然界的生产方式的改造，其核心是建立合理的"自然的生产力"和"自然的生产关系"，让自然界获得"终极自主性"，从而能够"自我运作"，形成他所谓"自然社会"。社会生产方式的改造，主要是改造或

---

① ［美］约翰·贝拉米·福斯特：《生态危机与资本主义》，29、48—49页，上海，上海译文出版社，2006。

调整资本主义生产关系。有两种改造途径：一是资本主义运行过程中的危机应对性的自然改变，资本主义的每一次危机，都使再生产条件不断获得社会性而社会化，从而与资本主义的私有本性渐行渐远；二是社会改革，在资本主义社会中发生的各种新社会运动，包括劳工运动、妇女运动、环境运动等，迫使资本主义不得不调整生产方式、分配方式和消费方式，从而改变资本主义的人与自然关系和人与人的关系。改造社会生产方式是改变自然的生产方式的基础，没有前者的改造，后者的改造是不可能的。中国特色社会主义建设面临着两个方面的问题：第一是"全球问题"中的社会主义与资本主义的价值取向问题。资本的本性决定了资本主义运行必然遵循"生产主义的扩张逻辑"。然而，最为可怕的不是资本主义单纯的自我扩张，而是资本主义对社会主义制度以及他国利益的排他性，在这个意义上，"帝国主义就是战争"并没有因为战争力量的相对均势而改变，因此，被资本主义包围着的社会主义中国，不发展就意味着灭亡，所以，中国共产党人近些年来反复提醒全党："发展是执政兴国的第一要务。"但同时，"环境问题"也是"人类问题"，社会主义中国毅然决然地承担起了解决节能减排的任务，在哥本哈根会议上，中国政府再一次向世界做出了庄严承诺。在沉重的发展任务中解决环境问题以及其他"全球问题"，要求我们必须以高度的社会责任感，把"以人为本"的理念贯彻到我们的思想深处和工作的方方面面，坚持"节约资源和保护环境的基本国策"①，调整产业结构，转变生产方式，坚持遏制

①　胡锦涛：《高举中国特色社会主义伟大旗帜，为夺取全面建设小康社会新胜利而奋斗》，见《中国共产党第十七届全国代表大会文件汇编》，23 页，北京，人民出版社，2007。

高能耗、高污染产业；用文明节俭的生活方式取代消费主义、享乐主义生活方式，把人类生产力水平的提高和财富剩余用于建设自然、美化自然、与自然的和谐相处上去；统筹好国内与国际、地区之间、城乡之间、阶层之间、经济发展与国防建设之间的关系，全面建设社会主义和谐社会；坚持对外开放，始终不渝走和平发展道路，在国际关系中，弘扬民主、和睦、协作、共赢精神，与各国共同分享发展机遇，共同应对各种挑战，携手推动建设持久和平、共同繁荣的和谐世界。第二是中国特色社会主义发展中的社会公平问题。国内经济结构的合理性是解决环境问题的社会条件，分配问题是经济结构问题的表现形式。当前，我国的经济分配问题已经相当突出，基尼系数早已突破国际公认的警戒线。从社会角度上说，只有经济结构的合理才有分配的公平，反过来，只有合理分配财富才有助于调整经济结构。在公有制为主体、多种所有制经济共同发展的基本经济制度中，建立"合理有序的收入分配格局"，其核心和关键是缩小收入差距，让人民共享发展成果。

索　引

参考文献

一、外文部分

1. Alain Lipietz, *The Enchanted World: Inflation, Credit and the World Crises*, London: Verso Books, 1985.

2. James O'Connor, *The Fiscal Crisis of the State*, New York: ST. MARTIN'S PRESS, 1973.

3. James O'Connor, *The Corporations and the State: Essays in the Theory of Capitalism and Imperialism*, New York: Harper Collins, 1974.

4. James O'Connor, *Accumulation Crisis*, New York and Oxford: Blackwell, 1984.

5. James O'Connor, *The Meaning of Crisis: A theoretical introduction*, New York and Oxford: Blackwell, 1987.

6. James O'Connor, *The Origins of Socialism in Cuba*, Cornell University Press, 1970.

7. Joel Kovel, *The Enemy of Nature: The End of Capitalism or the End of the World*, Zed Books Ltd., 2002.

8. Joseph A. Schumpeter，*The Economics and Sociology of Capitalism*，New Jersey：Princeton University Press，1991.

9. Michel Aglietta，*A Theory of Capitalism Regulation*，translated by David Fernbach，London，NLB，1979.

10. Paul Burkett，*Marx and Nature：A Red and Green Perspective*，New York：St. Martin's Press，1999.

11. Raymond Williams，*Keywords：A Vocabulary of Culture and Society*，New York：Oxford University Press，1976.

12. Reiner Grundmann，*Marxism and Ecology*，Oxford：Clarendon Press，1991.

13. Simon Clarke，*Marx's Theory of Crisis*，London：Macmillan Pr. Ltd.，1994.

14. Yehoshua Arieli，*Individualism and Nationalism in American Ideology*，Cambridge Massachusetts：Harvard University Press，1964.

二、中文部分

1. ［德］A. 施米特：《马克思的自然概念》，吴仲昉译，商务印书馆 1988 年版。

2. ［英］阿列克斯·卡利尼克斯：《反资本主义宣言》，罗汉译，上海译文出版社 2005 年版。

3. ［英］埃里克·诺伊麦耶：《强与弱：两种对立的可持续性范式》，王寅通译，上海译文出版社 2006 年版。

4. ［美］埃里希·弗洛姆：《占有还是生存》，关山译，生活·读书·新知三联书店 1989 年版。

5. ［美］埃里希·弗洛姆：《健全的社会》，孙恺详译，贵州人民出版社 1994 年版。

6. ［美］艾伦·杜宁：《多少算够——消费社会与地球的未来》，毕聿译，吉林人民出版社 1997 年版。

7. ［加］埃伦·M. 伍德：《资本的帝国》，王恒杰、宋兴无译，上海译文出版社 2006 年版。

8. ［加］埃伦·M. 伍德主编：《民主反对资本主义》，吕薇洲译，重庆出版社 2007 年版。

9. ［英］安德鲁·多布森：《绿色政治思想》，郇庆治译，山东大学出版社 2001 年版。

10. ［美］保罗·霍肯：《商业生态学——可持续发展宣言》，上海译文出版社 2007 年版。

11. ［日］坂入长太郎：《欧美财政思想史》，张淳译，中国财政经济出版社 1987 年版。

12. ［加］本·阿格尔：《西方马克思主义概论》，慎之译，人民大学出版社 1991 年版。

13. ［美］彼得·巴恩斯：《资本主义 3.0》，吴士宏译，南海出版社 2007 年版。

14. ［澳］布鲁斯·麦克法莱恩：《激进经济学》，朱宝宪等译，商务印书馆 1993 年版。

15. 蔡华杰：《另一个世界可能吗？——生态社会主义研究》，社会科学文献出版社 2014 年版。

16. 车玉玲：《总体性与人的存在》，黑龙江人民出版社 2001 年版。

17. ［英］大卫·哈维：《新帝国主义》，初立忠、沈晓雷译，社会科学文献出版社 2009 年版。

18. ［美］戴维·柯茨：《资本主义的模式》，完兆昌、耿修林译，江苏人民出版社 2001 年版。

19. ［英］戴维·麦克莱伦：《马克思以后的马克思主义》，李智译，中国人民大学出版社 2008 年版。

20. ［英］戴维·佩珀：《生态社会主义：从深生态学到社会正义》，刘颖译，山东大学出版社 2005 年版。

21. ［英］戴维斯·李、布赖恩·特纳主编：《关于阶级的冲突》，姜辉译，重庆出版社 2005 年版。

22. ［捷克］丹尼尔·沙拉汉：《个人主义的谱系》，储智勇译，吉林出版集团有限责任公司 2009 年版。

23. ［美］丹尼斯·米都斯：《增长的极限》，李宝恒译，吉林人民出版社 1997 年版。

24. ［美］道格拉斯·多德：《资本主义经济学批评史》，熊婴、陶李译，江苏人民出版社 2008 年版。

25. 段方乐：《总体性的终结》，中国社会科学出版社 2009 年版。

26. ［英］F. A. 哈耶克编：《资本主义与历史学家》，秋风译，吉林人民出版社 2003 年版。

27. ［美］菲利普·克莱顿、贾斯廷·海因泽克：《有机马克思主义》，孟献丽等译，人民出版社 2015 年版。

28. 高中华：《环境问题抉择论：生态文明时代的理性思考》，社会科学文献出版社 2004 年版。

29. 郭剑仁：《生态地批判》，人民出版社 2008 年版。

30. ［美］H. S. 康马杰：《美国精神》，南木等译，光明日报出版社 1988 年版。

31. 韩冬雪：《马克思主义政治哲学诸范畴初探》，吉林出版集团有限责任公司 2007 年版。

32. ［美］赫尔曼·E. 达利、小约翰·B. 柯布：《21 世纪生态经济学》，王俊、韩冬筠译，中央编译出版社 2015 年版。

33. 何怀远：《发展观的价值维度——"生产主义"的批判与超越》，社会科学文献出版社 2005 年版。

34. 胡大平：《后革命氛围与全球资本主义》，南京大学出版社 2002 年版。

35. 胡大平、张亮：《资本主义理解史》第五卷，江苏人民出版社 2009 年版。

36. 郇庆治：《绿色乌托邦：生态主义的社会哲学》，泰山出版社 1998 年版。

37. 郇庆治：《当代生态资本主义》，北京大学出版社 2015 年版。

38. ［美］霍华德·谢尔曼：《停滞膨胀》，厉以平、厉放译，商务印书馆 1984 年版。

39. ［美］霍华德·谢尔曼：《激进政治经济学基础》，云岭译，商务印书馆 1993 年版。

40. ［意］杰奥瓦尼·阿瑞基：《漫长的 20 世纪》，姚乃强等译，江苏人民出版社 2001 年版。

41. ［英］卡尔·波兰尼：《大转型：我们时代的政治与经济起源》，冯钢、刘阳译，浙江人民出版社 2007 年版。

42. ［德］克劳斯·奥菲：《福利国家的矛盾》，郭忠华等译，吉林人民出版社 2006 年版。

43. ［美］蕾切尔·卡逊：《寂静的春天》，吕瑞兰、李长生译，科学出版社 1997 年版。

44. 梁小民、姚开建主编：《西方经济学必读手册》，中国物资出版社 1999 年版。

45. 林红梅：《生态伦理学概论》，中央编译出版社 2008 年版。

46. 刘东国：《绿党政治》，上海社会科学院出版社 2002 年版。

47. 刘怀玉：《现代性的平庸与神奇》，中央编译出版社 2006 年版。

48. 刘明远：《马克思主义经济危机和周期理论的结构与变迁》，中国人民大学出版社 2009 年版。

49. 刘仁胜：《生态学马克思主义概论》，中央编译出版社 2007 年版。

50. ［美］罗伯特·N. 贝拉等：《心灵的习性》，翟宏彪等译，生活·读书·新知三联书店 1991 年版。

51. ［美］罗伯特·戈尔曼主编：《"新马克思主义"传记辞典》，赵培杰、李菱、邓玉庄译，重庆出版社 1990 年版。

52. 《资本论》1—3 卷，人民出版社 2004 年版。

53. 《马克思恩格斯选集》1—4 卷，人民出版社 1995 年版。

54. 《马克思恩格斯全集》第 30 卷，人民出版社 1995 年版。

55. 《马克思恩格斯全集》第 31 卷，人民出版社 1998 年版。

56. 《马克思恩格斯全集》第 32 卷，人民出版社 1998 年版。

57. 《马克思恩格斯全集》第 33 卷，人民出版社 2004 年版。

58. [美]迈克尔·哈特、[意]安东尼奥·耐格里：《帝国——全球化的政治秩序》，杨建国、范一亭译，江苏人民出版社 2003 年版。

59. [美]曼纽尔·卡斯泰尔斯：《经济危机与美国社会》，晏上枥等译，上海译文出版社 1985 年版。

60. [法]米歇尔·阿尔贝尔：《资本主义反对资本主义》，杨祖功、杨齐、海鹰译，江苏社科文献出版社 1999 年版。

61. [英]佩里·安德森：《西方马克思主义探讨》，高铦、文贯中、魏章玲译，人民出版社 1981 年版。

62. 彭华民等：《西方社会福利理论前沿》，中国社会出版社 2009 年版。

63. [美]乔尔科·威尔：《自然的敌人：资本主义的终结还是世界的毁灭?》，杨燕飞、冯春涌译，中国人民大学出版社 2015 年版。

64. [挪威]乔根·兰德斯：《未来四十年的中国与世界》，秦雪征、谭静、叶硕译，译林出版社 2013 年版。

65. [法]让·鲍德里亚：《符号政治经济学批判》，夏莹译，南京大学出版社 2008 年版。

66. [法]让·鲍德里亚：《物体系》，林志明译，上海人民出版社 2001 年版。

67. [法]让·鲍德里亚：《消费社会》，刘成富、全志钢译，南京大学出版社 2000 年版。

68. [法]让·卢日金内、皮埃尔·库尔-萨利、米歇尔·瓦卡卢利斯主编：《新阶级斗争》，陆象淦译，社会科学文献出版社 2009 年版。

69. [印]萨拉·萨卡：《生态社会主义还是生态资本主义》，张淑兰译，山东大学出版社 2012 年版。

70. [埃及]萨米尔·阿明：《全球化时代的资本主义》，丁开杰译，中国人民大学出版社 2005 年版。

71. [埃及]萨米尔·阿明：《资本主义的危机》，彭姝祎、贾瑞坤译，社会科学文献出版社 2003 年版。

72. [英]史蒂文·卢克斯：《个人主义》，阎克文译，江苏人民出版社 2001 年版。

73. 施建生：《伟大的经济学家熊彼特》，中信出版社 2006 年版。

74. 孙伯鍨：《卢卡奇与马克思》，南京大学出版社 1999 年版。

75. 孙伯鍨、张一兵主编：《走进马克思》，江苏人民出版社 2001 年版。

76. 孙力等：《资本主义：在批判中演进的文明》，学林出版社 2005 年版。

77. 孙正甲：《生态政治学》，黑龙江人民出版社 2005 年版。

78. [美]唐纳德·沃斯特：《自然的经济体系》，侯文蕙译，商务印书馆 1999 年版。

79. 唐正东：《当代资本主义新变化的批判性解读》，经济科学出版社 2016 年版。

80. 唐正东：《斯密到马克思》，南京大学出版社 2002 年版。

81. 唐正东、孙乐强：《资本主义理解史》第四卷，江苏人民出版社 2009 年版。

82. [英]特德·本顿编：《生态马克思主义》，曹荣湘、李继龙译，社会科学文献出版社 2013 年版。

83. 王耕：《复杂性生态哲学》，社会科学文献出版社 2008 年版。

84. 王诺：《欧美生态批判》，学林出版社 2008 年版。

85. 王晓升：《为个性自由而斗争》，社会科学文献出版社 2009 年版。

86. 王雨辰：《生态批判与绿色乌托邦》，人民出版社 2009 年版。

87. 王雨辰：《生态学马克思主义与生态文明研究》，人民出版社 2015 年版。

88. 王正平：《环境哲学：环境伦理的跨学科研究》，上海人民出版社 2004 年版。

89. 王志伟编：《现代西方经济学主要思潮及流派》，高等教育出版社 2004 年版。

90. ［美］威廉·I. 罗宾逊：《全球资本主义论》，高明秀译，社会科学文献出版社 2009 年版。

91. ［加］威廉·莱斯：《自然的控制》，岳长龄译，重庆出版社 1995 年版。

92. 夏伟东、李颖、杨宗元：《个人主义思潮》，高等教育出版社 2006 年版。

93. 解保军：《马克思自然观的生态哲学意蕴》，黑龙江人民出版社 2002 年版。

94. 许宝强、渠敬东选编：《反市场的资本主义》，中央编译出版社 2001 年版。

95. 徐崇温：《国际金融危机与当代资本主义》，重庆出版社 2015 年版。

96. 徐艳梅：《生态学马克思主义研究》，社会科学文献出版社 2007 年版。

97. ［法］雅克·德里达：《马克思的幽灵》，何一译，中国人民大学出版社 1999 年版。

98. ［日］岩佐茂：《环境的思想》，韩立新译，中央编译出版社 1997 年版。

99. 仰海峰：《形而上学批判》，江苏人民出版社 2006 年版。

100. 杨明、张晓东等：《现代西方伦理思潮》，安徽人民出版社 2009 年版。

101. ［德］尤尔根·哈贝马斯：《合法化危机》，刘北成、曹卫东译，上海世纪出版集团 2009 年版。

102. 郁建兴：《马克思国家理论与现时代》，东方出版中心 2007 年版。

103. 俞可平主编：《全球化时代的"马克思主义"》，中央编译出版社 1998 年版。

104. 俞可平主编：《全球化时代的"社会主义"》，中央编译出版社 1998 年版。

105. 俞吾金、陈学明：《国外马克思主义哲学流派新编——西方马克思主义卷》（上、下册），复旦大学出版社 2002 年版。

106. 袁久红：《西方马克思主义的政治哲学》，东南大学出版社 2004 年版。

107. ［英］约翰·B. 汤普森：《意识形态与现代文化》，高铦等译，译林出版社 2005 年版。

108. ［美］约翰·贝拉米·福斯特：《马克思的生态学》，刘仁胜、肖峰译，高等教育出版社 2006 年版。

109. ［美］约翰·贝拉米·福斯特：《生态革命》，刘仁胜等译，人民出版社 2015 年版。

110. ［美］约翰·贝拉米·福斯特：《生态危机与资本主义》，耿建新、宋兴无译，上海译文出版社 2006 年版。

111. [美]约翰·肯尼迪·加尔布雷斯:《美国资本主义》,王肖竹译,华夏出版社 2008 年版。

112. 曾国安:《政府经济学》,湖北人民出版社 2002 年版。

113. 曾枝盛:《国外学者对马克思主义若干问题的最新研究》,中国人民大学出版社。

114. [美]詹姆斯·奥康纳:《自然的理由》,唐正东、臧佩洪译,南京大学出版社 2003 年版。

115. 张光照、张力士编:《西方马克思主义经济学》,经济科学出版社 2001 年版。

116. 张世鹏、殷叙彝主编:《全球化时代的资本主义》,中央编译出版社 1998 年版。

117. 张一兵:《回到马克思》,江苏人民出版社 1999 年版。

118. 张一兵、胡大平:《西方马克思主义的历史逻辑》,南京大学出版社 2003 年版。

119. [加]罗伯特·阿尔布里坦等主编:《资本主义的发展阶段》,张余文主译,经济科学出版社 2003 年版。

120. 周凡主编:《后马克思主义:批判与辩护》,中央编译出版社 2007 年版。

121. 周凡、李惠斌主编:《后马克思主义》,中央编译出版社 2007 年版。

122. 周穗明:《20 世纪西方新马克思主义发展史》,学习出版社 2004 年版。

后　记

　　时光荏苒，弹指一挥间，博士毕业已经 7 年，而我对奥康纳资本主义危机理论的关注还要从 2007 年博士一年级算起，距今恰好 10 个年头。有人说博士的生活是一幅没有色彩的水墨画，是一首无人问津的新诗。还有人调侃哲学系的孩子们生活枯燥乏味，每天思考着校门口门卫的三个提问：你是谁？你从哪里来？你要去哪里？然而我要说，攻读马克思主义哲学博士学位的生活宛若一幅素色版画，严整的刀法中充溢着无限的审美想象，凝视的苦思中其乐无穷。在南京大学五年的硕博学习生活，让我感受到了学海的壮阔、书山的伟岸、经典的深邃和思想的力量，漫漫学术古道上读的迷茫与思的艰难让我进一步感受到了马克思主义立场的庄严、眼光的高远、胸怀的博大和逻

辑的严整，认识到当代中国马克思主义的感召力、生命力和创造力。正
是在南京大学，我找到了人生的目标：马克思主义教育事业。

本书稿是在我的博士论文《奥康纳资本主义危机理论研究》的基础上
修改完成的。还记得最初我是在导师唐正东教授与臧佩洪教授合译的
《自然的理由》一书中接触到了奥康纳。从那时起，我就对他的生态学马
克思主义思想产生了浓厚的兴趣。那时候国内对生态问题的研究刚刚开
始变热，奥康纳作为美国生态学马克思主义的领军人物自然备受学界瞩
目，然而通过大量查阅文献我发现，学界对奥康纳的研究成果绝大多数
都仅仅局限于《自然的理由》一书，并没能结合他一生的学术轨迹和思想
全貌去理解他，因此也造成对他的生态学马克思主义思想的误读。第一
个把奥康纳引入国内学界的学者应该是顾海良教授，他发表在《世界经
济》1990 年第 7 期的《奥康纳和他的"国家财政危机"理论》一文最早介绍
了奥康纳早期的国家财政危机理论。正是这篇文章，把我单纯对奥康纳
生态学马克思主义理论的兴趣扩展到对奥康纳整个资本主义危机理论的
研究中去。事实上，奥康纳于 1973 年出版的《国家的财政危机》一书对
整个西方马克思主义经济学研究产生了重大影响，甚至被视为美国马克
思主义经济学研究领域中继保罗·巴兰和保罗·斯威齐的《垄断资本》之
后的又一部里程碑式的著作。国内学界对奥康纳的研究还远远不够。纵
观奥康纳的一生，他历经资本主义的"盛世欢歌"，目睹社会主义的空前
灾变，却始终信仰坚定，一生都在剖析资本主义的危机，论证社会主义
的合理。从对古巴社会主义的关注，到对资本主义国家的财政危机的解
剖，再到"总体化"的危机理论，最终落脚到生态学马克思主义、生态学
社会主义理论，奥康纳的学术发展历程不仅折射出了西方左派从 20 世

纪 60 年代末至今的理论发展，也见证了资本主义不断遭遇的现实难题。正是对他的研究和反思，也加深了我对马克思主义的理解，坚定了我的社会主义信念。

有趣的是，我对奥康纳思想的关注始于他的生态学马克思主义理论，在我完成了对他的整体资本主义危机理论的粗浅研究之后，我的学术兴趣又落脚在对生态危机的理论研究上。因此，较之于 7 年前的博士论文，本书稿最大的改动就在于总结了过去这些年学界在研究生态危机时存在的一些认识上的偏差：把"资本主义生态问题"不加分析地当作"全球问题"，在凸显"责任共担"的观念下去意识形态化，掩盖了发达资本主义国家的生态帝国主义或生态殖民主义；模糊社会主义国家的生态问题与社会主义生态问题的界限，否定现实的社会主义制度；把一般生态问题与人类生存和发展的需要极端对立起来，以生态中心主义全面否定人类中心主义，陷入生态乌托邦。在此基础上，我进一步从社会制度视域研究了生态危机的根源与出路，对生态危机的类型做了划分。然而还有一些问题并没有思考得十分清楚，这也成为我接下来继续研究生态问题的任务。

落笔成文之时，并没有太多满足与喜悦之情，因为书稿的的确确还存在很多遗憾和不足，有些是限于笔者的水平，有些是由于工作繁忙以及别的原因，恳请各位读者批评指正，以促我对生态问题研究的进一步深入。

本书的出版得到了北京师范大学出版社各位老师的大力支持。我的导师唐正东教授，我的母校南京大学哲学系的张异宾教授、胡大平教授、姚润皋教授等多位老师给予我大量的指导与帮助。我的学生沈晓海、李露等做了大量的资料收集和文字校对工作，在此一并致谢！

马克思在17岁那年写道："如果我们选择了最能为人类幸福而劳动的职业，那么，重担就不能把我们所压倒，因为这是为大家而献身。那时，我们感到的就不是可怜的、有限的、自私的乐趣，我们的幸福将属于千百万人。我们的事业将默默的，但是永恒作用地存在下去，面对我们的骨灰，高尚的人们将洒下热泪。"马克思用一生谱写了为科学理论和崇高理想奋斗的壮丽史诗。我有幸选择了马克思主义教育这份事业，必将珍视这份事业，做坚定的马克思主义者，把对马克思主义的信仰化为个人的实践行动，融入我的人格。

何 畏

2018 年 7 月于南京科苑花园

图书在版编目（CIP）数据

危机的宿命：奥康纳资本主义危机理论研究 / 何畏
著. —北京：北京师范大学出版社，2018.8
　（当代国外马克思主义哲学研究丛书）
　ISBN 978-7-303-22945-1

　Ⅰ.①危… Ⅱ.①何… Ⅲ.①西方马克思主义-研究
Ⅳ.①B089.1

　中国版本图书馆 CIP 数据核字（2017）第 250417 号

营　销　中　心　电　话　010-58805072　58807651
北师大出版社高等教育与学术著作分社　http://xueda.bnup.com

WEIJI DE SUMING

出版发行：北京师范大学出版社　www.bnup.com
　　　　　北京市海淀区新街口外大街 19 号
　　　　　邮政编码：100875
印　　刷：北京盛通印刷股份有限公司
经　　销：全国新华书店
开　　本：710 mm×1000 mm　1/16
印　　张：21
字　　数：250 千字
版　　次：2018 年 8 月第 1 版
印　　次：2018 年 8 月第 1 次印刷
定　　价：64.00 元

策划编辑：饶　涛　　　　　责任编辑：韩　拓
美术编辑：王齐云　　　　　装帧设计：王齐云
责任校对：段立超　陈　民　　责任印制：马　洁